JN075401

社会福祉
学習双書
2024

第 4 巻

障害者福祉

『社会福祉学習双書』編集委員会　編

社会福祉
法　人　全国社会福祉協議会

社会福祉士養成課程カリキュラムと
『社会福祉学習双書』目次の対比表

第4巻　障害者福祉

養成カリキュラム「教育に含むべき事項」	社会福祉学習双書「目次」
①障害概念と特性	・第1部第1章「障害の概念と障害者の実態」
②障害者の生活実態とこれを取り巻く社会環境	
③障害者福祉の歴史	・第1部第2章「障害者福祉の理念」 ・第1部第3章「障害者福祉の歴史」
④障害者に対する法制度	・第2部第1章「住む（居住支援）」 ・第2部第2章「暮らす（生活支援）」 ・第2部第3章「働く（就労支援）」 ・第2部第4章「育つ・学ぶ（育成支援）」 ・第2部第5章「楽しむ（余暇支援）」 ・第2部第6章「守る（権利擁護等）」
⑤障害者と家族等の支援における関係機関と専門職の役割	・第3部第1章「社会福祉士と精神保健福祉士の役割」 ・第3部第2章「関連する専門職の役割」
⑥障害者と家族等に対する支援の実際	・第3部第3章「支援の実際」

※本テキストは、精神保健福祉士養成課程カリキュラムにも対応しています。

刊行にあたって

　現代社会にあって、地域住民が直面する多様な課題や個々人・家族が抱える生活のしづらさを解決するためには、従来の縦割り施策や専門領域に閉じこもった支援では効果的な結果を得にくい。このことは、社会福祉領域だけではなく、関連領域でも共有されてきたところである。平成29（2017）年の社会福祉法改正では、「地域共生社会」の実現を現実的な施策として展開するシステムの礎を構築することとなった。社会福祉に携わる者は支援すべき人びとが直面する課題を「他人事」にせず、また「分野ごと」に分断せず、「複合課題丸ごと」「世帯丸ごと」の課題として把握し、解決していくことが求められている。また、支援利用を躊躇、拒否する人びとへのアプローチも試みていく必要がある。

　第二次世界大戦後、社会福祉分野での支援は混合から分化、そして統合へと展開してきた。年齢や生活課題によって対応を「専門分化」させる時期が長く続くなかで出現し固着化した縦割り施策では、共通の課題が見逃される傾向が強く、制度の谷間に潜在する課題を生み出すことになった。この流れのなかで、包括的な対応の必要性が認識されるに至っている。令和5（2023）年度からは、こども家庭庁が創設され、子ども・子育て支援を一体的に担うこととなった。加えて、分断隔離から、地域を基盤とした支援の構築も実現されてきている。地域から隔絶された場所に隔離・収容する対応は、在宅福祉の重要性を訴える当事者や関係者の活動のなかで大幅な方向転換を行うことになった。

　措置制度から利用制度への転換は、主体的な選択を可能とする一方で、利用者支援や権利擁護も重要な課題とした。社会資源と地域住民との結び付け、継続的利用に関する支援や苦情解決などが具体的内容である。地域や家族、個人が当事者として参加することを担保しながら、ともに考える関係となるような支援が求められている。利用者を支援に合わせるのではなく、支援を利用者のニーズに適合させることが求められている。

　「働き方改革」は働く者全体の課題である。仲間や他分野で働く人々との協働があってこそ実現できる。共通の「言語」を有し、相互理解を前提とした協

働こそ、利用者やその家族、地域社会への貢献を可能とする。ソーシャルワーカーやその関連職種は、法令遵守（コンプライアンス）の徹底と、提供した支援や選択されなかった支援について、専門職としてどのような判断のもとに当該支援を実施したのか、しなかったのかを説明すること（アカウンタビリティ）も同時に求められるようになってきている。

　本双書は、このような社会的要請と期待に応えるための知識やデータを網羅していると自負している。

　いまだに終息をみせたとはいえない、新型コロナウイルス（COVID-19）禍は引き続き我われの生活に大きな影響を与えている。また、世界各地で自然災害や紛争・戦争が頻発している。これらは個人・家族間の分断を進行させるとともに、新たな支援ニーズも顕在化させてきている。このような時代であるからこそ、代弁者（アドボケーター）として、地域住民や生活課題に直面している人々の「声なき声」を聴き、社会福祉領域のみならず、さまざまな関連領域の施策を俯瞰し、地域住民の絆を強め、特定の家族や個人が地域のなかで課題解決に取り組める体制づくりが必要である。人と諸制度をつなぎ、地域社会をすべての人々にとって暮らしやすい場とすることが社会福祉領域の社会的役割である。関係機関・団体、施設と連携して支援するコーディネーターとなることができる社会福祉士、社会福祉主事をはじめとする社会福祉専門職への期待はさらに大きくなっている。社会福祉領域で働く者も、エッセンシャルワーカーであるという自覚と矜持をもつべきである。

　本双書は各巻とも、令和元（2019）年度改正の社会福祉士養成カリキュラムにも対応し、大幅な改訂を行った。また、学習する人が制度や政策を理解するとともに、多職種との連携・協働を可能とする幅広い知識を獲得し、対人援助や地域支援の実践方法を学ぶことができる内容となっている。特に、学習する人の立場に立って、章ごとに学習のねらいを明らかにするとともに、多くの工夫を行った。

社会福祉制度は、かつてないスピードで変革を遂げてきている。その潮流が利用者視点から点検され、新たな改革がなされていくことは重要である。その基本的視点や、基盤となる情報を本双書は提供できていると考える。本双書を通じて学ばれる方々が、この改革の担い手として、将来的にはリーダーとして、多様な現場で活躍されることを願っている。担い手があってこその制度・政策であり、改革も現場が起点となる。利用者自身やその家族からの信頼を得ることは、社会福祉職が地域社会から信頼されることに直結している。社会福祉人材の育成にかかわる方々にも本双書をお薦めしたい。

　最後に、各巻の担当編集委員や執筆者には、改訂にあたって新しいデータ収集とそれに基づく最新情報について執筆をいただくなど、一方ならぬご尽力をいただいたこともあらためて読者の方々にご紹介し、総括編集委員長としてお礼を申し述べたい。

　令和5年12月

『社会福祉学習双書』総括編集委員長

松 原 康 雄

目　次

第2部　障害者に対する法制度

第1章　住む（居住支援）

第2章　暮らす（生活支援）

第3章　働く（就労支援）

第4章　育つ・学ぶ（育成支援）

第5章　楽しむ（余暇支援）

第3部　障害者と家族等に関する支援の実際

第1章　社会福祉士と精神保健福祉士の役割

第2章　関連する専門職の役割

第3章　支援の実際

＊本双書においては、テキストとしての性格上、歴史的事実等の表現については当時のまま、また医学的表現等についてはあくまで学術用語として使用しております。
＊本文中では、重要語句を太字にしています。

表紙デザイン：株式会社ビー・ツー・ベアーズ

第 **1** 章

障害の概念と障害者の実態

学習のねらい

　障害の概念は多様であり、障害とは何かを定義することはかなりむずかしいことである。法律や制度によって障害の定義が異なることもあり、政策目的の違いによっても障害の定義に違いが生じることもある。

　本章では、最初に、国際障害分類（ICIDH）と国際生活機能分類（ICF）における障害に関する考え方とその違いを学ぶことによって、障害の概念の変遷について理解を深める。その上で、国際生活機能分類の特徴と支援の事例を通して、その活用について理解する。

　次に、障害の概念を理解した上で、障害者の実態に関する各種のデータをもとに、日本の障害児・者にかかわる社会情勢の変化や、福祉・介護ニーズがどのように変化しているのかについての理解を深める。

第1節 国際障害分類（ICIDH）から国際生活機能分類（ICF）へ

　「病気」があることと「障害」があることとは同じなのか違うのかという問いが、「障害」の概念を深める契機となっている。例えば、多くの日本人は「近視」という病気をもっているが、多くの場合、そのことが直ちに「視覚障害」にはなりにくい。その理由は、「コンタクトレンズ」「眼鏡」という器具の使用によって「病気」と「障害」の連鎖が断ち切れるからである。このことをもっと一般化して整理しようとした試みが、下記の国際障害分類や国際生活機能分類の考え方である。

　国際的な障害の概念としては、世界保健機関（WHO）の国際障害分類（昭和55〔1980〕年）（**ICIDH**：International Classification of Impairments, Disabilities and Handicaps）がよく知られている。

　ICIDHは、障害に関する統計、研究、臨床実践、障害福祉政策の立案・評価、市民啓発などに有効な手段として開発された。それ以前にも障害分類の試みは存在したが、ICIDHが障害を「疾病」から派生する3次元の関係を示した構造としてとらえ、体系化した点は非常に重要である。ここで提案された障害の3つの次元は、機能障害（Impairment）、能力障害（Disability）、社会的不利（Handicap）である（**図1－1－1**）。

　さらに、平成9（1997）年からはWHOでは国際障害分類第2版（ICIDH-2）が検討され、平成13（2001）年には各国でのフィールドテストを終えて、「国際生活機能分類」（**ICF**：International Classification of Functioning, Disability and Health）として正式に公表された。日本語訳は平成14（2002）年に公表された。

　ICFの目的としては、「健康状況と健康関連状況」（ICFは原則「障害」という用語を使用しないため中立的な「健康」という語を用いている）の研究のための科学的基盤の提供、「健康状況と健康関連状況」を表現

〈図1－1－1〉 国際障害分類の構造

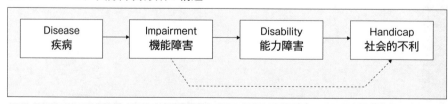

（出典）厚生省（現 厚生労働省）大臣官房統計情報部「WHO国際障害分類試案」（1982年）を一部改変

するための共通言語の確立、国・専門分野・サービス・時期を超えた
データの比較、体系的な分類リストの提供としている。[1]

　ICIDH、ICF いずれも、「障害」をいくつかの要因の相互作用の構造
として理解しようとする試みである。これは「障害」を医学的な次元か
ら社会的な次元に至る構造としてとらえる見方である。この「障害」を
構造としてとらえる見方の意義として次の8点が指摘されている。[2]

①障害から派生する社会的困難の克服・軽減の方策（制度、サービス）を示
　すこと
②障害者施策にかかわる各種方策（制度、サービス）の守備範囲を示すこと
③障害者・支援者（サービス提供者）に対して「共通言語」の基礎を提供す
　ること
④「障害者対策」から「障害対策」への移行
⑤支援対象の拡大（高齢者、障害対策の共通化）
⑥各種制度の目的に応じた対象規定の整合化
⑦社会的不利（参加制約）に立脚した制度化
⑧「自己」と「障害」とを区分することによる障害者自身のアイデンティティ
　の確立

　これらの指摘事項は、その後の障害者福祉制度における「障害」の見
直しの歩みに通じるものがある。

　このような意義に加えて、「障害」を構造としてとらえることは、障
害者福祉の実践では、障害者の生活ニーズ（サービスの必要性）の解明
とそのニーズの生じる要因の分析でも有効と思われる。特に、生活ニー
ズの解明には、障害者の生活における問題点や課題を明らかにし、その
中で、ニーズを見定める作業が必要である。この作業では、ICFにおけ
る障害の構造[*1]の3次元（機能障害、活動制限、参加制約）との関係が深
い場合が多いので、障害者福祉分野でのソーシャルワーク実践では、こ
れらの3次元の関係や問題・支障の発生プロセスの分析を重ねながら取
り組むことが求められる。

＊1
次頁の図1−1−2参
照。

引用文献
1）障害者福祉研究会 編『国際生活機能分類（ICF）−国際障害分類改定版』中央法規出
　版、2002年、5〜6頁
2）佐藤久夫『障害構造論入門−ハンディキャップ克服のために』青木書店、1992年、11
　〜19頁

第2節 国際生活機能分類の特徴

1 国際生活機能分類の構造

　ICFの特徴として、社会環境要因をより重視した形で、心身機能・身体構造、活動、参加、という3つの次元が示されている（**図1−1−2**）。

　この構造について理解するために、ICIDHとICFにおける3つの次元の定義とその違いを以下に示す。

　「機能障害」及び「心身機能・身体構造と機能障害」はICIDHの定義では、「心理的、生理的または解剖的な構造、機能の何らかの喪失または異常である」としている。これに対して、ICFでは、「**心身機能**」を「身体系の生理的機能である」とし、「**身体構造**」を「器官・肢体とその構成部分などの、身体の解剖学的部分である」としている。その上で、「機能障害」を「著しい変異や喪失などといった、心身機能または身体構造上の問題である」としている。つまり、ICFは「心身機能・身体構造」のプラスでもマイナスでもない中立的な状況と、そこで生じる機能の障害とを明確に切り離している点が特徴的である。

　「能力障害」及び「活動と活動制限」についてICIDHでは、「人間として正常とみなされる方法や範囲で活動していく能力の（機能障害に起因する）何らかの制限や欠如」としている。これに対して、ICFでは、

〈図1−1−2〉国際生活機能分類の構造

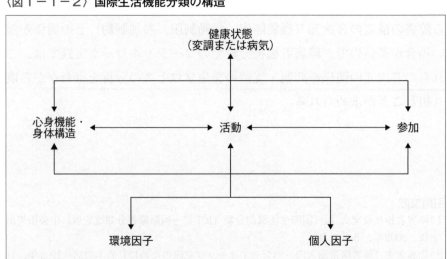

（出典）厚生労働省資料

4

まず「**活動**」を「課題や行為の個人による遂行のことである」とし、その上で、「**活動制限**」を「個人が活動を行うときに生じる難しさのことである」としている。ここでもICFは、「活動」のプラスでもマイナスでもない中立的な状況と、そこで生じる活動の制限とを明確に区別している。

「社会的不利」及び「参加と参加制約」についてICIDHでは、「機能障害や能力障害の結果として、その個人に生じた不利益であって、その個人にとって（年齢、性別、社会文化的因子からみて）正常な役割を果たすことが制限されたり妨げられたりすること」としている。これに対して、ICFでは、まず「**参加**」を「生活・人生場面への関わりのことである」とし、その上で、「**参加制約**」を「個人が何らかの生活・人生場面に関わるときに経験する難しさのことである」としている。先と同様に、ICFは「参加」のプラスでもマイナスでもない中立的な状況を定義し、そこで生じる参加の制約とを分けている。

❷ 国際障害分類と国際生活機能分類の違い

　ここでは、脳卒中を例に取り上げて、ICIDHとICFの違いについてさらに具体的に説明する。なお、実際の発症やそれに伴う障害は複雑であるが、ここでは説明のため簡略化して例示する。

　ICIDHの構造では、脳卒中という病気が生じると、次に、まひという機能障害が生じる場合を考える。その際に、利き手がまひした場合、「利き手のまひ」によって「書くことが困難」という能力障害が生じる。さらに、書くことが困難になることによって、「仕事を辞めなくてはならなくなる」といった社会的不利が生じる。つまり、脳卒中という病気から、機能障害、能力障害、社会的不利という、次元の異なる障害が次々と連鎖のように、あるいは因果関係のように生じてくる状況があり、ICIDHはこれを理解しやすく整理したモデルといえる。

　これに対して、ICFを用いた説明に置き換えて、まず脳卒中という病気が生じ、次にまひという機能障害が生じる場合を考える。その際、利き手がまひした場合、「書くことが困難」という活動の制限が生じる。しかし、義手などの補装具、介助具、また、コンピューターなどによる文字入力と出力など、技術的な環境改善によって、書くことに支障のない状態が提供されれば、「書くことが困難」という活動の制限はなくなる。また、書くことが困難になることによって生じる「仕事を辞める」

といった参加制約も、環境改善によってなくなる。

　このように、病気から始まり、機能障害、能力障害、社会的不利といった次元の異なる障害が次々と連鎖のように、あるいは因果関係のように生じてくるというICIDHの考え方に対して、病気や機能障害が生じても、ICFの考え方では必ずしもそれが活動制限や参加制約につながらない。このことから、環境改善により着目しているという点で、ICFはICIDH以上に環境要因との相互作用を重視しているモデルといえる。

3 「医学モデル」と「社会モデル」

　「障害」の見方に関しては、「医学モデル」と「社会モデル」とを対比しながらその特徴を整理する考え方がよく知られている。これまでのこのような対比を用いた整理は、「障害」を巡る社会的な差別や権利保障、政策的な取り組みのあり方に関しての見方を提供する点で重要である。

　ICFによれば、「医学モデル」とは、障害を個人の問題としてとらえ、病気・外傷などから直接的に生じるものであり、専門職による個別的な治療という形で医療などの援助を必要とするものとしている。これに対して、「社会モデル」とは、障害を社会への不完全な統合の問題としてとらえ、その多くが社会的環境によってつくり出されたものであるとしている。

　このことをふまえると、ICFは、「医学モデル」と「社会モデル」の2つを対立的なモデルとして位置付けた上で、この2つの対立を超える統合モデルとして位置付けている点が特徴的である。換言すれば、ICFは、「医学モデル」と「社会モデル」との従来の概念的な対立を超えて両者の考え方の対話の道を拓いたモデルととらえることができる。

第3節　国際生活機能分類の応用

ここでは、支援の事例を通してICFの活用について考えることにする。

事例1

　Aさん（女性、30歳）は、知的障害者（軽度）である。小中学校は主に特別支援学級で過ごし、卒業後は特別支援学校高等部に通学した。両親と3人で生活している。

　特別支援学校では、一般就労を目標にした職場実習を行い、卒業後は、実習先の食品会社に就職した。会社へは自宅から自転車を利用して1時間かけて通勤した。そのせいか会社ではAさんの身なりが乱れがちだったので、会社の人から注意されることが続いた。Aさんはこのことを「会社から目の敵にされている」と感じてしまい、徐々に会社とAさんの関係が悪化していった。

　勤務して4年ぐらいたったころに、解雇も含めた会社からの話し合いがあった。Aさんも反抗的な態度が多くなり、会社を辞めることになった。

　会社を辞めてしばらく後に、Aさんと母親が一緒に相談支援事業所に来所した。事業所では相談支援専門員が対応し、Aさんのこれまでの思い、両親との関係についての話を聞いた。家の中でぶらぶらしていることの精神的なつらさ、早く就職したいが人付き合いに不安のあること、体重の増加に悩んでいること、以前からの夢だった介護の資格を取りたいことなど、Aさんは徐々に話していった。

　これらの情報を、ICFの要素に当てはめると、機能障害（知的障害）、活動制限（人付き合いの困難さ、日常生活管理の困難さ）、参加制約（職場・周囲の無理解、余暇の乏しさ、資格に向けての学習機会の乏しさ）として整理できる。

　この後、これらのことをふまえて、相談支援専門員はAさんの希望をもとに生活ニーズの整理を行った。その結果、ダイエットをして体重を減少させること、就職すること、余暇を充実させること、介護の資格の取得に向けて情報収集することに整理できた。

　そして、これらの分析をもとに、Aさんのニーズに対応する支援目標をあげた。それは、「就職をするために、就労継続支援事業所（B型）などに通いながら規則正しい日常生活を練習する」（活動制限の軽減）、「ダイエットとともに体力を付けるために、知的障害のある人のスポーツサークル活動に参加する」（活動制限と参加制約の軽減）、「ホームヘルパー（介護）の資格取得の情報収集を進めていく」（参加制約の軽減）、「趣味を見つけるために、地域の公民館活動などのサークル情報を把握する」（参加制約の軽減）、の4つであった。

事例2

　Bさん（男性、50歳）は、精神障害（精神障害者保健福祉手帳1級）である。アパートでの単身生活をしている。28歳から48歳までの20年間、精神科病院に入院していたが、2年前に退院し、父親と同居する。しかし1年後、父親が病気で死亡し、以後、単身生活になる。外出は月2回の通院だけである。近所の民生委員はBさんの父親と以前から親しくしており、父親が亡くなった後、単身のBさんの日常生活が心配になり、市役所に問い合わせたところ、地域に新しくできた相談支援事業所が紹介された。

　Bさんは長期入院後の単身生活のため、買い物、食事づくり、掃除などの基本的な家事がほとんどできない。火の管理や金銭管理、薬の管理も一人ではかなり困難がある。日中、通うところがないので、一日中家の中に閉じこもっていることが多い。

　そこで、相談支援専門員は、Bさんの生活ニーズをICFの要素に当てはめて、基本的な家事、火の取り扱いや薬の管理、日常的な金銭管理といった日常生活の支障（活動制限）と、外出、社会参加の問題（参加制約）に整理した。次に、日常生活の支障（活動制限）に対しては、ホームヘルプサービスの利用を考え、外出及び社会参加の問題（参加制約）に関しては、市内にある地域活動支援センターでの受け入れの検討を、Bさんを含めたサービス調整会議で行った。

　市にサービス利用の申請をした結果、ホームヘルパーが週3回派遣されるようになり、基本的な家事や薬の管理、日常的な金銭管理に関する支援体制（活動制限の軽減）ができた。外出及び社会参加に関しては週3回、地域活動支援センターに通所すること（参加制約の軽減）になった。

　その後、Bさんはホームヘルパーとの会話も増え、自主的に部屋の中を片付けたりすることも多くなり、日常生活が安定していった。

　これらの事例からは、ICFを支援の実践で応用することによって、ニーズの発生する原因を病気や身体機能の障害といった医学的な原因へ還元してとらえる見方から、生活のさまざまな側面が相互に影響し合って生み出される相互作用としてとらえる見方に変えて、ニーズのアセスメントを行っていることが理解できる。さらに、事例2にあるように、ICFを用いたサービス利用者（この場合は障害者）の理解では、サービスの受け身的な利用者像ではなく、必要な知識を経験的に理解し、自ら主体的にニーズ解決に向かう潜在的能力のある存在としてとらえることが求められている。

BOOK 学びの参考図書

● 佐藤久夫・小澤　温『障害者福祉の世界　第5版』有斐閣、2016年。
　　障害の概念、障害者福祉に影響を与えた思想、障害者制度の流れ、生活支援と自立支援、障害者と社会、障害者福祉の国際動向などのテーマに関してわかりやすく解説をしている。
　　特に、第1章で、国際生活機能分類（ICF）に関して具体的でわかりやすい解説がなされている。

第4節　障害者の実態

1 わが国における障害者実態調査の状況

　わが国において身体障害者の実態調査は、昭和26（1951）年に厚生省（現 厚生労働省）によって初めて実施され、その後、5年ごとに行われている。昭和36（1961）年には、知的障害者の実態調査が実施されている。

　精神障害者については、昭和38（1963）年に精神衛生実態調査が実施されたが、現在、国による精神障害者の実態調査は実施されていない。精神障害者の人数等については、厚生労働省が3年に1度、全国の医療機関を対象に「患者調査」を実施しているので、その結果から推計している。

　直近の障害者（在宅）の実態調査は、「平成28年**生活のしづらさなどに関する調査**（全国在宅障害児・者等実態調査）」であり、施設入所者については、厚生労働省「社会福祉施設等調査」（平成30〔2018〕年）がある。この調査結果をまとめると、現在把握されている障害者の数（推計）は**表1－1－1**のとおりである。これをもとに身体障害児・者、知的障害児・者、精神障害者の数を単純に合計すると、1,160万2,000人

〈表1－1－1〉障害者数（推計）

	総　　数	在宅・外来患者数	施設入所・入院患者数
身体障害児・者	436.0万人	428.7万人	7.3万人
知的障害児・者	109.4万人	96.2万人	13.2万人
精神障害者	614.8万人	586.1万人	28.8万人

（注1）精神障害者の数は、ICD-10の「V 精神及び行動の障害」から知的障害（精神遅滞）を除いた数に、てんかんとアルツハイマーの数を加えた患者数に対応している。
（注2）身体障害児・者及び知的障害児・者の施設入所者数には、高齢者関係施設入所者は含まれていない。
（注3）四捨五入で人数を出しているため、合計が一致しない場合がある。
（資料）
　身体障害者
　　在宅者：厚生労働省「生活のしづらさなどに関する調査」2016年
　　施設入所者：厚生労働省「社会福祉施設等調査」2018年等より厚生労働省社会・援護局障害保健福祉部作成
　知的障害者
　　在宅者：厚生労働省「生活のしづらさなどに関する調査」2016年
　　施設入所者：厚生労働省「社会福祉施設等調査」2018年等より厚生労働省社会・援護局障害保健福祉部作成
　精神障害者
　　外来患者・入院患者：厚生労働省「患者調査」2020年より厚生労働省社会・援護局障害保健福祉部作成
（出典）内閣府『令和5年版 障害者白書』2023年をもとに一部改変

と推計される。３つの障害を比較すると、一番多いのが精神障害で614万8,000人、次が身体障害で436万人、続いて知的障害で109万4,000人となっている。

　在宅で生活している人と施設（または病院）で生活している人の状況については、在宅で生活している人の割合は、身体障害児・者は98.3％、知的障害児・者は87.9％、精神障害者は95.3％となっており、施設（または病院）で生活している人の割合は、身体障害児・者は1.7％、知的障害児・者は12.1％、精神障害者は4.7％となっている。

２ 身体障害児・者の状況

（１）障害の種類別に見た身体障害者手帳所持者数（推計値）

　身体障害者手帳[*2]の所持者数を障害の種類別に見ると、肢体不自由の割合が最も高く、平成28（2016）年では全体の45.0％、次いで内部障害が28.9％、聴覚・言語障害が8.0％、視覚障害が7.3％となっている（**図１－１－３、表１－１－２**）。

＊２
本書第２部第２章第３節２（３）参照。

〈図１－１－３〉障害の種類別に見た身体障害者手帳所持者数の推移

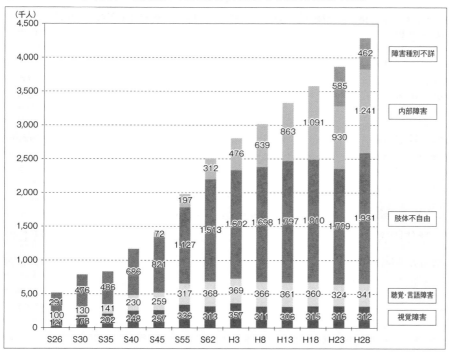

（出典）厚生労働省「身体障害児・者実態調査」（〜平成18〔2006〕年）
　　　　厚生労働省「生活のしづらさなどに関する調査（全国在宅障害児・者実態調査）」（平成23〔2011〕年〜）

〈表1−1−2〉障害の種類別に見た身体障害者手帳所持者数

〈単位：千人／（　）内は％〉

	総数	視覚障害	聴覚・言語障害	肢体不自由	内部障害	不詳
平成28年	4,287 (100.0)	312 (7.3)	341 (8.0)	1,931 (45.0)	1,241 (28.9)	462 (10.8)
平成23年	3,864 (100.0)	316 (8.2)	324 (8.4)	1,709 (44.2)	930 (24.1)	585 (15.1)

(注)「重複障害（再掲）」は省略した。
(出典) 厚生労働省「平成28年 生活のしづらさなどに関する調査（全国在宅障害児・者実態調査）結果」2018年。
　　　 以下、表1−1−3〜表1−1−9、表1−1−11〜表1−1−13同様（一部改変）

（2）年齢階層別に見た身体障害者手帳所持者数（推計値）

　年齢階層別に見ると、65歳以上の増加が顕著であり、前回に比べて45万7,000人（17.2％）増加している。また、前回の調査と比較して、60〜64歳の年齢階級の手帳所持者の減少が著しい（**表1−1−3**）。

〈表1−1−3〉年齢階層別身体障害者手帳所持者数

〈単位：千人／（　）内は％〉

	総数	年齢階層（歳）										不詳
		0〜9	10〜17	18・19	20〜29	30〜39	40〜49	50〜59	60〜64	65〜69	70〜	
平成28年	4,287 (100.0)	31 (0.7)	37 (0.9)	10 (0.2)	74 (1.7)	98 (2.3)	186 (4.3)	314 (7.3)	331 (7.7)	576 (13.4) 3,112 (72.6)	2,536 (59.2)	93 (2.2)
平成23年	3,864 (100.0)	40 (1.0)	33 (0.9)	10 (0.3)	57 (1.5)	110 (2.8)	168 (4.3)	323 (8.4)	443 (11.5)	439 (11.4) 2,655 (68.7)	2,216 (57.3)	25 (0.6)
対前回比（％）	110.9	77.5	112.1	100.0	129.8	89.1	110.7	97.2	74.7	131.2 117.2	114.4	372.0

（3）年齢階層別に見た身体障害児・者（在宅）の数の推移

　身体障害児・者（在宅）の年齢階層別の推移を見ると、65歳以上の割合が昭和45（1970）年の31.4％から平成28（2016）年の72.6％と増加していて、高齢化の傾向がうかがえる（**図1−1−4**）。

〈図１－１－４〉年齢階層別身体障害児・者（在宅）数の推移

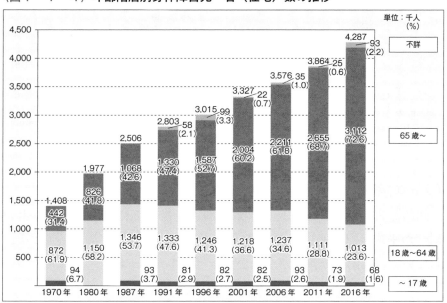

（注1）昭和55（1980）年は身体障害児（0～17歳）に係る調査を行っていない。
（注2）四捨五入で人数を出しているため、合計が一致しない場合がある。
（資料）厚生労働省「身体障害児・者実態調査」（～平成18（2006）年）、厚生労働省「生活のしづらさなどに関する調査（全国在宅障害児・者等実態調査）」（平成23（2011）・28（2016）年）
（出典）内閣府『令和3年版 障害者白書』2021年

③ 知的障害児・者の状況

（1）療育手帳所持者数（推計値）

　療育手帳の所持者数を障害の程度別に見ると、前回に比べ重度、その他ともに増加している（**表１－１－４**）。また、年齢階層別に見ると、65歳以上で割合が高くなっている（**表１－１－５**）。

〈表１－１－４〉障害の程度別に見た療育手帳所持者数　〈単位：千人／（ ）内は%〉

	総数	重度	その他	不詳
平成28年	962 (100.0)	373 (38.8)	555 (57.7)	34 (3.5)
平成23年	622 (100.0)	242 (38.9)	303 (48.7)	77 (12.4)
対前回比 （%）	154.7	154.1	183.2	44.2

＊3
療育手帳は、各都道府県・指定都市が知的障害と判定した者に交付する。判定は、IQ（知能指数）と適応行動等を測定し、医学、心理学、社会学的に総合して判断される。療育手帳の名称は、「愛の手帳」（東京都）等のように都道府県によって異なる。自治体によって異なるが、一定期間後に再判定を受け、更新手続きが必要となる。
本書第2部第2章第4節2（3）参照。

〈表1−1−5〉 年齢階層別療育手帳所持者数　　　　　　〈単位：千人／（　）内は％〉

	総数	年齢階層（歳）								
		0〜17	18〜19	20〜29	30〜39	40〜49	50〜59	60〜64	65〜	不詳
平成28年	962 (100.0)	214 (22.2)	43 (4.5)	186 (19.3)	118 (12.3)	127 (13.2)	72 (7.5)	34 (3.5)	149 (15.5)	18 (1.9)
平成23年	622 (100.0)	152 (24.4)	23 (3.7)	112 (18.0)	127 (20.4)	77 (12.4)	43 (6.9)	26 (4.2)	58 (9.3)	4 (0.6)
対前回比 （%）	154.7	140.8	187.0	166.1	92.9	164.9	167.4	130.8	256.9	450.0

（2）年齢階層別に見た知的障害児・者（在宅）の数の推移

　知的障害児・者（在宅）の年齢階層別の推移を見ると、65歳以上の割合が平成7（1995）年の2.6％から平成28（2016）年の15.5％と増加していて、高齢化の傾向がうかがえる（**図1−1−5**）。

〈図1−1−5〉 年齢階層別知的障害児・者（在宅）数の推移

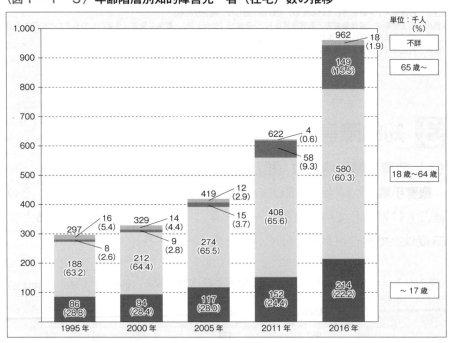

（注）　四捨五入で人数を出しているため、合計が一致しない場合がある。
（資料）厚生労働省「知的障害児（者）基礎調査」（〜平成17（2005）年）、厚生労働省「生活のしづらさなどに関する調査（全国在宅障害児・者等実態調査）」（平成23（2011）・28（2016）年）
（出典）内閣府『令和3年版 障害者白書』2021年

4 精神障害者の状況

（1）精神障害者保健福祉手帳所持者数（推計値）
^{*4}
　精神障害者保健福祉手帳の所持者数を等級別に見ると、2級の手帳所

持者が最も多く、全体の53.7%となっている（**表1−1−6**）。また、年齢階層別に見ると、40〜49歳が最も多く、全体の21.3%となっている[*5]（**表1−1−7**）。

*5
精神障害者数は医療機関を利用した精神疾患のある患者数としていることから、精神障害者保健福祉手帳所持者数とは一致しない。

〈表1−1−6〉 **等級別に見た精神障害者保健福祉手帳所持者数**

〈単位：千人／（ ）内は%〉

	総数	1級	2級	3級	不詳
平成28年	841 (100.0)	137 (16.3)	452 (53.7)	204 (24.3)	48 (5.7)
平成23年	568 (100.0)	115 (20.2)	304 (53.5)	129 (22.7)	20 (3.5)
対前回比 （%）	148.1	148.1	148.7	158.1	240.0

〈表1−1−7〉 **年齢階層別精神障害者保健福祉手帳所持者数**

〈単位：千人／（ ）内は%〉

	総数	年齢階級（歳）								不詳
		0〜19	20〜29	30〜39	40〜49	50〜59	60〜64	65〜69	70〜	
平成28年	841 (100.0)	18 (2.1)	74 (8.8)	118 (14.0)	179 (21.3)	141 (16.8)	64 (7.6)	59 (7.0)	155 (18.4)	33 (3.9)
平成23年	568 (100.0)	11 (1.9)	33 (5.8)	98 (17.3)	119 (21.0)	96 (16.9)	61 (10.7)	35 (6.2)	109 (19.2)	5 (0.9)
対前回比 （%）	148.1	163.6	224.2	120.4	150.4	146.9	104.9	168.6	142.2	660.0

（注）なお、「患者調査（平成29年）」による精神障害者数については、419.3万人となっている。

（2）医師から発達障害と診断された者の数（本人・家族等からの回答に基づく推計値）

　医師から発達障害と診断された者の数[*6]（推計値）は、48万1,000人である（**表1−1−8**）。

*6
本書第2部第2章第6節参照。

〈表1−1−8〉 **発達障害と診断された者の数**

〈平成28〔2016〕年、単位：千人／（ ）内は%〉

総数	障害者手帳 所持	障害者手帳の種類（複数回答）			障害者手帳 非所持	障害者手帳 所持不詳
		身体障害者 手帳	療育手帳	精神障害者 保健福祉手帳		
481 (100.0)	368 (76.5)	55 (11.4)	266 (55.3)	108 (22.5)	103 (21.4)	10 (2.1)

（3）医師から高次脳機能障害と診断された者の数（本人・家族等からの回答に基づく推計値）

　医師から**高次脳機能障害**と診断された者の数（推計値）は、32万7,000人である（**表1−1−9**）。

〈表１−１−９〉高次脳機能障害と診断された者の数

〈平成28〔2016〕年、単位：千人／（　）内は％〉

総数	障害者手帳所持	障害者手帳の種類（複数回答）			障害者手帳非所持	障害者手帳所持不詳
		身体障害者手帳	療育手帳	精神障害者保健福祉手帳		
327 (100.0)	217 (66.4)	193 (59.0)	18 (5.5)	34 (10.4)	78 (23.9)	33 (10.1)

（４）年齢階層別に見た精神障害者の数の推移

　精神障害者の年齢階層別の推移を見ると、65歳以上の割合が平成14（2002）年の27.2％から平成29（2017）年には37.2％と増加しており、高齢化の傾向がうかがえていたが、令和２（2020）年には35.1％となっている（**図１−１−６**）。

〈図１−１−６〉年齢階層別精神障害者数の推移（外来）

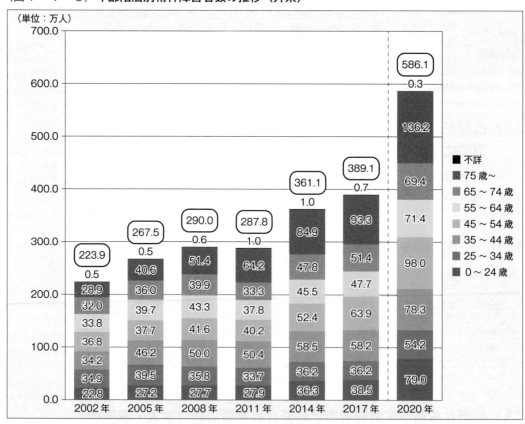

(注１) 平成23（2011）年の調査では宮城県の一部と福島県を除いている。
(注２) 2020年から総患者数の推計方法を変更している。具体的には、外来患者数の推計に用いる平均診療間隔の算出において、前回診療日から調査日までの算定対象の上限を変更している（2017年までは31日以上を除外していたが、2020年からは99日以上を除外して算出）。
(注３) 四捨五入で人数を出しているため、合計が一致しない場合がある。
(資料) 厚生労働省「患者調査」（平成29〔2017〕年）より厚生労働省社会・援護局障害保健福祉部で作成
(出典) 内閣府『令和５年版 障害者白書』2023年

5 難病・小児慢性特定疾病患者の状況

「難病の患者に対する医療等に関する法律」（難病法）が施行され（平成27〔2015〕年1月）、令和3（2021）年11月時点で338疾病が難病に指定されている。特定医療費（指定難病）受給者証所持者数は1,048,680人で、年齢別では75歳以上が282,510人と最も多く、総数の57.2%は60歳以上である（**表1−1−10**）。また、対象疾患別の患者数は**図1−1−7**のとおりである。

〈表1−1−10〉**特定医療費（指定難病）受給者証所持者数**　〈令和4〔2022〕年度末、単位：人／（　）内は%〉

総数	0〜9歳	10〜19歳	20〜29歳	30〜39歳	40〜49歳	50〜59歳	60〜69歳	70〜74歳	75歳以上
1,048,680 (100)	381 (0.04)	5,138 (0.49)	55,949 (5.34)	80,157 (7.64)	133,851 (12.76)	172,930 (16.49)	183,918 (17.54)	133,846 (12.76)	282,510 (26.94)

（出典）厚生労働省衛生行政報告例（令和4〔2022〕年度）をもとに筆者作成

〈図1−1−7〉**対象疾患別の患者数、割合**〈令和4〔2022〕年度末〉

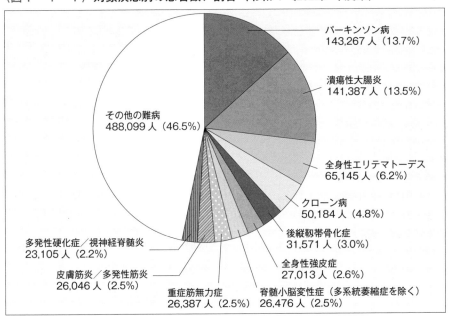

パーキンソン病
143,267人（13.7%）

潰瘍性大腸炎
141,387人（13.5%）

全身性エリテマトーデス
65,145人（6.2%）

クローン病
50,184人（4.8%）

後縦靱帯骨化症
31,571人（3.0%）

全身性強皮症
27,013人（2.6%）

脊髄小脳変性症（多系統萎縮症を除く）
26,476人（2.5%）

重症筋無力症
26,387人（2.5%）

皮膚筋炎／多発性筋炎
26,046人（2.5%）

多発性硬化症／視神経脊髄炎
23,105人（2.2%）

その他の難病
488,099人（46.5%）

（出典）厚生労働省衛生行政報告例（令和4〔2022〕年度）をもとに筆者作成

6 生活のしづらさの状況

（1）生活のしづらさの頻度

日常生活を送る上でどの程度生活のしづらさが生じたかについては、①65歳未満、②65歳以上（年齢不詳を含む）ともに、「毎日」との回答（35.9%、42.8%）が最も多くなっている（**表1−1−11①②**）。

〈表1－1－11〉①生活のしづらさの頻度の状況（65歳未満）　（平成28〔2016〕年）

	総数	障害者手帳所持者	障害者手帳の種類（複数回答）			手帳非所持で、自立支援給付等を受けている者
			身体障害者手帳	療育手帳	精神障害者保健福祉手帳	
総　数	100.0%	100.0%	100.0%	100.0%	100.0%	100.0%
毎　日	35.9%	35.9%	40.6%	34.5%	35.2%	34.8%
1週間に3〜6日程度	8.1%	7.7%	6.6%	4.8%	12.9%	14.8%
1週間に1〜2日程度	7.2%	7.1%	6.4%	5.1%	10.0%	9.6%
2週間に1〜2日程度	3.3%	3.2%	2.7%	1.3%	6.1%	5.2%
1ヶ月に1〜2日程度	5.8%	5.7%	5.4%	6.5%	5.9%	7.8%
その他	5.7%	5.7%	4.9%	5.1%	6.8%	4.3%
特に生活のしづらさはなかった	24.5%	24.9%	23.5%	30.3%	16.3%	18.3%
不　詳	9.4%	9.7%	9.9%	12.5%	6.8%	5.2%

②生活のしづらさの頻度の状況（65歳以上〔年齢不詳を含む〕）　（平成28〔2016〕年）

	総数	障害者手帳所持者	障害者手帳の種類（複数回答）			手帳非所持で、自立支援給付等を受けている者
			身体障害者手帳	療育手帳	精神障害者保健福祉手帳	
総　数	100.0%	100.0%	100.0%	100.0%	100.0%	100.0%
毎　日	42.8%	42.5%	43.1%	33.8%	35.2%	49.0%
1週間に3〜6日程度	5.3%	5.2%	5.2%	2.3%	6.6%	7.2%
1週間に1〜2日程度	5.5%	5.6%	5.5%	2.3%	7.1%	3.9%
2週間に1〜2日程度	1.9%	1.8%	1.8%	2.3%	4.1%	3.3%
1ヶ月に1〜2日程度	3.4%	3.4%	3.4%	3.8%	6.1%	3.3%
その他	5.0%	5.0%	5.0%	4.5%	5.6%	5.2%
特に生活のしづらさはなかった	18.7%	19.1%	18.8%	22.6%	19.4%	11.8%
不　詳	17.4%	17.4%	17.2%	28.6%	15.8%	16.3%

（注）表1－1－11①②は、四捨五入で人数を出しているため、合計が一致しない場合がある。

（2）福祉サービスの利用希望

　日常生活の支援としてどの程度福祉サービスを利用したいかについては、**表1－1－12**②で65歳以上（年齢不詳を含む）の「手帳非所持で、自立支援給付等を受けている者」においてのみ、「1週間に1〜2日程度」（19.6%）が最も多いが、それ以外では、「利用したくない」の割合が最も多い（「わからない」及び「不詳」の回答を除く）。

〈表１－１－12〉①福祉サービスの利用希望の状況（65歳未満）（平成28〔2016〕年）

	総数	障害者手帳所持者	障害者手帳の種類（複数回答）			手帳非所持で、自立支援給付等を受けている者
			身体障害者手帳	療育手帳	精神障害者保健福祉手帳	
総　数	100.0% (1,891)	100.0% (1,776)	100.0% (859)	100.0% (631)	100.0% (472)	100.0% (115)
毎　日	3.0% (57)	3.2% (57)	4.4% (38)	3.2% (20)	2.5% (12)	− (−)
１週間に３〜６日程度	3.1% (58)	3.2% (56)	4.0% (34)	2.4% (15)	3.2% (15)	1.7% (2)
１週間に１〜２日程度	5.6% (105)	5.5% (97)	5.7% (49)	4.8% (30)	7.6% (36)	7.0% (8)
わからない	21.5% (406)	21.7% (385)	18.9% (162)	25.2% (159)	22.7% (107)	18.3% (21)
利用したくない	33.3% (630)	32.5% (578)	32.6% (280)	26.1% (165)	34.1% (161)	45.2% (52)
不　詳	33.6% (635)	34.0% (603)	34.5% (296)	38.4% (242)	29.9% (141)	27.8% (32)

②福祉サービスの利用希望の状況（65歳以上〔年齢不詳を含む〕）（平成28〔2016〕年）

	総数	障害者手帳所持者	障害者手帳の種類（複数回答）			手帳非所持で、自立支援給付等を受けている者
			身体障害者手帳	療育手帳	精神障害者保健福祉手帳	
総　数	100.0% (2,819)	100.0% (2,666)	100.0% (2,545)	100.0% (133)	100.0% (196)	100.0% (153)
毎　日	2.6% (72)	2.4% (63)	2.4% (61)	0.8% (1)	4.1% (8)	5.9% (9)
１週間に３〜６日程度	4.5% (126)	4.2% (112)	4.4% (111)	3.0% (4)	3.1% (6)	9.2% (14)
１週間に１〜２日程度	7.9% (224)	7.3% (194)	7.3% (186)	9.8% (13)	10.7% (21)	19.6% (30)
わからない	18.2% (514)	18.2% (486)	18.3% (465)	18.0% (24)	17.3% (34)	18.3% (28)
利用したくない	23.9% (673)	24.5% (653)	24.8% (630)	17.3% (23)	15.3% (30)	13.1% (20)
不　詳	42.9% (1,210)	43.4% (1,158)	42.9% (1,092)	51.1% (68)	49.5% (97)	34.0% (52)

（注）表１－１－12①②は四捨五入で人数を出しているため、合計が一致しない場合がある。

（3）「手帳非所持で、自立支援給付等を受けていない者」の生活の しづらさ等の状況

　この平成28（2016）年の調査の対象となった「手帳非所持で、自立支援給付等を受けていない者」のうち、74.7％が障害による日常生活を送る上での生活のしづらさを感じている。そのうち、福祉サービスを利用しておらず、福祉サービスの利用希望がある者は、38.0％である（**表１－１－13①②**）。

〈表 1 − 1 − 13〉

①「手帳非所持で、自立支援給付等を受けていない者」の生活のしづらさ等の状況

（平成 28〔2016〕年）

	総数	65歳未満	65歳以上
手帳非所持で、自立支援給付等を受けていない者	100.0%	100.0%	100.0%
障害による日常生活を送る上での生活のしづらさがない者	14.4%	22.5%	12.1%
障害による日常生活を送る上での生活のしづらさがある者	74.7%	70.2%	76.0%
不詳	10.9%	7.4%	11.9%

② ①で「障害による日常生活を送る上での生活のしづらさがある者」の福祉サービスの利用等の状況

（平成 28〔2016〕年）

		総数	65歳未満	65歳以上
障害による日常生活を送る上での生活のしづらさがある者		100.0%	100.0%	100.0%
福祉サービスを利用している者		13.4%	0.9%	16.7%
福祉サービスを利用していない者		49.3%	68.0%	44.3%
（福祉サービスの利用希望状況）	福祉サービスの利用希望がある者	38.0%	25.8%	43.0%
	毎日利用したい	2.9%	5.0%	2.4%
	1週間に3〜6日程度	4.4%	2.5%	4.8%
	1週間に1〜2日程度	18.5%	15.0%	19.4%
	わからない	74.1%	77.5%	73.3%
	利用したくない	51.9%	66.5%	46.1%
	不詳	10.0%	7.7%	10.9%
不詳		37.3%	31.1%	38.9%

（注）表 1 − 1 − 13①②は、四捨五入で人数を出しているため、合計が一致しない場合がある。

7 地域移行及び就学の状況

（1）地域移行の状況

　障害のある人が地域社会の中でその人らしく暮らせる環境を整備することは大変重要なことであり、障害のある人の地域生活への移行については、平成 18（2006）年度施行の障害者自立支援法（現 障害者総合支援法）施行時から取り組まれてきた。

　具体的には、都道府県及び市町村に障害福祉計画の作成を義務付け、障害者支援施設等入所者のグループホーム[*7]等地域生活への移行、及び施

*7
本書第 2 部第 1 章第 3
節参照。

設入所者数の削減を推進してきた。

　グループホーム利用者は年々増加する一方、施設入所者は漸次減少している。令和２（2020）年においてグループホーム利用者数は、施設入所者数を上回った（**表１－１－14**）。

〈表１－１－14〉**施設入所者数とグループホーム利用者数の推移**　　　〈実数〉

	平成20年	21	22	23	24	25	26
施設入所者数	144,425	139,651	139,859	136,653	134,573	132,698	132,014
グループホーム利用者数	42,027	48,394	55,993	63,323	71,866	81,729	88,897
合計	186,452	188,045	195,852	199,976	206,439	214,427	220,911

	27	28	29	30	令和元年	2	3
施設入所者数	131,856	131,170	130,339	129,237	128,322	127,660	126,546
グループホーム利用者数	96,012	102,717	109,022	116,343	123,571	132,426	144,545
合計	227,868	233,887	239,361	245,580	251,893	260,086	271,091

（出典）厚生労働省資料（社会保障審議会障害者部会資料〔令和３年11月５日〕）をもとに筆者作成

（2）就学の状況

　障害のある子どもについて、その能力や可能性を最大限に伸ばし、自立や社会参加に必要な力を培うため、一人ひとりの教育的ニーズに応じ、多様な学びの場において適切な指導を行うとともに、必要な支援を行う特別支援教育が平成19（2007）年度から行われている。現在、特別支援学校や小・中学校の特別支援学級、障害に応じた特別の指導（いわゆる「通級による指導」）においては、特別の教育課程や少人数の学級編制の下、特別な配慮により作成された教科書、専門的な知識・経験のある教職員、障害に配慮した施設・設備等を活用して指導が行われている。平成19（2007）年に特別支援教育が本格的に実施されてから10年以上が経過し、令和２（2020）年５月１日現在では、特別支援学校及び小・中学校の特別支援学級の在籍者ならびに通級による指導を受けている幼児児童生徒の総数は約58万1,000人となっており、増加傾向にある。このうち義務教育段階の児童生徒については、全体の約5.3％にあたる約51万3,000人である。

第5節 障害者を取り巻く社会環境

1 障害者と社会

　障害者は、それぞれの地域社会において生活している。社会そのものが障害者にとってどのようなものかによって障害者の生活も変わってくる。国民の障害者に対する見方や関係も近年大きく変化してきた。国は、障害のある人に対する理解を深めるためのさまざまな基盤づくりに取り組んできた。その一つが障害（者）の「理解促進・広報啓発」である。

　平成30（2018）年3月に閣議決定された「障害者基本計画（第4次）」では、「基本的な考え方」として「理解促進・広報啓発に係る取組等の推進」を掲げている。この中では、障害のある者と障害のない者が、お互いに、障害の有無にとらわれることなく、支え合いながら社会でともに暮らしていくことが日常となるように、国民の理解促進に努めること、また、本基本計画の実施を通じて実現をめざす「共生社会」の理念や、いわゆる「社会モデル」の考え方について、必要な広報啓発を推進することとされている。

　令和5（2023）年3月に閣議決定された「障害者基本計画（第5次）」では、基本理念を「共生社会の実現に向け、障害者が、自らの決定に基づき社会のあらゆる活動に参加し、その能力を最大限発揮して自己実現できるよう支援するとともに、障害者の社会参加を制約する社会的障壁を除去するため、施策の基本的な方向を定める」としている。

2 ユニバーサルな社会

　すべての国民が、障害の有無、年齢等にかかわらず、等しく基本的人権を享有するかけがえのない個人として尊重されなければならない。そこで、ユニバーサル社会の実現に向けた諸施策を総合的かつ一体的に推進することを目的に「ユニバーサル社会の実現に向けた諸施策の総合的かつ一体的な推進に関する法律」（ユニバーサル社会実現推進法）が平成30（2018）年12月に可決・成立し、同月に公布・施行された。

　ユニバーサルとは、もともと障害分野においては「**ユニバーサルデザイン**」の言葉で使われていたものである。ユニバーサルデザインとは、

1980年代アメリカのノースカロライナ州立大学のメイス（Mace, R. L.）によって提唱され、障害の有無・度合いにかかわらずできるだけ多くの人が利用できるように環境や道具などをデザインすることである。さまざまな障害の種類や程度の違いを超えて、すべての人にとって使いやすいデザインをめざすものである。

3 東京2020オリンピック・パラリンピック競技大会を契機とした取り組み

平成27（2015）年11月に閣議決定された「東京2020オリンピック競技大会・東京パラリンピック競技大会の準備及び運営に関する施策の推進を図るための基本方針」において、東京2020オリンピック・パラリンピック競技大会を契機として、誰もが相互に人格と個性を尊重し支え合う「心のバリアフリー」を推進することや、全国展開を見据えつつ、東京においてユニバーサルデザインの街づくりを進めるとともに、障害のある人等の活躍の機会を増やしていくことが位置付けられた。

平成29（2017）年2月、総理大臣及び障害者団体の出席を得て、「ユニバーサルデザイン2020関係閣僚会議」を開催し、「ユニバーサルデザイン2020行動計画」が決定された。

（1）基本的な考え方

令和元（2019）年度に内閣府から出された障害者白書によれば、その基本的な考え方は、「障害のある選手たちが圧倒的なパフォーマンスを見せる[*8]2020年東京パラリンピック競技大会は、共生社会の実現に向けて人々の心の在り方を変える絶好の機会である」「『障害』は個人の心身機能の障害と社会的障壁の相互作用によって創り出されているものであり、社会的障壁を取り除くのは社会の責務であるという『障害の社会モデル』をすべての人が理解し、それを自らの意識に反映していくことが重要」である、「この機を逃さず、国民全体を巻き込んだ『心のバリアフリー』の取組を展開するとともに、世界に誇れるユニバーサルデザインの街づくりを実現すべく取り組む」などである。

（2）具体的な取り組み

❶「心のバリアフリー」

行動計画で取り組む「心のバリアフリー」とは、さまざまな心身の特

*8
東京2020パラリンピック競技大会は、令和3（2021）年8月24日から9月5日にかけて、難民選手団を含む162の国・地域が参加し熱戦が繰り広げられた。新型コロナウイルス感染症の感染拡大を受けて、原則無観客のなか、日本選手団は全22競技のうち12競技で金13、銀15、銅23の計51個のメダルを獲得した。また、「学校連携観戦プログラム」も実施された。

性や考え方をもつすべての人々が、相互に理解を深めようとコミュニケーションをとり、支え合うことである。そのためには、一人ひとりが具体的な行動を起こし継続することが必要であり、そのために重要なポイントとして、令和元年版障害者白書では、「障害のある人への社会的障壁を取り除くのは社会の責務であるという『障害の社会モデル』を理解すること」「障害のある人（及びその家族）への差別（不当な差別的取扱い及び合理的配慮の不提供）を行わないよう徹底すること」「自分とは異なる条件を持つ多様な他者とコミュニケーションを取る力を養い、すべての人が抱える困難や痛みを想像し共感する力を培うこと」の3点を指摘している。

❷ユニバーサルデザインの街づくり

わが国において、交通分野、建築・施設分野のバリアフリー化（情報にかかわる内容を含む）については、平成18（2006）年以降、「高齢者、障害者等の移動等の円滑化の促進に関する法律」の下、交通施設、建築物等の種類ごとに目標を定め、個々の施設のバリアフリー化と地域における面的なバリアフリー化に全国的に取り組み、一定の水準まで整備が進んできた。東京2020オリンピック・パラリンピック競技大会は、こうした取り組みに加え、世界に誇ることのできるユニバーサルデザインの街づくりをめざして、さらなる取り組みを行う好機となったといえる。

しかし、新型コロナウイルス感染症の影響により、ユニバーサルデザインの街づくりのアピールは限定的なものとなった。

4 障害を理由とする差別の解消の推進

障害者の人権及び基本的自由の享有を確保し、障害者の固有の尊厳の尊重を促進するため、障害者の権利の実現に向けた措置などを規定した「障害者の権利に関する条約」（障害者権利条約）が、2006年12月の国連総会において採択され、2008年5月に発効した。わが国においては、平成26（2014）年1月に批准し、同年2月から効力が発生している。

障害者権利条約は、障害に基づくあらゆる形態の差別の禁止について適切な措置を求めており、わが国においては、平成23（2011）年の障害者基本法の改正の際、障害者権利条約の趣旨を基本原則として取り込む形で、同法第4条に差別の禁止が規定された。この規定を具体化するも

のが「障害を理由とする差別の解消の推進に関する法律」（障害者差別解消法）であり、障害を理由とする差別の解消を推進し、すべての国民が障害の有無によって分け隔てられることなく、相互に人格と個性を尊重し合いながら共生する社会の実現に資することを目的として、平成25（2013）年6月に成立し、平成28（2016）年4月から施行されている。

　障害を理由とする差別については、国民一人ひとりの障害に関する知識・理解の不足、意識のかたよりに起因する面が大きいと考えられる。このため、すべての国民が障害の有無によって分け隔てられることのない共生社会を実現するためには、障害者差別解消法で求められる取り組みやその考え方が、幅広く社会に浸透することが重要である。法の円滑な施行に向けた各般の取り組みにより社会の関心を高め、障害に関する理解と協力を促進することによって、建設的対話による相互理解を通じた合理的配慮の提供等を促進している。従来、合理的配慮の提供は、国や地方公共団体等は法的義務、民間企業・事業者は努力義務とされていた。令和3（2021）年5月に障害者差別解消法が改正され、民間企業・事業者も法的義務となった。

　障害者差別解消法の附帯決議^{*9}には、「国及び地方公共団体において、グループホームやケアホーム等を含む、障害者関連施設の認可等に際して周辺住民の同意を求めないことを徹底するとともに、住民の理解を得るために積極的な啓発活動を行うこと」が盛り込まれた。ノーマライゼーション理念を実現するため、病院や施設からの地域移行が促進されてきたが、地域住民の反対運動に直面する場合もある。もともと、障害者の入所施設（グループホームやその他の施設を含む）建設の際の地域住民の反対運動があり、これを「施設コンフリクト」とよんで、住民と障害関係者の対立があるとされていた。法に基づき住民の理解が進み、このような対立関係が解消されることが期待されている。

*9
附帯決議とは、国会の衆議院及び参議院の委員会が法律案を可決する際に、当該委員会の意思を表明するものとして行う決議のこと。この障害者差別解消法についての附帯決議は、衆議院・参議院両方でなされた。

5 障害者虐待防止への対応

　児童虐待通報件数が年々増加している。これは「児童虐待の防止等に関する法律」（児童虐待防止法）の施行により、通告義務などにより潜在化されていた児童虐待が顕在化したともいわれている。障害者についても、さまざまな虐待事案が明るみに出ている。障害者に対する虐待は、障害者の家族や障害者福祉施設の職員、働き先の経営者などから、暴力による身体的な虐待や経済的な虐待など、さまざまなケースが報告

＊10
本書第２部第６章第１
節、及び本双書第13巻
第２部第２章第４節３
参照。

されている。こうした障害者に対する虐待を防ぐため、「障害者虐待の
防止、障害者の養護者に対する支援等に関する法律」（障害者虐待防止
法）が制定された。平成24（2012）年10月１日から、この法律に基づ
き、新しく全国の市町村や都道府県に、障害者に対する虐待の防止や対
応の窓口となる市町村障害者虐待防止センターや都道府県障害者権利擁
護センターが設置されている。

　このような障害者に対する虐待が発生する背景には、障害の特性に対
する知識や理解の不足、障害者の人権に対する意識の欠如、障害者がい
る家庭や障害者福祉施設の閉鎖性などがあるといわれている。障害者虐
待防止法が施行された後も、障害者虐待の件数は増加している。障害者
の尊厳を大切にし、障害者に対する虐待を防ぐため、障害者虐待防止法
を中心に、家族への支援や地域全体で障害者とその家族をサポートして
いくなど社会全体で障害者の権利を擁護していく必要がある。

　発達障害者支援法第13条は、「都道府県及び市町村は、発達障害者の
家族その他の関係者が適切な対応をすることができるようにすること等
のため、児童相談所等関係機関と連携を図りつつ、発達障害者の家族そ
の他の関係者に対し、相談、情報の提供及び助言、発達障害者の家族が
互いに支え合うための活動の支援その他の支援を適切に行うよう努めな
ければならない」とし、家族への支援を規定している。

　家族支援については、家族成員を総合的に支援することが重要であ
り、親のみならず兄弟姉妹も支援していくことが重要である。兄弟姉妹
については、親の関心が障害のある子どもに向かいがちであるため、個
別的に配慮を必要とする場合がある。

６ 少子高齢化

（１）障害者の高齢化

　現在の日本では急速な高齢化と少子化が同時に進んでいる。子どもが
少なくなり、高齢者が増加するということは、社会経済を支える現役世
代（生産年齢人口）の割合が減少するということを意味している。

＊11
「日本の将来推計人口
（令和５年推計）」国立
社会保障・人口問題研
究所、2023年（出生中
位・死亡中位推計によ
る）。

　令和２（2020）年の日本の総人口は１億2,615万人であった（国勢調
査）。この総人口は、以後長期の人口減少過程に入る見込みで、2045年
の１億880万人を経て、2056年には１億人を割って9,965万人となり、
2070年には8,700万人になると推計されている。このまま高齢化によっ
て急増する社会保障費用を、現役世代が支えていくのは限界がある。社

会情勢の変化に対応した制度の実現と、国民全体で支え合う取り組みがますます重要になってきている。

　高齢化は、障害者分野においても課題となっている。前節で学んだように、身体障害、知的障害、精神障害のそれぞれの分野で高齢化が進んでいる。高齢の親が高齢の子どものケアを行うという課題も特別なものではなくなっている。そのようななか、障害者福祉における「65歳問題」がクローズアップされてきた。障害のある人が65歳になると、障害福祉サービスから介護保険サービスに切り替わることにより、サービスが低下したり自己負担額が増えたりするという問題があり、「65歳の壁」という言葉などでも表現されている。

　平成25（2013）年に施行された「障害者の日常生活及び社会生活を総合的に支援するための法律」（障害者総合支援法）第7条には、障害者自立支援法と同様に「65歳以上」の障害者に対して原則として介護保険を優先するという「介護保険優先原則」が定められている。その対応の一つとして65歳以降の介護保険サービスへのスムーズな移行を念頭に置いた共生型サービスが平成30（2018）年度から実施されている。[*12]

（2）「親なき後」の課題

　障害のある子を抱える多くの家族は、もし自分たちが高齢になったら、さらには亡くなったら、その後、子はどうなるのか、誰が面倒を見てくれるのかという将来への心配や不安を抱いている。これを親なき後の問題とよんでいる。

　このような障害者の高齢化や親なき後、そして障害の重度化を見据え、障害児・者の地域生活支援を推進する観点から、障害児・者とその家族が住み慣れた地域で安心して暮らせるよう、さまざまな支援を切れめなく提供できる仕組みとして、国は**地域生活支援拠点等**の整備を推進している[*13]（図1−1−8）。その機能として、①相談、②体験の機会・場、③緊急時の受け入れ・対応、④専門性、⑤地域の体制づくりの5つが示されている。拠点等の整備を進めていくために、5つの機能を集約し、グループホームや障害者支援施設等に付加した「多機能拠点整備型」、また、地域における複数の機関が分担して機能を担う体制の「面的整備型」という2つの類型があげられている。

　これは、第4期障害福祉計画（平成27〔2015〕年度〜平成29〔2017〕年度）における、国の基本指針において、「地域生活を支援する機能の集約を行う拠点等を、各市町村又は各圏域に少なくとも1つを整備」す

*12
介護保険または障害福祉のいずれかの居宅サービスの指定を受けている事業所が、もう一方の制度の居宅・日中活動系サービスの指定も受けやすくするものであり、これにより障害者が65歳以上になっても、使い慣れた事業所において引き続きサービスを受けられるようにすることを目的としている。

*13
障害児・者の重度化・高齢化や「親なき後」を見据え、居住支援のための機能（相談、体験の機会・場、緊急時の受け入れ・対応、専門性、地域の体制づくり）を、地域の実情に応じた創意工夫により整備し、障害児・者の生活を地域全体で支えるサービス提供体制を構築するもの。

〈図1-1-8〉地域生活支援拠点等の整備について

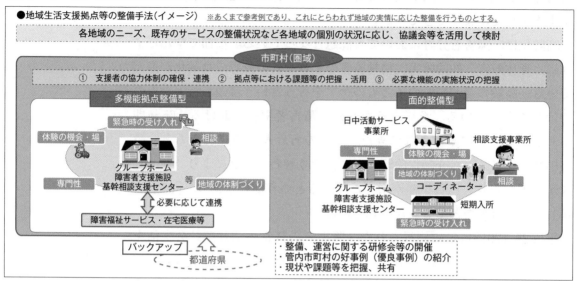

（出典）厚生労働省資料

ることが成果目標に定められ、第5期障害福祉計画・第1期障害児福祉計画（平成30〔2018〕年度～令和2〔2020〕年度）及び第6期障害福祉計画・第2期障害児福祉計画（令和3〔2021〕年度～令和5〔2023〕年度）の基本指針においても引き継がれている。

（3）ヤングケアラー

ヤングケアラーとは、本来大人が担うと想定されている家事や家族の世話などを日常的に行っている子どものことで、享受できたはずの勉強に励む時間、部活に打ち込む時間、将来に思いを巡らせる時間、友人とのたわいない時間などの「子どもとしての時間」と引き換えに、家事や家族の世話をしていることがあり、支援が必要とされている。その代表例は、以下である。

・障害や病気のある家族に代わり、買い物・料理・掃除・洗濯などの家事をしている
・家族に代わり、幼いきょうだいの世話をしている
・障害や病気のあるきょうだいの世話や見守りをしている
・がん・難病・精神疾患など慢性的な病気の家族の看病、看護、身の回りの世話をしている

国は、ヤングケアラーを早期に発見し、適切な支援につなげるための支援として、地方自治体が実態調査を実施したり、福祉・介護・教育等の関係機関職員がヤングケアラーについて学ぶための研修等を行う際

や、ヤングケアラーの支援体制を構築するためのヤングケアラー・コーディネーター[*14]の配置、ピアサポート等相談支援体制の推進にあたり、ヤングケアラー支援体制強化事業を実施している。

7　地域共生社会の実現

　平成28（2016）年6月2日に閣議決定された「ニッポン一億総活躍プラン」において、「介護離職ゼロ」に向けた取り組みの一つとして、「子供・高齢者・障害者など全ての人々が地域、暮らし、生きがいを共に創り、高め合うことができる『地域共生社会』を実現する」ことが掲げられた。さらにプランでは、「支え手側と受け手側に分かれるのではなく、地域のあらゆる住民が役割を持ち、支え合いながら、自分らしく活躍できる地域コミュニティを育成し、福祉などの地域の公的サービスと協働して助け合いながら暮らすことのできる仕組みを構築する」と謳っている[*15]。

　これを受け、平成29（2017）年及び令和2（2020）年に社会福祉法が改正され、今後の福祉の基本コンセプトとして地域共生社会を掲げられ、それを具現化するための包括的支援体制や重層的支援体制整備事業が位置づけられた[*16]。

8　障害児の施策（こども家庭庁の発足）

　令和5（2023）年4月、こども家庭庁が発足した。こども家庭庁は、各省庁にまたがる子どもに関する政策をまとめて行う総理大臣直属の機関として、内閣府の外局に位置している。内閣府子ども・子育て本部や厚生労働省子ども家庭局の事業がこども家庭庁に移管され、企画立案・総合調整部門、成育部門、支援部門の3つの部門から構成されている[*17]。

　これに伴い、児童発達支援や放課後等デイサービスなどの児童福祉法上の障害児福祉サービスや、医療的ケア児への支援はこども家庭庁に移管されることになった。また、障害者総合支援法に規定されている障害者・障害児の両方が利用する障害福祉サービス（居宅介護等）は、厚生労働省とこども家庭庁の共管となった。

*14
関係機関と支援者団体等のパイプ役。

*15
本双書第8巻第2部第1章第1節、及び同第4章参照。

*16
本書第2部第2章第8節5及び、本双書第8巻第2部第1章参照。

*17
企画立案・総合調整部門は、子ども政策全体の司令塔として全体のとりまとめを行う。
成育部門は、子どもの安全で安心な成長をサポートし、文部科学省と連携して保育園や認定こども園、幼稚園の教育・保育内容の基準を決める役割をもつ。
支援部門は、特に虐待や障害などの困難がある子どもや家庭の支援を担当する。

第**2**章

障害者福祉の理念

学習のねらい

　障害者福祉を学ぶにあたって、さまざまな法律・制度、支援実践の基盤となっている障害者福祉の理念について学ぶことは非常に重要なことである。

　本章では、ノーマライゼーション、リハビリテーション、自立生活、ソーシャルインクルージョンの理念を学ぶことによって、これらの理念や考え方の内容だけでなく、その歴史的な背景や影響を理解する。これらの理念や考え方が普遍的な理念として広まっていくなかで、日本においてどのように理念が受け入れられ、展開していったのかについて理解することもあわせて重要である。

　さらに、これらの理念が、障害者の人権を獲得するための長い間の努力と運動のプロセスによって生じてきたことについて学び、障害者の人権に関して、最終的に「障害者の権利に関する条約」に結実していったことを理解する。

第1節 ノーマライゼーションの理念

1 ノーマライゼーション理念の潮流

ノーマライゼーションの潮流には、**バンク‐ミケルセン**（Bank-Mikkelsen, N. E.）、**ニィリエ**（Nirje, B.）などの提唱したノーマライゼーションの流れと、**ヴォルフェンスベルガー**（Wolfensberger, W.）の流れがある。前者はノーマルな生活環境の提供に重点を置き、制度改革に焦点が当てられるが、後者は初期のノーマライゼーションの考えをより発展させ、障害者の「社会的役割の実現」（Social Role Valorization、ソーシャル・ロール・ヴァロリゼーション）という考え方に変化させていった点が特徴的である。

ノーマライゼーションは、バンク‐ミケルセンが知的障害者をもつ親の会の運動にかかわるなかで、1959年に成立したデンマークでの法の制定にかかわったことが始まりとされている。バンク‐ミケルセンのノーマライゼーションの特徴は、障害者（特に知的障害者）も一般市民と同じ条件で援助されるべきであるという点があげられる。

この考えの結実は1980年の社会サービス法の制定に見ることができる。これは、援助は属性としての障害ではなく、障害者のニーズに基づくことが必要であり、同じニーズに対しては（障害の種類が異なっても）同じサービスで対応するという考え方である。バンク‐ミケルセンの考えで一貫していることは、知的障害者をノーマルにするのではなく、知的障害者の生活条件をノーマルにしていく環境を提供することである。

ニィリエは、バンク‐ミケルセンの考えの影響を受けながらノーマルな社会生活の条件を次の8項目にまとめている[1]。

　①1日のノーマルなリズム
　②1週間のノーマルなリズム
　③1年間のノーマルなリズム
　④ライフサイクルにおけるノーマルな発達的経験
　⑤ノーマルな個人の尊厳と自己決定権
　⑥その文化におけるノーマルな性的関係
　⑦その社会におけるノーマルな経済水準とそれを得る権利
　⑧その地域におけるノーマルな環境形態と水準

ヴォルフェンスベルガーは、知的障害者を社会から逸脱している人としてとらえる社会意識のあり方を問題視した。知的障害者が逸脱者とされるのは、社会が彼らを価値が低い人としてみなしているからであり、いかにその価値を高めていくか、社会的な役割を実現していくかにノーマライゼーションの意味を見出している。したがって、知的障害者の「社会的役割の実現」をノーマライゼーションに代わる考えとして重視した。

また、この社会的役割の実現を高める戦略として、知的障害者自身の能力を高めることと、社会に対する知的障害者のイメージを高めるはたらきかけを行うことの2つを重視した。具体的にはPASS（パス）というノーマライゼーション達成水準の評価項目を用いた枠組みを提案したことが重要である。PASSは、その後改良され、1983年にはPASSING（パシング）として発表された。PASSINGの項目は、社会的イメージを高めることに関する評価項目と障害者自身の能力を高めることに関する評価項目の2つに分かれて作成されている。

このような2つの流れのあるノーマライゼーション思想は、障害自体の問題よりも、障害者の置かれている生活条件や生活環境といった社会環境の現状やあり方をより重視する考え方として見ることができる。今日では障害者福祉施策の基盤となる思想として広く受け入れられた考え方であるが、ノーマライゼーションが提唱された時代とその背景から見ると、この思想がこれまでの価値観を根本的に変える社会変革（入所施設における障害者処遇から地域における自立生活支援への転換）に結び付く思想であることが理解できる。

2 日本におけるノーマライゼーション思想の受容と展開

日本では、昭和23（1948）年の身体障害者福祉法の制度化以降、新たな障害者福祉にかかわる法の制定があまりなされてこなかったが、成人期の知的障害者に対する取り組みに課題が生じてきたことを背景として、昭和35（1960）年に精神薄弱者福祉法（現 知的障害者福祉法）が制定された。この精神薄弱者福祉法は、知的障害者施設を法的に位置付けたことと、知的障害者に対する福祉サービスの公的な責任を認めた点が特徴的であった。入所施設の設立はその後の経済成長も加わって増加

し、1970年代には、各都道府県でのコロニー設立施策（複数の入所施設等を同一の敷地に設立し、生涯を通して重度の知的障害者の生活支援をする施策）によって推進されていった。

　このような状況のときにノーマライゼーション思想は日本に入ってきた。つまり、入所施設の基盤整備が始まったばかりのときに、ノーマライゼーション思想が入ってきたために、日本では、入所施設の整備と地域福祉サービスの整備という方向的に相反する2つの施策を進めることになり、このことは今日に至るまで入所施設からの地域移行の推進にかかわる施策展開において課題を残している。

第2節 自立とリハビリテーションの理念

1 リハビリテーションの考え方

　リハビリテーション[*1]は、医療の領域に限定して使う言葉ではなく、一度失った地位、特権、財産、名誉などを回復することの意味が含まれており、かなり以前から医療以外の場で使用されていた。

　リハビリテーションを医療分野の言葉として定着させる上で、第一次世界大戦の戦傷者に対しての社会復帰活動の果たした役割は大きく、さらに、第二次世界大戦での戦傷者に対する疾病・障害管理や社会復帰活動は決定的に重要な役割を果たした。この医療分野におけるリハビリテーションの導入は、戦傷者の社会復帰対策から生じ、多くの成果をもたらしたが、戦傷者の場合は、年齢も若く、肢体不自由を中心とした運動機能に障害をもつことが多いので、運動機能回復訓練を中心に進められる傾向がみられた。このことは、リハビリテーションという言葉の本来もっていた人間としての尊厳を考える意味を後退させ、リハビリテーションを運動機能回復訓練として狭くとらえる傾向を助長してきた。

　第二次世界大戦以降、リハビリテーションの対象者は、戦傷者が減少し、それに代わって、高齢者、視覚・聴覚等の感覚機能による障害者、精神障害者など、対象が広がった。そのため、リハビリテーションを運動機能回復訓練として狭くとらえることでは、実情に合わなくなってきた。また、1960年代のノーマライゼーション思想の展開、1970年代の自立生活運動の展開によって、リハビリテーションにおいても障害者の人権、自己決定（意思決定）を意識する状況が生じてきた。

　このような状況の変化により、リハビリテーションが本来もっていた人間としての尊厳を考える意味としての「全人間的復権」は、リハビリテーションの目標として認識されるようになってきた。この全人間的復権は、これまでの医学的な判断による回復だけでなく、障害者の個別的な生活や人生の多様な側面の全体的な質を重視するものであり、そこから問題把握や支援の視点を構成して、支援していく取り組みにつながっていく。

　リハビリテーションの目標が全人間的復権という意味としてとらえられてきたことは、リハビリテーションの目標を日常生活動作（ADL）[*2]

*1
本双書第14巻第1部第6章参照。

*2
ADL（Activities of Daily Living：日常生活動作）は、一人の人間が生活するために日常的に繰り返される基本的な動作のことをいう。具体的には、食事・排泄・清潔・更衣・移動・整容・入浴などの行動をさす。

＊3
QOLは、「生活の質」「人生の質」「生命の質」など訳されるが、福祉では「生活の質」ということが多い。人生や生活の豊かさなど、人生・生活全体の良好な状態を含んだ幅広い概念であり、個人の満足感、幸福感、快適さ、生きがい感と関連が深い。

の自立から生活の質（QOL）＊3に転換する上で重要な役割を果たしてきたといえよう。しかし、リハビリテーションの考え方をこのように広げることは、障害者の生活や人生のすべての側面がリハビリテーションのかかわるべき対象となり、逆に具体的な問題解決や支援課題の検討において、焦点が絞りにくくなる問題が生じてきた。

また、リハビリテーションは、機能的な障害に対しての「治療的なアプローチ」や「代償的なアプローチ」が実際の支援方法として進んでおり、これらは、いわば、医学を基盤とした専門的アプローチといえる。このようなアプローチは、医学的リハビリテーションを重視し、教育的リハビリテーション、職業的リハビリテーション、社会的リハビリテーションといった分野を含んだ包括的なリハビリテーションの存在を弱める課題が生じてきた。

そのため、リハビリテーションの概念をあまり広げないで、リハビリテーションを各人に最も適したレベルを目標とし、期間を限定した取り組みとして考えるようになってきた。また、環境を改善していく取り組みは「機会均等化」としてリハビリテーションと分けて考える、より限定した形でリハビリテーションを用いることの必要性もいわれている。

❷ 自立生活の考え方とその展開

自立生活運動の起こりは、1960年代のアメリカ・カリフォルニア大学バークレー校での障害のある学生の運動から始まった。この運動は公民権運動やノーマライゼーション思想とともにアメリカ全土に広まって、障害者運動に新しい考え方を広げていった。

この運動における自立生活の代表的な考え方として、「他人の助けを借りて15分で衣服を着、仕事に出かけられる障害者は、自分で衣類を着るのに2時間かかるために家にいるはかない障害者よりもより自立している[2]」があげられる。この意味は、これまで医療で絶対視されていた「ADLの自立」という自立観から「QOLを充実させること」を自立として考えることへの価値観の転換を意味している。

さらにその後、この考えをより進めた形で、障害者の自己決定（意思決定）と選択が最大限に尊重されている限り、たとえ全面的な介助を受けていても人格的には自立しているという考え方が生まれた。どんな重度の介護状態にある障害者でも自立はあり得ることを理念的に示している点で重要である。

　このことに加えて、専門的援助への批判運動としての自立生活運動を位置付けていく考えもある。専門的援助は、身体機能や能力における欠如を問題とし、医師や理学療法士、作業療法士などの専門的介入による問題の解決をめざし、提供されるサービスの質のコントロールを専門職が行い、ADLの自立を目標とする点が特徴としてあげられている。これに対し、自立生活運動は、専門職や家族への依存を問題とし、当事者同士のカウンセリング（**ピアカウンセリング**）、当事者同士の支え合い（ピアサポート）による問題の解決をめざし、提供されるサービスの質のコントロールを当事者が行い、自己決定のできる自立した生活を目標とする点を特徴としてあげることができる。

第3節 ソーシャルインクルージョンの理念

1 ソーシャルインクルージョンの考え方

　ソーシャルインクルージョン（社会的包摂）は、貧困や失業、障害、ホームレスなどの状態によって、**ソーシャルエクスクルージョン（社会的排除）**の対象になりやすい人々に対して地域社会への参加と統合を促進する取り組みとしてとらえることができる。

　地域社会への統合という点では、本章第1節で取り上げたノーマライゼーションの考え方に似ているが、異なっている点として次の3点をあげることができる。[3]

　①ノーマライゼーションは障害のある人を念頭に置いているのに対して、ソーシャルインクルージョンは広く全市民を対象にしている。

　②ソーシャルインクルージョンは、ソーシャルエクスクルージョンと対になる概念であり、排除する社会を前提にしている。

　③ノーマライゼーションは、障害があることで社会参加が妨げられている現在の状態を正すことに力点が置かれるのに対して、ソーシャルインクルージョンは排除のメカニズムを是正し、現状を生み出した原因を除去することに力点を置く。

2 障害者基本法に見るソーシャルインクルージョン施策の展開

*4
本章第5節参照。

　障害者福祉におけるソーシャルインクルージョン施策として、障害者基本法の改正（平成23〔2011〕年）について取り上げる。[*4]同法改正の前提として「内閣府・障がい者制度改革推進会議」（以下、推進会議）の「第一次意見」が平成22（2010）年6月に公表された。ここでは、障害者基本法の抜本的な改正、障害者差別禁止法制の制定、当時の障害者自立支援法に代わる新法の制定に加えて、障害者政策関連分野（労働・雇用、教育、所得保障、医療、障害児支援、虐待防止、建築物・交通アクセス、情報アクセス・コミュニケーション、政治参加、司法手続、国際協力など）の法制度に関して、「障害者の権利に関する条約」（障害者権利条約）の批准のための基本事項として検討がなされた。

その後、障害者基本法改正に焦点を当てた「第二次意見」が平成22（2010）年12月にまとめられた。この中では、社会モデルの考え方をふまえた障害の定義の見直し、障害者権利条約における「地域社会で生活する平等の権利」の確認、必要な支援を受けた自己決定に基づく社会参加の権利の確認、手話等の言語の使用及びコミュニケーション手段の利用、といった事項が提案された。

その後、改正された障害者基本法（平成23〔2011〕年）では、「障害者」の定義を「身体障害、知的障害、精神障害（発達障害を含む。）その他の心身機能の障害（以下「障害」と総称する。）がある者であって、障害及び社会的障壁により継続的に日常生活又は社会生活に相当な制限を受ける状態にあるものをいう」（第2条第1項）とし、社会モデルの考え方をふまえた障害の定義の見直しを行った。なお、ここで「社会的障壁」とは「障害がある者にとって日常生活又は社会生活を営む上で障壁となるような社会における事物、制度、慣行、概念その他一切のものをいう」（第2条第2項）としている。

3 障害者差別解消法に見るソーシャルインクルージョン施策の展開

「障害を理由とする差別の解消の推進に関する法律」（**障害者差別解消法**）は、推進会議の下に組織された差別禁止部会の審議を経て、「『障害を理由とする差別の禁止に関する法制』についての差別禁止部会の意見」が平成24（2012）年9月にまとめられ、その後の審議を経て、平成25（2013）年6月に成立した。その後、令和3（2021）年5月に改正法が成立した[6]。この法律では、差別と合理的配慮の不提供に関しての対応要領を国・自治体において作成することとした。

障害者差別解消法は、障害者基本法の理念に基づき、障害者基本法第4条の差別の禁止の規定の具体化として位置付けられている[7]。

障害者差別解消法では具体的な対応として、社会的障壁の除去の実施についての必要かつ合理的な配慮を的確に行うための環境の整備に努めなければならない（第5条）とし、国・自治体においては職員対応要領の策定、事業者のための対応指針の策定が必要とされている。さらに、差別解消のための支援措置では、①国・自治体における相談及び紛争の防止・解決のための体制の整備、②国・自治体による啓発活動、③国による差別解消のための取り組み・方法に関する情報の収集、整理及び提

*5
本双書第13巻第2部第2章第5節参照。

*6
改正法では、合理的配慮の不提供の禁止は国・地方公共団体、民間事業者いずれも法的義務となった。ただし、改正法の施行日は令和3（2021）年6月の公布から3年以内に政令で定めるとしている。

*7
なお、障害者基本法第4条では、第1項で、障害を理由とする差別等の権利侵害行為の禁止、第2項で、社会的障壁の除去を怠ることによる権利侵害の防止、第3項で、国による啓発・知識の普及を図るための取り組み、の3点が示されている。

供、④国・自治体における障害者差別解消支援地域協議会の設置が示されている。

　ここでは、このうちソーシャルインクルージョンの取り組みにかかわりの深い内容として、障害者差別解消支援地域協議会（以下、協議会）と地域住民に対する啓発活動の2点を取り上げる。

　協議会に期待される役割は、「障害者差別解消支援地域協議会設置の手引き」[8]によれば主に次の4点である。

＊8
内閣府、平成27 (2015)
年11月。

> ①複数の機関によって紛争の防止や解決を図る事案・関係機関が対応した事案の共有
> ②障害者差別に関する相談体制の整備・障害者差別解消に資する取り組みの共有と分析
> ③協議会の構成機関におけるあっせん・調整などの取り組みによる紛争解決の後押し
> ④障害者差別の解消に資する取り組みの周知・発信や障害特性の理解のための研修・啓発

　この4点から考えると、協議会では、直接的な相談案件の対応ではなく、あくまで地域内の関係機関の共有、情報交換による地域体制づくりが主たる目的である点を理解することが重要である。ただし、③にある、「あっせん・調整などの取り組みによる紛争解決の後押し」は、直接的な相談案件への対応について十分な理解をしない限り、紛争解決の後押しはできないことから、他の3つの役割とは、かなり性格が異なるものと思われる。

　実際の自治体の協議会の運営では、直接的な相談への対応、紛争解決の議論をすることもあるので、協議会が地域づくりの役割を果たす場なのか、直接的な相談への対応、紛争解決の議論をする場なのか、自治体として明確にしておく必要がある。特に、個別の事案に関しては構成員にとって理解しやすいし、議論もしやすいが、差別解消を基盤とした地域体制づくりに向かって構成員の意識を喚起し、協議会の議論をまとめていくためには、協議会の運営にかかわる事務局（自治体）の力量も必要とされる。

　地域住民の啓発活動に関してはこれまで、障害者基本法、「障害者の日常生活及び社会生活を総合的に支援するための法律」（障害者総合支援法）においても強調され、国・地方公共団体においては、障害者週間などの取り組みを通して、実施されてきた経緯がある。それにもかかわ

らず、グループホームや障害者関連施設の設置の際に地域住民との摩擦はしばしば生じており、長年の課題であった。国の基本方針では、**インクルーシブ教育**の推進による児童期からの啓発活動、グループホームや障害者関連施設の設置の際に周辺住民の同意の必要性はないことの周知など、これまで以上に具体的に記載した点は重要である。ただし、地域住民の啓発活動の最も重要な担い手は自治体であり、自治体がどのくらい国の基本方針に基づいて地域の摩擦に対処できるのかは大きな課題である。

* 9
「障害を理由とする差別の解消の推進に関する基本方針」平成27（2015）年2月24日閣議決定。

　このようななかで、啓発活動の効果的な企画の検討、他の地域のアイデアに富んだ企画などの情報を、関係機関と共有して地域の啓発活動を推進していくことは、協議会の重要な役割である。

４ 入所施設からの地域移行に見る ソーシャルインクルージョン施策の展開

　障害者権利条約でソーシャルインクルージョンにかかわる条文としては、第19条をあげることができる。この条文で、「この条約の締約国は、全ての障害者が他の者と平等の選択の機会をもって地域社会で生活する平等の権利を有することを認めるものとし、障害者が、この権利を完全に享受し、並びに地域社会に完全に包容され、及び参加することを容易にするための効果的かつ適当な措置をとる」（政府公定訳）としている。この条文では、最初に地域社会で平等に生活する権利を有することを認めている。さらに、地域社会での生活は地域社会に完全に包容・参加することを重視し、地域生活の質の保障を意識している。第19条では具体的に以下の3項を示している。

　「（a）障害者が、他の者との平等を基礎として、居住地を選択し、及びどこで誰と生活するかを選択する機会を有すること並びに特定の生活施設で生活する義務を負わないこと」の条文では、「特定の生活施設」は入所施設のことをさしており、本人の意思に反した施設入所を、原則、認めないことを示している。「（b）地域社会における生活及び地域社会への包容を支援し、並びに地域社会からの孤立及び隔離を防止するために必要な在宅サービス、居住サービスその他の地域社会支援サービス（個別の支援を含む）を障害者が利用する機会を有すること」の条文では、障害福祉に関係するサービスや地域資源（グループホームも含まれる）以外の地域における居住資源などを視野に入れた地域生活支援が

問われている。「(c)　一般住民向けの地域社会サービス及び施設が、障害者にとって他の者との平等を基礎として利用可能であり、かつ、障害者のニーズに対応していること」の条文では、公営住宅などを含んだ一般の住宅施策において障害者の地域支援を意識した取り組みの必要性が示されており、b項、c項は、日本におけるソーシャルインクルージョンに近い考え方である共生社会にも通じる点がみられる。

　ここでは、障害者支援施設（入所施設）からの**地域移行**に関しての具体的な施策として、「障害者基本計画」「障害福祉計画」における地域移行に関する数値目標の策定を取り上げる。地域移行の数値目標を具体的に示した計画として、第2次障害者基本計画、重点施策実施5か年計画[10]（前期）、重点施策実施5か年計画（後期）[11]が国の方針として示されている。特に、重点施策実施5か年計画（前期）では、これまでの計画と異なり、「入所施設は真に必要なものに限定し、地域資源として有効に活用する」ことを明記した。

　さらに、重点施策実施5か年計画（後期）では、障害者基本計画に基づいて、この計画の後期5か年において重点的に実施する施策と目標を示した。特に、福祉施設入所者14万6,000人を地域移行により13万5,000人にする数値目標が明記された。

　第3次障害者基本計画（平成25〔2013〕～平成29〔2017〕年度）では、基本原則の中で、障害者基本法第3条の引用「全ての障害者は、可能な限り、どこで誰と生活するかについての選択の機会が確保され、地域社会において他の人々と共生することを妨げられないこと」が示されているだけで、具体的な地域移行目標に関しては記載していない。

　障害者自立支援法では、障害福祉計画策定が都道府県・市町村で義務[13]付けられた。これまでの障害者計画に見られない特徴は、必要量と見込み量の推計の中に、入所施設あるいは精神科病院からの地域移行者の推計を入れた点である。特に、第4期障害福祉計画[14]は、障害者総合支援法施行後の初めての障害福祉計画の策定であり、地域移行に重点を置いた計画であるが、策定された都道府県の数値目標の集計データによれば、入所施設からの地域移行では、平成25（2013）年度末に比べて平成29（2017）年度末の入所者の削減率は3.8％であり低調な数値となった。

　第5期障害福祉計画における地域移行では、施設入所者数の削減に関[15]する目標を、令和2（2020）年度末時点での施設入所者を平成28（2016）年度末時点での施設入所者数（新規入所者を含めた入所者数）から2％以上削減するとしており、これまでの第3期障害福祉計画の10％、第

＊10
平成15（2003）～平成24（2012）年度の10か年。

＊11
平成15（2003）～平成19（2007）年度の5年間。

＊12
平成20（2008）～平成24（2012）年度の5年間。

＊13
平成18（2006）年施行。平成25（2013）年度からは障害者総合支援法。

＊14
平成27（2015）～平成29（2017）年度。

＊15
平成30（2018）～令和2（2020）年度。

４期障害福祉計画の４％から見てさらに低い数値目標になっている。その理由として、厚生労働省によれば、入所者の障害の重度化、高齢化により、入所者の地域移行を推進することの困難さがあげられている。これに加えて、重度化に対応したグループホーム及び在宅者の地域生活を支援する地域生活支援拠点等の未整備により施設入所ニーズが依然として一定数見込まれることから、第５期障害福祉計画及び第６期障害福祉計画では低い目標となっている。[16]

　これに対して、第７期障害福祉計画（令和６〔2024〕年度～令和８〔2026〕年度）では、施設入所者数の削減に関する目標を、令和８（2026）年度末時点での施設入所者を令和４（2022）年度末時点での施設入所者数（新規入所者を含めた入所者数）から５％以上削減することとした。この間の計画からみて、再び５％削減と高い目標になっており、地域移行の推進の観点では評価できるが、入所者の重度化、高齢化の進展、地域における居住支援の不十分な現状からみると、実現の可能性は相当むずかしいことが予想される。

　このようなことから、障害者権利条約の批准以降の展開においても、障害福祉計画における障害者支援施設からの地域移行の低調さから見ても、従来の入所者の削減だけでの地域移行の推進は相当困難である。今後の取り組みとしては、障害者の地域における自立生活を地域住民とともに構築していく、共生社会の実現のための取り組みが喫緊の課題になっている。

5 地域生活支援拠点等に見る ソーシャルインクルージョン施策の展開

　前項でふれたように、地域移行の数値目標は徐々に下方修正されている。第７期障害福祉計画ではやや目標値が高くなっているが、新規入所者がこれまでの水準で入所すると、その達成が困難であり、そのためにも、地域での支援体制を強化して、新規の入所者を抑制する施策が必要となっている。

　新規の施設入所者を抑制する上でも、施設入所の大きな原因である「親なき後」も地域で継続的に生活できることが必要であり、そのためには、絶えず地域生活者に対しての相談支援のできる体制、緊急時に短期入所が利用できる体制、家族と同居している生活からグループホームなどで家族から自立して生活する練習のできる体制が必要である。これ

＊16
令和３（2021）年度～令和５（2023）年度第６期障害福祉計画では、1.6％削減であり、第５期障害福祉計画よりもさらに低い目標となっている。

第１部　第２章

らの体制を地域の中でシステム化していくことができる拠点として、地域生活支援拠点等の整備を今後の施策の中で重視している。

　地域生活支援拠点等の整備の具体的な方法として、障害者支援施設・グループホーム・基幹相談支援センターなどの機能をもった多機能支援拠点を整備し、その拠点が中心となって活動する多機能拠点整備型と、障害者支援施設・グループホーム・基幹相談支援センター・日中活動サービス事業所などの地域内のサービス資源を調整しながら進める面的整備型の2つのタイプが厚生労働省より示されている。

　さらに、地域生活支援拠点等の機能としては、相談支援（地域移行、家庭からの自立など）、地域生活の体験の機会・場（ひとり暮らし、グループホーム生活）、緊急時の受け入れ（短期入所など）、専門性のある人材の確保・育成、地域の体制づくり（サービス調整、コーディネーターの配置）の5点があげられている。

　他方、高齢者福祉分野において、地域に基盤を置いたケアが強調されている。このことに関して、介護保険制度では、地域包括ケアシステムの推進が謳われ、障害福祉制度では地域支援拠点等の整備と推進が謳われている。また、「精神障害者にも対応した地域包括ケアシステム」の構築に関しても、精神障害者が地域生活を遂行できるように、医学、障害福祉、介護、住まい、社会参加、就労、地域の助け合い、教育などの各分野や資源が包括的に確保された地域包括ケアシステムが示されており、第6期障害福祉計画（令和3〔2021〕～令和5〔2023〕年度）の重点目標になっている。この背景には、障害者の高齢化問題、親なき後の問題、若年者の脳血管疾患の問題、難病の問題、要介護高齢者と障害者との同居世帯の問題など、介護保険制度と障害福祉制度の谷間の問題も山積していることが考えられる。

　このような社会問題の広がりをふまえて、介護保険分野と障害福祉分野における社会サービスの連携（専門職の連携のあり方を含む）が求められており、時代に対応した、分野を超えて総合的に構築されたコミュニティケアのあり方についても地域生活支援拠点等の整備の中で重視されてきている。

第4節 「障害者の権利に関する条約」の特徴と障害者基本法

1 「障害者の権利に関する条約」の特徴

2006年の第61回国連総会において、「障害者の権利に関する条約」(**障害者権利条約**)が採択された。それまで、「国際障害者年」とその理念を具体化するための計画としての「障害者に関する世界行動計画」、「**国連・障害者の十年**」の終了後に国連で採択された「障害者の機会均等化に関する標準規則」など、障害者の権利に関する理念、行動計画、規則は存在していたが、拘束力のあるものではなかった。そのようななか、法的な拘束力のある条約として障害者権利条約が国連総会で採択されたことは、各国の取り組みの実効性を確保するという点で極めて大きな意義を有している。

その後日本では、国内での法整備を行い、平成25 (2013) 年12月の国会で条約批准の承認がなされ、平成26 (2014) 年1月に国連で条約に批准し、同年2月に国内で条約が発効した。

障害者権利条約は、前文と本文50か条から構成されている。条約の主な条文(和訳は政府公定訳による)としては、第1条:目的、第2条:定義、第6条:障害のある女子、第7条:障害のある児童、第12条:法律の前にひとしく認められる権利、第13条:司法手続の利用の機会、第16条:搾取、暴力及び虐待からの自由、第19条:自立した生活及び地域社会への包容、第21条:表現及び意見の自由並びに情報の利用の機会、第24条:教育、第25条:健康、第26条:ハビリテーション(適応のための技能の習得)及びリハビリテーション、第27条:労働及び雇用、第30条:文化的な生活、レクリエーション、余暇及びスポーツへの参加、第33条:国内における実施及び監視、などであり、わが国の国内法に大きな影響を与える内容を含んでいる。

これらの条文は、すでにこれまでの国際人権法における人権規定を踏襲しているものであるが、障害者の権利として明確化し、権利保障を実効のあるものにする点で重要である。

さらに、この条約で重要視されていることは、「**合理的配慮**」という考え方である。障害者が権利を行使できない環境に置かれている場合、個々の状況に応じて、その環境を改善したり調整したりする必要があ

る。個々の状況に応じた環境の改善、調整を怠った場合は「合理的配慮」の不提供と考え、「差別」として位置付けることができることは重要である。

2 障害者権利条約における人権規定の特徴 −合理的配慮と意思決定支援について

　前述のように、障害者権利条約で特に重要視されていることは、「合理的配慮」という考え方である。これを怠った場合は差別として位置付けることができる点は、それまでの障害を理由とする直接的な差別を中心とした考え方から、環境調整を含んだ取り組みを十分しなかったことによる間接的な差別を差別として位置付けた考え方への転換としてとらえることができる。また、条約及び規定の実行のために、政府内に国内モニタリングを行う仕組みを設置させるとともに、国際的なモニタリングを行う中心機関（委員会）を設置することを規定したことは、条約の実効性の面で重要である。

　次に、障害者権利条約における人権の基盤の一つである意思決定とその支援にかかわる条文として、第12条を取り上げる。障害者権利条約第12条は5つの項から成っている。このうち、わが国の法律制度に大きな影響を与える条文は、第1項から第4項の部分であると考える。

　第1項は「締約国は、障害者が全ての場所において法律の前に人として認められる権利を有することを再確認する」とあり、これまでの人権に関する国連憲章、規約における障害者の人権をあらためて確認することを強調している。

　第2項は、「締約国は、障害者が生活のあらゆる側面において他の者との平等を基礎として法的能力を享有することを認める」とあり、ここでは、障害者も市民としての法的能力を有することを明記している。法的能力とは、法律関係の主体となる能力、言い換えれば、他者と法律上の権利義務関係を発生させるための行為（法律行為）を行う能力であり、これをもっていることを明記している。したがって、この法的能力を欠いているということで他者が障害者の代理として法律行為をすることはできないことになる。

　第3項は、「締約国は、障害者がその法的能力の行使に当たって必要とする支援を利用する機会を提供するための適当な措置をとる」とあり、第2項で、障害者の法的能力があることを示した上で、その法的能

力の行使に際しての意思決定支援と合理的配慮の必要性を示している。

　第４項は、「締約国は、法的能力の行使に関連する全ての措置において、濫用を防止するための適当かつ効果的な保障を国際人権法に従って定めることを確保する。当該保障は、法的能力の行使に関連する措置が、障害者の権利、意思及び選好を尊重すること、利益相反を生じさせず、及び不当な影響を及ぼさないこと、障害者の状況に応じ、かつ、適合すること、可能な限り短い期間に適用されること並びに権限のある、独立の、かつ、公平な当局又は司法機関による定期的な審査の対象となることを確保するものとする」とあり、この項は、成年後見制度のような障害者の法的能力行使を一定程度制限する措置に関しての慎重な配慮について言及している。[17]

　この障害者権利条約の考え方に対して、日本の成年後見制度は、後見人に対して一定の同意権・取消権を行使できる制限行為能力制度があることの問題性が指摘されている。このことは、障害者本人以外の他者による代理決定ととらえることができるが、後見人による同意権・取消権を全くなくしてもよいのか、かえって障害者本人にとって、たとえ、本人の意思であっても不利益が生じないのか、といった懸念は存在する。そのため、同意権・取消権といった制限行為能力制度の範囲を縮小させ、それとあわせて、意思決定支援を強化していくことを推進することが求められている。

3 意思決定支援ガイドラインについて

　ここまでは、意思決定支援に関して、障害者権利条約第12条における考え方をもとに見てきた。ただし、第12条は、法的能力と法律行為を中心とした内容であるため、広い意味での障害者の**意思決定支援**がどうあるべきかについてはあまりふれていない。そこで次に、法律行為にとどまらない幅広い障害者の意思決定支援に関する課題について述べるとともに、今後に向けた必要な取り組みと幅広い意思決定支援について定めた厚生労働省作成の「意思決定支援ガイドライン」を取り上げる。[18]

　1990年代の社会福祉基礎構造改革以降、これまでの措置制度に代わるものとして契約制度に基盤を置く改革を実施してきた。ただし、契約制度を支える、主体的で「意思決定」できるサービス利用者像を前提とした制度づくりは、その前提の利用者像が崩れると、制度はうまく機能しないばかりか、かえって問題の多いものになる。

*17
本双書第13巻第２部第
１章参照。

*18
本双書第13巻第２部第
２章第６節参照。

　特に、「意思決定」には「自己責任」が伴い、「自己責任」の能力のない人には「意思決定」は困難であるといった、「意思決定」と「自己責任」とを単純に結び付ける議論も多く、このことは非常に危険性があると思われる。それを防ぐためには、安全でより望ましい「意思決定」を支える仕組み（システム）をどのようにつくるべきかについて考えることが必要である。

　具体的な課題としては、意思決定が十分できない場合の権利擁護の仕組み、意思決定の訓練プログラムの開発、理解しやすい情報提供方法の開発、などがあげられる。意思決定の訓練プログラムは、（主に身体障害者を中心とした）自立生活センターなどではかなり実施されてきているが、知的障害者や精神障害者に対してのプログラムは、実施主体も明確でなく、実践も全国的にそれほど多くはないと思われる。理解しやすい情報提供方法では、わかりやすい冊子の開発などが、すでに、いくつかの団体や行政などで実施されてきている。

　このような取り組みを進めていくにしても、意思決定支援における最大の課題は、障害者本人の表出している意思と支援者が考えている障害者本人の利益とが一致しない場合のジレンマが存在する点である。

　平成29（2017）年に厚生労働省が「障害福祉サービス等の提供に係る意思決定支援ガイドライン」（以下、ガイドライン）を公表し、障害者福祉における意思決定支援の指針を示した。このガイドラインでは、意思決定支援の定義を「自ら意思を決定することに困難を抱える障害者が、日常生活や社会生活に関して自らの意思が反映された生活を送ることができるように、可能な限り本人が自ら意思決定できるよう支援し、本人の意思の確認や意思及び選好を推定し、支援を尽くしても本人の意思及び選好の推定が困難な場合には、最後の手段として本人の最善の利益を検討するために事業者の職員が行う支援の行為及び仕組みをいう」としている。

　この定義では、法的行為や法的能力を超えて、日常生活や社会生活に関する意思決定を強調している。そして、障害者本人の意思の推定が困難な場合は、最後の手段としての「最善の利益」を強調している。

　意思決定支援の内容に関して検討したものには、「障害者の意思決定支援に関する意見」（日本知的障害者福祉協会）における定義がある。それは、「意思決定支援とは、障害者本人の意思が形成されるために、理解できる形での情報提供と経験や体験の機会の提供による『意思形成支援』、及び言葉のみならずさまざまな形で表出される意思を汲み取る

『意思表出支援』を前提に、生活のあらゆる場面で本人の意思が最大限に反映された選択を支援することにより、保護の客体から権利の主体へと生き方の転換を図るための支援である[4]」とし、意思決定支援を「意思形成支援」と「意思表出支援」に分けてとらえている点が特徴的である。

ガイドラインでは、意思決定の基本原則についてイギリスの意思決定能力法（Mental Capacity Act）の原則を参考にしながら、3点に整理している。

> ①本人への支援は自己決定の尊重に基づき行うこと
> ②職員等の価値観においては不合理と思われる決定でも、他者への権利を侵害しないのであれば、その選択を尊重するよう努める姿勢が求められること
> ③本人の自己決定や意思確認がどうしても困難な場合は、本人をよく知る関係者が集まって、根拠を明確にしながら意思及び選好を推定する

また、代行決定にあたって重視している「最善の利益」に関しては、ガイドラインは次のような3点の判断基準を示している。なお、括弧（　）内は筆者が補足した。

> ①メリット（本人にとっての利益）・デメリット（本人にとっての不利益）の検討
> ②選択の際に、（さまざまな見地からの）相反する選択肢の両立
> ③自由の制限の最小化

さらにガイドラインでは、各論において、意思決定支援の仕組みにふれており、意思決定支援責任者の配置、意思決定支援計画の作成に関しても言及している。

4 障害者権利委員会による総括所見

障害者権利条約批准後、国連の障害者権利委員会に対して、定期的に政府報告を提出することが義務付けられている。初回の報告は、条約発効後2年以内とされている。政府は平成28（2016）年6月に初回の政府報告を国連に提出した。その報告をもとに、令和4（2022）年8月に障害者権利委員会による審査が行われ、同年9月に総括所見が示された。

　総括所見の構成は、「はじめに」「評価すべき点」「主な懸念事項と勧告事項」「フォローアップ」の4項目から成っている。評価すべき点に関しては、障害者差別解消法の改正（令和3〔2021〕年5月）、情報保障や芸術文化活動の促進に関する法律の整備、旧優生保護法による優生手術を受けた者に対する救済措置等があげられている。懸念事項と勧告事項に関しては多岐にわたっている。そのうちの主な勧告事項としては、政策審議に障害当事者の参加の促進への勧告、障害の認定における医学モデルの排除と社会モデルに基づいた支援の推進への勧告、意思決定支援と非自発的な入院・治療の防止への勧告、地域移行・脱施設化の強い促進への勧告等が指摘されている。

📖 BOOK 学びの参考図書

● 松井亮輔・川島　聡 編『概説 障害者権利条約』法律文化社、2010年。
　　障害者権利条約の概要について、障害者権利条約の基礎、障害者の参加、障害の概念といったテーマに基づいて、21章によって構成されている。条文解釈だけでなく、日本の現状と課題についても詳しく書かれている。

引用文献

1）社会福祉学習双書編集委員会 編『社会福祉学習双書2020 第4巻 障害者福祉論』全国社会福祉協議会、2020年、11頁
2）定藤丈弘・岡本栄一・北野誠一 編『自立生活の思想と展望』ミネルヴァ書房、1993年、8頁
3）武川正吾『福祉社会－包摂の社会政策（新版）』有斐閣、2011年、333〜336頁
4）知的障害者の意思決定支援等に関する委員会 編『現場で活かせる意思決定支援』日本知的障害者福祉協会、2017年、145頁

参考文献

● 中園康夫『ノーマリゼーション原理の研究』海声社、1996年
● B. ニィリエ、河東田　博・橋本由紀子・杉田穏子 訳編『ノーマライゼーションの原理』現代書館、1998年
● W. ヴォルフェンスベルガー、中園康夫・清水貞夫 編訳『ノーマリゼーション－社会福祉サービスの本質』学苑社、1982年
● 定藤丈弘・佐藤久夫・北野誠一 編『現代の障害者福祉（改訂版）』有斐閣、2003年
● 上田　敏『リハビリテーションを考える』青木書店、1983年
● 長瀬　修・東　俊裕・川島　聡 編『障害者の権利条約と日本－概要と展望（増補改訂）』生活書院、2012年
● 厚生労働省社会・援護局障害保健福祉部「障害福祉サービス等の提供に係る意思決定支援ガイドライン」2017年
● 外務省「日本の第1回政府報告に関する総括所見（仮訳）」
　https://www.mofa.go.jp/mofaj/files/100448721.pdf（2023年9月1日閲覧）

第 5 節　障害者基本法の概要

1　障害者基本法制定の経緯

（1）心身障害者対策基本法

　障害者に関する法制度は、昭和24（1949）年の身体障害者福祉法の制定、昭和25（1950）年の精神衛生法（現 精神保健及び精神障害者福祉に関する法律）の制定、昭和34（1959）年の障害福祉年金の成立、昭和35（1960）年の障害者の雇用の促進等に関する法律（身体障害者雇用促進法）や精神薄弱者福祉法（現 知的障害者福祉法）の制定など、医療、福祉、教育、雇用などの諸分野において整えられていった。これらの制度がある程度整えられたとき、多くの担当行政機関にまたがるサービスを利用していくなかで生じてきた行政機関の連携の不十分さに対応するために、各分野にわたって広がった障害福祉の諸制度を全体として統合するものとして、昭和45（1970）年に**心身障害者対策基本法**（現 障害者基本法）が制定された。

　心身障害者対策基本法は、わが国の戦後の障害者福祉の到達点であると考えられる。障害者福祉の理念においては、障害者の人格尊重・権利の保障を規定し、障害者に関する国・地方公共団体等の責務を明らかにするとともに、心身障害者の発生予防及び医療、訓練保護、教育、雇用の促進、年金の支給等施策の基本となる事項を定め、障害者対策の総合的推進を図るものであった。

（2）心身障害者対策基本法から障害者基本法へ

　心身障害者対策基本法の一部を改正する法律が、平成 5 （1993）年12月 3 日に公布されたことに伴い、心身障害者対策基本法は**障害者基本法**に改められた。

　主な改正点は、

①法律の目的として、障害者の自立と社会、経済、文化その他のあらゆる分野の活動への参加の促進を規定し、障害者の「**完全参加と平等**」をめざすことを明らかにしたこと

②従来からの対象だった身体障害者（内部障害者を含む）と知的障害者に精神障害者が加えられたこと

③法の基本理念と目的を、「障害者があらゆる分野の活動に参加する

機会を与えられる」ものとし、「障害者の自立と社会経済活動への参加の促進」と位置付けられたこと

④国に障害者基本計画の策定を義務付け、毎年その進捗や成果を国会に報告することとしたこと

⑤12月9日を「障害者の日」としたこと、などである。

（3）障害者基本法の改正

平成16（2004）年の改正では、基本理念に障害を理由とする差別の禁止を追加するとともに、国は障害者基本計画を策定し、都道府県及び市町村もそれぞれ**障害者計画**を策定することを義務付けた（市町村は平成19〔2007〕年度から）。

さらに、障害者基本法の一部を改正する法律が、平成23（2011）年8月5日に公布され、一部を除き同日に施行された。この法改正には、平成21（2009）年12月につくられた障がい者制度改革推進本部（以下、推進本部）が大きな役割を担った。推進本部の目的は、日本の法律や制度を国連の「障害者の権利条約」の考え方に合わせて変えていくことであった。

② 障害者基本法の内容

障害者基本法（以下、法）は、第1章「総則」、第2章「障害者の自立及び社会参加の支援等のための基本的施策」、第3章「障害の原因となる傷病の予防に関する基本的施策」、第4章「障害者政策委員会等」、「附則」から成る。

以下、ポイントとなる条文を抜粋する（表記は一部変えている）。

（1）総則関係
①目的

法は、「全ての国民が、障害の有無にかかわらず、等しく基本的人権を享有するかけがえのない個人として尊重されるものであるとの理念にのっとり、全ての国民が、障害の有無によって分け隔てられることなく、相互に人格と個性を尊重し合いながら共生する社会を実現する」（第1条）と、共生社会の実現を目的としている。

②障害者の定義

法は障害者を、「身体障害、知的障害、精神障害（発達障害を含む。）

その他の心身の機能の障害がある者であって、障害及び社会的障壁により継続的に日常生活又は社会生活に相当な制限を受ける状態にあるもの」（第2条第1項）と定義している。

＊19
「障害がある者にとって日常生活又は社会生活を営む上で障壁となるような社会における事物、制度、慣行、観念その他一切のもの」（第2条第2項）。

第1部

第2章

③地域社会における共生等

　法は、「全ての障害者が、障害者でない者と等しく、基本的人権を享有する個人としてその尊厳が重んじられ、その尊厳にふさわしい生活を保障される権利を有することを前提としつつ」、共生社会の実現に向け、全ての障害者が「社会を構成する一員として社会、経済、文化その他あらゆる分野の活動に参加する機会が確保されること」「可能な限り、どこで誰と生活するかについての選択の機会が確保され、地域社会において他の人々と共生することを妨げられないこと」「可能な限り、言語（手話を含む。）その他の意思疎通のための手段についての選択の機会が確保されるとともに、情報の取得又は利用のための手段についての選択の機会の拡大が図られること」（第3条）を規定している。

④差別の禁止等

　法は、「何人も、障害者に対して、障害を理由として、差別することその他の権利利益を侵害する行為をしてはならない」（第4条第1項）と、障害者差別の禁止を規定し、「社会的障壁の除去は、それを必要としている障害者が現に存し、かつ、その実施に伴う負担が過重でないときは、それを怠ることによって前項の規定に違反することとならないよう、その実施について必要かつ合理的な配慮がされなければならない」（第4条第2項）と、**合理的配慮**を規定している。

⑤施策の基本方針

　法は、障害者の自律及び社会参加の支援等の施策の基本方針を策定・実施するにあたっては、「性別、年齢、障害の状態及び生活の実態に応じて」総合的に行われ、「障害者その他の関係者の意見を聴き、その意見を尊重する」こと（第10条）の努力義務が、国及び地方公共団体に課せられている。

⑥障害者基本計画等

　法は、「政府は、障害者の自立及び社会参加の支援等のための施策の総合的かつ計画的な推進を図るため、障害者のための施策に関する基本的な計画（**障害者基本計画**）を策定しなければならない」（第11条）としている。また、都道府県は「都道府県における障害者のための施策に関する基本的な計画（**都道府県障害者計画**）」を、市町村は

「市町村における障害者のための施策に関する基本的な計画（**市町村障害者計画**）」を策定する、としている。

（2）障害者の自立及び社会参加の支援等のための基本的施策

法は、国及び地方公共団体が、障害者の自立及び社会参加の支援等のための基本的施策を講ずることを規定している。主なものを記述する。

①医療、介護

法は、「国及び地方公共団体は、障害者が生活機能を回復し、取得し、又は維持するために必要な医療の給付及びリハビリテーションの提供を行うよう必要な施策を講じなければならない」（第14条第1項）、「医療若しくは介護の給付又はリハビリテーションの提供を行うに当たっては、障害者が、可能な限りその身近な場所においてこれらを受けられるよう必要な施策を講ずるものとするほか、その人権を十分に尊重しなければならない」（第14条第5項）と規定している。

②教育及び療育等

法は、「国及び地方公共団体は、障害者が、その年齢及び能力に応じ、かつ、その特性を踏まえた十分な教育が受けられるようにするため、可能な限り障害者である児童及び生徒が障害者でない児童及び生徒と共に教育を受けられるよう配慮しつつ、教育の内容及び方法の改善及び充実を図る等必要な施策を講じなければならない」（第16条第1項）とし、いわゆるインクルーシブ教育を規定している。

また、法は、「国及び地方公共団体は、障害者である子どもが可能な限りその身近な場所において療育その他これに関連する支援を受けられるよう必要な施策を講じなければならない」（第17条）とし、障害児への発達支援を規定している。

③雇用の促進等

法は、「国及び地方公共団体は、障害者の職業選択の自由を尊重しつつ、障害者がその能力に応じて適切な職業に従事することができるようにするため、障害者の多様な就業の機会を確保するよう努めるとともに、個々の障害者の特性に配慮した職業相談、職業指導、職業訓練及び職業紹介の実施その他必要な施策を講じなければならない」（第18条）とし、さらに「国及び地方公共団体並びに事業者における障害者の雇用を促進するため、障害者の優先雇用その他の施策を講じなければならない」（第19条）と、職業リハビリテーション及び雇用における合理的配慮を規定している。

④住宅の確保

　法は、「国及び地方公共団体は、障害者が地域社会において安定した生活を営むことができるようにするため、障害者のための住宅を確保し、及び障害者の日常生活に適するような住宅の整備を促進するよう必要な施策を講じなければならない」（第20条）と、障害者の住宅の確保に向けた施策を規定している。

⑤バリアフリー化

　法は、「国及び地方公共団体は、障害者の利用の便宜を図ることによって障害者の自立及び社会参加を支援するため、自ら設置する官公庁施設、交通施設（車両、船舶、航空機等の移動施設を含む。）その他の公共的施設について、障害者が円滑に利用できるような施設の構造及び設備の整備等の計画的推進を図らなければならない」（第21条）と、公共的施設のバリアフリー化を規定している。

　また法は、「障害者が円滑に情報を取得し及び利用し、その意思を表示し、並びに他人との意思疎通を図ることができるようにするため、障害者が利用しやすい電子計算機及びその関連装置その他情報通信機器の普及、電気通信及び放送の役務の利用に関する障害者の利便の増進、障害者に対して情報を提供する施設の整備、障害者の意思疎通を仲介する者の養成及び派遣等が図られるよう必要な施策を講じなければならない」（第22条）と、情報の利用におけるバリアフリー化等についても規定している。

⑥相談等

　法は、「国及び地方公共団体は、障害者の意思決定の支援に配慮しつつ、障害者及びその家族その他の関係者に対する相談業務、成年後見制度その他の障害者の権利利益の保護等のための施策又は制度が、適切に行われ又は広く利用されるようにしなければならない」（第23条）と、相談援助における、障害者の意思決定支援等を規定している。

⑦選挙及び司法手続における配慮等

　法は、「国又は地方公共団体は、法律又は条例の定めるところにより行われる選挙、国民審査又は投票において、障害者が円滑に投票できるようにするため、投票所の施設又は設備の整備その他必要な施策を講じなければならない」（第28条）と選挙における環境の整備を規定している。

　また、法は、「障害者が、刑事事件若しくは少年の保護事件に関す

る手続その他これに準ずる手続の対象となった場合又は裁判所における民事事件、家事事件若しくは行政事件に関する手続の当事者その他の関係人となった場合において、障害者がその権利を円滑に行使できるようにするため、個々の障害者の特性に応じた意思疎通の手段を確保するよう配慮するとともに、関係職員に対する研修その他必要な施策を講じなければならない」（第29条）と、刑事審判における合理的配慮を規定している。

（3）障害の原因となる傷病の予防に関する基本的施策

法は、「国及び地方公共団体は、障害の原因となる傷病及びその予防に関する調査及び研究を促進しなければならない」（第31条第1項）、「障害の原因となる傷病の予防のため、必要な知識の普及、母子保健等の保健対策の強化、当該傷病の早期発見及び早期治療の推進その他必要な施策を講じなければならない」（第31条第2項）と、障害の原因となる傷病の予防に関する母子保健等の基本的施策を規定している。

（4）障害者政策委員会

法は、「内閣府に、**障害者政策委員会**を置く」（第32条第1項）とし、障害者基本計画に関し調査審議し、実施状況を監視し、必要があると認めるときは、内閣総理大臣等に意見を述べるとしている。

障害者基本法33条により「委員30人以内で組織する、障害者、障害者の自立及び社会参加に関する事業に従事する者並びに学識経験のある者のうちから、内閣総理大臣が任命する」とされている。また、障害者政策委員会令により、委員の任期が2年であること、委員長は委員の互選によって選ばれること、専門の事項を調査させるため必要があるときは、専門委員を置くことができることが示されている。

BOOK 学びの参考図書

●内閣府『令和3年版 障害者白書』2021年。
　新型コロナウイルス感染症への対応、障害のある人に対する理解を深めるための基盤づくり、社会参加に向けた自立の基盤づくりなど。

第 3 章

障害者福祉の歴史

学習のねらい

　障害者福祉の歴史を学ぶことは、現在の制度・法律、政策を理解する上での基盤となる重要な取り組みである。

　本章では、明治以前（近代以前）の歴史の理解から始め、明治以降、第二次世界大戦前、第二次世界大戦後初期、経済成長期や近年の政策動向に至るまでを経年的に追いながら、障害者観の変化、障害者支援の担い手や考え方の変化、第二次世界大戦後の障害者福祉制度の発展過程についての理解を深めていく。

　この歴史の展開のなかで、保護救済的な思想と支援方法から、人権保障と障害者自身の主体性を中心とした自立支援に施策の重点を移してきた歩みを学ぶことを目的とする。

第1節　近代以前の歴史

　障害者福祉の歴史をどこから始めるのかはむずかしい問題である。少なくとも、障害者は古代では、(旧約聖書などの教典に見られるように)「忌み」「遺棄」の対象であり、中世では、宗教組織(ヨーロッパでは修道院など、日本では仏教寺院など)による「憐憫」「施し」の対象であった。中世の考え方である限り、その活動がどんなにすばらしいものであっても、現代的な意味での社会福祉とは全く異なった価値観である。それでは、「憐憫」「施し」の対象という価値観の克服はいつごろから始まったのであろうか。このことに関しては、障害児を教育の対象としてとらえはじめたことが重要である。

　この点に関しては、知的障害児を教育することによって潜在的な能力を伸ばしていくことができると考えた、19世紀のフランスのセガン(Séguin, É. O.)による知的障害児に対する教育の試みをその端緒としてあげることができる。

　その後、ヨーロッパを中心に、知的障害児の教育の場として、知的障害児に対する学校の設立が始まった。さらに、教育と保護を一体的に取り組むために、これらの学校の施設化が19世紀を通して進展し、特に、アメリカではその施設の大規模化が進んだ。その後、アメリカでは南北戦争後の貧困問題、犯罪の急増などの社会不安から、知的障害者を社会から分離・隔離する動きが促進され、施設はより一層大規模化していき、施設内における教育、訓練の取り組みは次第に強化されていった。

　知的障害以外の障害分野ではどうだったのだろうか。16世紀のイギリスにおける救貧法の時代(救貧法は、数々の改正や変遷を経て、最終的には、19世紀のなかば近くまで存続する)では、身体障害や精神障害のある者は、多くの場合、労働能力のない「労働不能貧民」に分類され、中世的な慈善事業の対象になっていった。労働可能な身体をもった「労働可能貧民」は救貧法の主たる対象となり、労働に向けての訓練が課せられていくことになった。

　このような時代が19世紀のなかばまで続くが、その後、イギリスやアメリカでは、慈善組織協会(COS)の活動、地域でのセツルメント活動の展開や、障害と貧困とのかかわりに関する実証的な調査、セツルメント活動における地域変革の取り組みにより、障害福祉にかかわる政策の必要性の認識が社会において徐々に高まっていくことになった。

第2節 日本における近代以降、第二次世界大戦前の歴史

　戦前の救貧制度としては、明治7（1874）年の恤救規則と昭和7
（1932）年の救護法の2つが代表的なものである。恤救規則は、孤独な
者などの家族・親族が存在しない者に対して、疾病や障害などによって
生活に困窮する場合、米を支給する制度である。家族・親族による世話
が期待できないのではなくて、存在しない者という対象者の限定があ
り、支給される物も限定されていた。

　救護法は、恤救規則に比べるとはるかに、救貧制度としては進んでお
り、「不具癈疾、疾病、傷痍其の他精神又は身体の障碍に因り、労務
を行うに故障のある者」としており、障害による生活困窮の場合が認め
られていた。しかし、障害の内容はかなり限定されたものであった。

　救護法ができた背景は、大正時代におけるわが国の政治、経済状況の
変化や、昭和初期の世界大恐慌によってもたらされた極度の貧困層の出
現とそれによる社会不安が大きい。大正期には、第一次世界大戦後の好
景気、独占資本による産業の成長といった明るい面と同時に、一部資本
家層への富の集中による貧富の格差の拡大、企業労働者の拡大に対応す
るための労働者の福利・厚生といった労働政策の未整備などの社会問題
が存在するようになった。

　このような社会問題に対して、一部の篤志家が行っていた慈善救済事
業に代わって、地域住民の社会連帯による相互救済事業（社会事業）の
重要性が認識されていった。この地域住民の社会連帯による相互救済事
業の重要性は当時の内務省社会局（現在の厚生労働省の前身）の官僚も
重要視し、社会問題の解決に社会連帯思想に基盤を置いた社会事業の育
成が不可欠であると考えた。このような背景によって救護法は成立した
が、成立時にはすでに大正期の好景気、産業の成長、デモクラシー運動
といった社会の機運は去り、昭和初期の世界大恐慌による貧困の拡大、
労働運動の激化と共産主義思想への弾圧といった国家社会主義的な機運
が高まりはじめており、救護法による社会的な救貧対策は実効性を徐々
に失っていった。

　知的障害分野では、先にふれたように欧米諸国の障害児教育の始まり
が、近代的な意味での知的障害者福祉の始まりとするならば、第二次大
戦以前のわが国の知的障害児教育は公的にはほとんどなされていなかっ

第1部　第3章

た。これを補ったのは、主に、民間の篤志家の慈善事業により設置された知的障害児施設であり、その果たした役割は大きかった。**石井 亮一**による孤女学院（現 滝乃川学園／明治24〔1891〕年）、脇田 良吉による白川学園（明治42〔1909〕年）、川田貞治郎による日本心育園（現 藤倉学園／明治44〔1911〕年）、岩崎佐一による桃花塾（大正5〔1916〕年）などの知的障害児施設は、設立者の理念も含めて、その後のわが国の知的障害者福祉にも大きな影響を与えた。

　精神障害分野では、精神病者監護法（明治33〔1900〕年）が精神障害者に対しての制度の始まりと考えることができる。この法では、精神病者の保護は原則4親等以内の親族が監護義務者としての責任を負っており、監置方法として私宅監置（自宅の中に閉じこめておくこと）を認めていたもので、医療対応の面では極めて不十分なものであった。このことは当時の欧米諸国の状況から見ても著しい人権侵害の状況といえる。この私宅監置に関して実態調査を行った呉 秀三はあまりにも悲惨な状況に胸を痛め[*3]、国に対して医療対策を基盤にした新しい法律制定を求める運動を行い、大正8（1919）年の精神病院法の制定に至った。この法律によって、公的な責任として公立精神病院を設置する方向が初めて明らかになった。しかしながら、主に財政的な理由で公立精神医療機関の設置は遅々として進まず、精神障害者の私宅監置の実態はその後も存続した。

*3
「わが邦（くに）十何万の精神病者は実にこの病を受けたるの不幸のほかに、この邦に生まれたるの不幸を重ぬるものというべし」（精神病者私宅監置ノ実況及ビ其統計的視察、大正7〔1918〕年）の言葉はとても有名である。

第3節 第二次世界大戦後初期の障害者福祉施策

1 貧困対策から障害者対策への歩み

　第二次世界大戦後のわが国の状況は、敗戦による国家財政の破綻とインフレーションの激化、国民生活の貧困化、海外の占領地からの引き揚げ者の大量流入などの社会問題が山積していたが、政府にとって最も重要な問題は貧困対策であった。政府は、終戦直後の昭和20（1945）年末に生活困窮者緊急生活援護要綱を閣議決定した。ここでは「**傷痍軍人**」としての障害者は対象になっているが、軍人以外の障害者は対象になっておらず、一般国民に対しての障害者対策からはほど遠いものであった。その後、GHQ（連合国軍総司令部）の強い指導の下で、非軍事化と平等化（旧軍関係者への特別扱いの廃止）により、傷痍軍人に対する施設は廃止され、旧軍関係者による大日本傷痍軍人会も解散した。そのため、この時期の制度的な身体障害者対策は貧困対策の範 疇 で処理する以外に対応がむずかしかった。昭和21（1946）年には（旧）生活保護法が施行され、この法において、障害による生活困窮者に対しての施策として障害者対策が行われた。ただし、この（旧）生活保護法は当面の社会問題に対処するために、日本国憲法の公布前に制定されたものであり、保護請求権といった権利規定がなく、不適格者規定などの問題があり、緊急対応的な法という性格が見られた。なお、昭和25（1950）年に（旧）生活保護法は廃止され、同年、日本国憲法の生存権保障の理念に適合した現在の生活保護法が成立している。

　このように政府としての対応はとられたが、全体的に、第二次世界大戦直後の時期は、政府は混乱の中にあって当面の社会問題に取り組むことに終始し、障害のある人に対しては収容保護する対策が中心であった。しかし、戦災によって急増した身体障害のある人に対して収容保護施策だけでは不十分であり、量的にも質的にも対応することが困難であった。

　昭和21（1946）年には日本国憲法が公布され、生存権保障としての基本的人権の考えを明確にした。日本国憲法は、第二次世界大戦前の傷痍軍人に対してのみ提供されていた国家による障害者福祉施策が、広く国民一般に対しても成立し、軍人以外の一般の障害のある人への福祉施

策は国家による公的な責任によってなされるという原則を示した点で重要である。

　前述のような社会状況から障害者福祉に関する立法の必要性が高まってくると、昭和23（1948）年には厚生省（現 厚生労働省）は身体障害のある人の更生援護を担当するために社会局更生課を設置し、身体障害のある人に対する福祉法の制定の具体的な作業に着手した。昭和24（1949）年には**身体障害者福祉法**案は国会で可決され、昭和25（1950）年度から施行された。この法律は、わが国の障害者福祉の法律としては最初のものであり、それまで貧困対策の範囲で扱われてきた障害のある人への施策から、独立した福祉制度として発足した点では画期的な意義を有している。

　この時期には、障害児・者に関する法として、生活保護法、児童福祉法、身体障害者福祉法の3つの法（福祉三法）が制定されたが、これらを相互につなぐ法がなく、縦割り行政による弊害を生み出すことになった。これら福祉三法に基づいた社会福祉事業を共通の基盤の下で提供するために、昭和26（1951）年に社会福祉事業法（現 社会福祉法）が制定された。この法律によって、社会福祉事業の範囲が限定され、公共的な性格と民間事業的な性格をあわせもった「社会福祉法人」による社会福祉事業の提供がわが国の社会福祉実践の特徴となった。

2 障害者運動の萌芽としての患者運動

　第二次世界大戦の混乱期における食糧事情の著しい悪化、日本国憲法の制定による基本的人権保障の確立などの社会状況によって、旧軍関係の患者を数多く受け入れた国立病院や国立療養所における入院患者の運動が障害者運動の始まりといわれている。これは、患者が自治会を組織して、自治会運動へ移っていき、さらには、全国的な日本患者同盟といった全国組織に展開していった。

　旧軍関係の患者を基盤とした国立病院、国立療養所とは別に、ハンセン病療養所の患者活動も、各療養所での自治会運動として、全国的な組織「全国国立らい療養所患者協議会」を組織し、患者の隔離・分離を中心とした「らい予防法」に対しての反対運動を強めていった。しかし、この法律が最終的に廃止されたのは、さらに半世紀近く後の、平成8（1996）年のことである。

　第二次世界大戦後にわが国で起こった患者運動は、国立病院、国立療

養所における長期入院（入所）患者の、あまりにもひどい院内（施設内）処遇に対しての抵抗運動という側面が強かった点が特徴的である。さらに、ハンセン病療養所の患者運動では、患者の意志や自己決定を全く顧みられなかった強制的な入所と院内管理に対する抵抗と人権保障を巡る運動の側面が強かった。この時期の患者運動と、1960年代以降に盛んになっていく障害者運動との歴史的なつながりは明確にはなっていないが、この人権保障としての患者運動は、思想的には、後の障害者運動に大きな影響を与えた。その点では、障害者運動の萌芽として、この時期の患者運動をとらえることができる。

3 身体障害者福祉法の制定と障害者運動

　患者運動とは別に、第二次世界大戦後の重要な運動としては、身体障害者福祉法の制定を巡る運動がある。この法律の制定の動きには、二つの要因があった。一つは、終戦直後の社会問題としての傷痍軍人対策の側面があげられる。もう一つは、視覚障害者の団体を中心とした「盲人」の福祉に関する法制定の動きであった。「盲人」の福祉に関する法制定の動きに関しては、視覚障害者の団体が昭和23（1948）年に、アメリカからヘレン・ケラー（Keller, H. A.）を招いて、法制度化に向けて政府と世論へのはたらきかけを行った。

　傷痍軍人だけへの対策は、当時日本を占領していたGHQの方針（旧軍関係者への特別な扱いの禁止）に抵触したため、日本政府は、傷痍軍人対策ではなくて、一般的な身体障害のある人への対策としての法制度である身体障害者福祉法の制定を行った。

　このときの身体障害者福祉法の制定で特徴的なこととしては、法の目的を障害者の保護法でなく更生法とすること、対象の障害の種類を限定し、状況に応じて対象の拡大を図っていくこと、18歳以上を対象とし、18歳未満は児童福祉法の対象としたこと、職業行政、医療行政と協調しながら施策を推進することなどをあげることができる。これらの特徴の背景には、当時の厳しい財政状況によって、機能障害に基づいた対象の障害の限定、年齢の限定など、法の対象者をかなり限定したことがあげられる。当時の特殊状況下で成立したこの法の特徴は、その後の身体障害者福祉法の課題ともなり、対象の限定の問題、児童・成人の一貫した取り組みの困難さの問題、職業行政、医療行政との分断、縦割り行政の問題など今日まで続く課題を生み出している。

*4
当時は、職業行政は主に労働省、身体障害者福祉は厚生省が所管をしていたことから縦割り行政の分断が生じていた。また、厚生省内でも主に福祉行政を所管する社会局と、主に医療行政を所管する衛生局との縦割り行政の分断が生じていた。

４ 身体障害者福祉法のその後の展開

　身体障害者福祉法は、昭和26（1951）年に社会福祉事業法の制定に伴い大きな改正を行った。このときの改正の特徴としては以下の点があげられる。

　一つは、身体障害者の援護の実施機関が「都道府県から都道府県、市、福祉事務所を設置する町村」に拡大したこと。そして、身体障害者福祉司、身体障害者更生相談所、福祉事務所の担当業務とそれらの相互関係の明確化、国及び地方公共団体以外の者（主に、社会福祉法人）においても身体障害者更生援護施設の設置・運営を認めたこと。身体障害者福祉法の施行にかかる費用は、都道府県、市及び福祉事務所を設置する町村が支弁し、これに国の一部負担を行うことである。

＊5
本双書第7巻第2章第3節2参照。

　その後、昭和29（1954）年の改正では、福祉サービスだけでなく、身体障害者の医療に関して更生医療の給付の規定を定めたことは大きなポイントであった。この時期の改正によって定められた身体障害者福祉法の特徴は平成18（2006）年の障害者自立支援法の施行に至るまで、50年以上にわたって、身体障害者福祉の基本的な原則であった。

　昭和39（1964）年に開催された東京オリンピックは、わが国が戦後復興期を終了し、国際社会の一員として、社会的にも経済的にも先進国にふさわしい国家としてスタートする大きな契機となった。同年に開催された東京パラリンピックでは、これまでほとんど課題とならなかった身体障害者のスポーツの振興に関して、国民的な関心を集めることになった。特に、昭和40（1965）年以降の国民体育大会の開催都道府県では必ず全国身体障害者スポーツ大会が開催されることになったことは、東京パラリンピックの影響の大きさを理解することができる。

　東京パラリンピックはスポーツの振興だけでなく、身体障害者福祉制度の見直しにも影響を与え、昭和41（1966）年、当時の身体障害者福祉審議会は身体障害者福祉法の改正に関する答申を厚生大臣に対して行った。この答申をもとに、翌年、身体障害者福祉法の改正が行われた。この改正の特徴的な事項としては以下のようなものがあげられる。心臓機能障害、呼吸機能障害といった内部障害を対象にしたこと、身体障害者相談員制度を設けたこと、身体障害者更生援護施設への通所訓練を可能にしたこと、身体障害者更生援護施設に15歳以上の児童の入所を特例として認めたことである。

　この改正以降、内部障害を中心とした対象の範囲の拡大、重度障害者

への施策の拡大、身体障害者更生援護施設の種別の拡大、補装具・日常生活用具の品目の拡大、さらに、社会参加及びレクリエーション活動への参加の拡大などが、身体障害者福祉法の改正の重要な柱となっていった。

5 知的障害者福祉法の制定

　第二次世界大戦直後は、知的障害問題は知的障害のある児童対策が中心であり、戦災孤児、浮浪児、貧困家庭児問題の中の一部であった。特に戦災孤児問題は緊急の課題であり、政府は終戦直後の昭和20（1945）年に「戦災孤児保護対策要綱」（次官会議決定）を策定し、同年12月には「戦災引揚孤児援護要綱」（閣議決定）、昭和21（1946）年には「主要地方浮浪児保護要綱」（厚生次官通知）、昭和23（1948）年には「浮浪児根絶緊急対策要綱」（閣議決定）を策定した。

　当時の戦災孤児、浮浪児、貧困家庭児問題は、早期の児童福祉法制定への大きな促進要因となった。その後、昭和22（1947）年に、児童福祉法が制定された。このときの児童福祉法における知的障害児への福祉対策は、知的障害児を保護収容し、自立可能な訓練を行うことを目的とした施設を設置することが中心であった。

　昭和32（1957）年には精神薄弱児通園施設（現 児童発達支援事業）の制度化が行われ、保護収容施策以外の施策が始まったことは大変重要なことであった。しかし、知的障害のある児童対策が中心であることは、現実との矛盾も生じさせた。最大の矛盾は、児童施設の中で18歳以上が増加する問題であった。この背景には、児童施設退所後の成人期の障害者施設も、地域での知的障害者への福祉対策もともに存在しなかったことがある。

　この問題によって、成人期の知的障害者への対策を児童福祉法とは別に独自に法制度化する必要性が高まった。そして、成人期の知的障害のある人への対策のために、昭和35（1960）年に精神薄弱者福祉法（現 **知的障害者福祉法**）が制定された。しかし、成人期の知的障害のある人への対策といっても18歳以上の知的障害のある人の収容施設を新たに制度化する域を出なかった。

　このように、精神薄弱者福祉法は、知的障害のある児童施策しかなかった児童福祉法の矛盾から生じた点で法律の形成過程では消極的な面があるが、身体障害者福祉法に続いてつくられた障害者福祉の法律である点は重要である。

6 精神障害分野における法改正

　　精神病者監護法における私宅監置を最終的に廃止したのは戦後、昭和25（1950）年の精神衛生法の制定であった。この精神衛生法の主な特徴としては、精神科病院の設置を都道府県に義務付けたこと、病気の予防、健康増進の考えから精神衛生相談、訪問指導の規定の導入、精神衛生審議会の設置などがあげられる。この後、国は精神科病院設置を促進する施策を整備をし、戦前の精神科病院の著しい不足から一気に精神科病院の急増を生み出すことになった。

　　昭和39（1964）年にはライシャワー事件[*6]が発生し、精神障害のある人への医療対策の不備に対する社会的な関心が高まったが、報道などの影響もあり、精神障害者の収容保護施策強化の方向に世論が動いていった。昭和40（1965）年には精神衛生法の一部改正がなされ、保健所における精神保健活動の強化、都道府県による精神衛生センターの設置、通院費公費負担制度の創設、緊急措置入院制度の実施などの施策が図られた。

　　しかし、このことは、措置入院[*7]や同意入院[*8]といった本人の自由意志によらない入院が大半を占める状況や精神科特例による人件費を抑えた医療の推進、営利目的の精神病院経営などの新しい弊害を生み出しはじめた。この弊害が表面化したのは、昭和59（1984）年の宇都宮病院事件[*9]であった。調査の段階で、この病院の入院患者への日常化した人権侵害の問題性が次々と明らかになっていった。この事件がマスコミをはじめ国際的にも注目されたことは、その後の昭和62（1987）年の精神保健法の成立（精神衛生法の改正）に大きな影響を与えた。

第4節　経済成長期の障害者福祉施策

1 高度経済成長期と障害者福祉の展開

　精神薄弱者福祉法の制定（昭和35〔1960〕年）から国際障害者年（昭和56〔1981〕年）までの約20年間を、高度経済成長に影響を受けた障害のある人への福祉政策の展開の時期として考えることができる。この時期の特徴としては、身体障害や知的障害といった障害の種類に対応した福祉政策の展開と入所型の施設を数多く建設していく施設の設置推進政策の展開の2側面から特徴付けることができる。障害のある人への福祉施策が経済的な成長に伴って推進されていったこと自体は光の側面と思える。しかし、これらの施策展開によって対応しにくい問題が明らかになっていったこともこの時期の特徴である。特に、入所施設の設置推進政策は、この時期のアメリカや北欧で起こったノーマライゼーション思想とそれに基づいた脱施設化政策との違いを生み出し、ノーマライゼーション思想をわが国が受け入れるにあたっての問題を生み出した点では影の側面ということもできる。

　障害の種別による縦割り制度と、医療、教育、雇用就労、所得保障などの関連制度の縦割り行政の弊害に関しては、前節でふれたように1950年代からすでに大きな問題であった。特に、施策の一貫性、総合性は障害のある人への福祉サービスの推進にとって不可欠の要素であった。

　このような状況のなかで、1960年代後半から障害者福祉の総合的な法制度の必要性が国会で認識されてきた。昭和45（1970）年には、障害の種別を超えた法律として心身障害者対策基本法（現 障害者基本法）が成立、施行された。この法律は心身障害者対策に関しての基本的な指針を定めており、施策の方向性を示した点で重要な法律であった。

　心身障害者対策基本法の特徴としては以下の点をあげることができる。心身障害者対策に対しての国及び地方公共団体の責務を明確にしたこと、心身障害者対策の施策の基本事項を定めたこと、心身障害者対策の総合的な推進の方向性を明確にしたこと、心身障害者の定義を行ったこと、施策の総合的な調整推進機関として国に中央心身障害者対策協議会、都道府県・指定都市に地方心身障害者対策協議会の設置を定めたことである。

これらの特徴は、後の障害者基本法（平成5〔1993〕年に心身障害者対策基本法から改正）の基盤となる事項を数多く含んでいるという点で重要であった。

2 障害種別の団体の組織化とその展開

障害者運動において1960年代は、障害の種別に応じて、数多くの障害者団体が組織化されてきた時期である。これらの障害者団体形成の特徴としては、これまで制度の狭間（はざま）として対応されてこなかった障害のある児童・成人の親や家族を中心としていること、会員間の相互交流や情報交換を中心にしていたこと、障害種別による要求運動が中心であったため、障害種別を超えた幅広い政策要求と政策提案に関しては課題が多かったこと、などの点があげられる。

1970年代になると高度経済成長が定着し、福祉政策を重視した革新自治体が増加した。全体的な動向としては、1960年代に始まった障害の種別対策の拡充と、施設設置がより進んだ時期である。特に、公立の大規模施設（コロニー）が設置されたのもこの時期である。

このころ、障害者に対して特別な施策を恩恵的に提供するという風潮に真っ向から対立し、障害者に対し差別的で排除的な社会のあり方、障害者の人権を通常よりも軽視する社会の価値観そのものに鋭い批判を加えた運動として、「青い芝の会」の運動がある。この運動は、障害のある児童殺しの親への減刑嘆願運動への批判から、公共交通であるバスの乗車拒否への批判に至るまで、行動の先鋭化によって世論に大きな論争を巻き起こした点で特徴的であった。そして、当時提起された問題が、後年の国連における「障害者の権利宣言」や「障害者の権利に関する条約」の理念や障害者基本法（平成16〔2004〕年の改正時）の理念と通じるものがあり、先駆的な意味のある運動としてとらえることもできる。

3 国際障害者年とその影響

わが国の障害者福祉制度の転換点としては、**国際障害者年**（昭和56〔1981〕年）をあげることができる。その6年前の1975年に国連は「**障害者の権利宣言**」を採択した。この宣言は、障害のある人の基本的な人権を確認するとともに、市民権、政治的参加権、医学的・教育的・職業

的・社会的リハビリテーションを受ける権利、経済的保障を受ける権利、社会的な活動に参加する権利などの諸権利の保障を各国に求めたものである。

　この宣言だけでは、各国の具体的な取り組みに大きな効果が期待できないため、この宣言の趣旨にそって具体的な行動を各国が起こすように要請をする必要があった。それが国際障害者年であり、国際的な行動計画を決議した。このとき、主題として掲げられた言葉は「**完全参加と平等**」（Full Participation and Equality）である。

　国際障害者年の翌年（1982年）、国連は「障害者に関する世界行動計画」を採択し、各国がとる障害のある人への施策のモデルを提示した。さらに、1983年から1992年までを「**国連・障害者の十年**」として、この10年間に「障害者に関する世界行動計画」を具体化することを各国に要請した。

　この主題は、保護、恩恵の対象の障害者像から、参加し平等に活動する権利主体の障害者像への転換を迫った点で重要である。わが国では、国際障害者年への準備として、政府が昭和55（1980）年に国際障害者年推進本部を設置した。同時に、昭和55（1980）年には、主な障害関係団体が集まって、国際障害者年日本推進協議会が発足した。[*10]これは、それまで障害種別に団体が組織されてきた経過から見ると、障害問題や施策に関して、障害の種別を超えた初めての大規模な組織の誕生と見ることができる。

　このような国際的な動きの一方で、働く場、生きる場の確保として始まった、わが国独自の小規模作業所運動も、1980年代に見ることができる。昭和52（1977）年には共同作業所全国連絡会（現 きょうされん）が組織された。その後、毎年、100か所以上の急激な増加を続け、わが国の障害者福祉にかかわる社会資源としては最も数の多い資源として存在してきた。[*11]

　1980年代は、わが国において障害のある人の**自立生活運動**が始まった時期としても重要である。その起こりは、1960年代のアメリカ・カリフォルニア大学バークレー校の障害のある学生の運動である。この運動は公民権運動やノーマライゼーション思想とともにアメリカ全土に広まって、障害者運動に新しい考え方を吹き入れていった。日本では、1980年代前半には、障害のある人が海外で研修を受けて帰国して、自立生活運動の担い手として活動するプログラムを提供したことで、自立生活運動が急速に広まった。昭和58（1983）年には、アメリカから自

第1部 第3章

*10
「国際障害者年日本推進協議会」は平成5（1993）年には「国連・障害者の十年」の終了を機に、「完全参加と平等」のテーマにそった運動の継続を重要な理念とし、名称を「日本障害者協議会」と改め、今日に至っている。

*11
ただし、平成18（2006）年の障害者自立支援法の施行により、新しい施設体系に移行するところも多くなっており、増加の傾向は変化してきている。

立生活運動のリーダーが来日し、全国8か所で「日米障害者自立生活セミナー」が開催された。このことは、日本の障害者運動に、自立生活運動の理念を広める上で大きな影響を与えた。昭和61（1986）年には日本でも自立生活センターが開設され、その後、全国に広まっていった。

4　国際障害者年以降の障害者運動

　この時期は、国際的な障害者運動の展開がなされた時期でもあった。1980年に、カナダで開かれたリハビリテーション・インターナショナル（RI）の世界大会において、障害者自身から専門家中心の会議運営に対する批判が出て、障害者組織だけでの世界的な組織づくりの必要性が生じた。1981年には、シンガポールで障害者インターナショナル（DPI）の結成大会が開催された。

　DPIの日本会議は、昭和59（1984）年に第1回会議が開かれたが、準備会としての位置付けであり、昭和61（1986）年に正式にDPI日本会議が発足した。昭和63（1988）年にはRIの第16回大会が東京で開催され、DPI日本会議も、この大会において国際交流や交通アクセスについての積極的なアピールを行った。

　わが国では1990年代になると、これまで各地で独自に取り組まれていた自立生活運動の全国組織として、全国自立生活センター協議会（JIL）が発足した。JILの運動には、参加団体に対して、介助サービス、住宅サービス、ピアカウンセリング、自立生活プログラムなどのサービスやプログラムの実施主体としての要件があり、これまでの障害者運動になかったサービスの提供主体としての特徴があった。

　また、アメリカで1990年に、障害のあるアメリカ人法（ADA）が制定されたことによる影響と、1980年代から徐々に展開されてきた交通アクセス運動とが結び付いて、「福祉のまちづくり条例」の制定運動が活発になったのも1990年代である。

　1990年代は、それまで障害者運動が、いわゆる身体障害者を中心に展開してきた流れに加えて、知的障害者自身の活動が活発になっていった時期でもある。知的障害者自身の組織結成の歴史では、1960年代にはスウェーデン、1970年代にはアメリカ、カナダなどの諸国で広がっていた。1980年には第1回の「ピープル・ファースト」国際会議が、アメリカで開催された。わが国では、平成元（1989）年に全日本精神薄弱者育成会（現 全日本手をつなぐ育成会連合会）の全国大会で、初め

て本人部会を設置し、平成6（1994）年の徳島における全国大会では、部会の準備、運営のほとんどを知的障害のある人自身が行った。1997年にアラスカで開催された第4回「ピープル・ファースト」国際会議では、わが国からも多数の知的障害のある人や関係者が参加し、大きな影響を受けた。この時期には、各地で知的障害のある人自身の会の組織化が進んだ。

5 国際障害者年と身体障害者福祉法

　国際障害者年の理念に基づいた制度改革として、わが国で、最初に取り組まれたのは身体障害者福祉法の改正であった。国際障害者年のテーマ「完全参加と平等」に示されているノーマライゼーションの考えから見ると、当時の身体障害者福祉法は理念的に相いれないものになっていた。そこで、身体障害者福祉審議会は昭和57（1982）年に「今後における身体障害者福祉を進めるための総合的方策」という答申を行った。この答申を受けて昭和59（1984）年に身体障害者福祉法の改正が行われた。特に重要な点としては、国際障害者年の考えを意識した身体障害者福祉法の理念の変更を行った点、身体障害の対象規定を法改正ではなく政令で定めることができるようにした点、の2点をあげることができる。法の理念では、「身体障害者の自立と社会経済活動への参加を促進する」ことを目的としたこと、「すべての身体障害者は社会を構成する一員として社会、経済、文化その他あらゆる分野の活動に参加する機会を与えられる」ことを加えたことが特徴的である。

　国際障害者年の「完全参加と平等」に対応した文言を法の条文に入れたことは、国際的な動向がわが国の法制度に影響を与えた点で意義深いといえる。また、身体障害の対象規定を政令で定めることが可能になったことは大きい。新たに対策が必要になった障害のある人に関しては、法律の改正をせずに、政令で対象を追加することによって対応することが可能になった点で重要である。

6 知的障害者及び精神障害者福祉分野の変化

　知的障害者福祉では、身体障害者福祉ほど国際障害者年による大きな影響を受けなかった。昭和56（1981）年以降の数年間は、ノーマライ

ゼーションの考えが広まり、収容施設の整備政策が批判されたことによって、居宅福祉政策を重視する姿勢を示すために地域福祉施策を加えていった。特に、平成元（1989）年の「精神薄弱者地域生活援助事業」（現　知的障害者地域生活援助事業。別名、知的障害者グループホーム事業）は、知的障害者の入所施設以外の支援を受けられる居住の場をつくり出した点で意義深いといえる。

　精神障害者の福祉では、国際障害者年の影響以上に本章第3節6でふれた宇都宮病院事件（昭和59〔1984〕年）の影響が大きかった。この事件によって、わが国の精神科病院における非人間的な処遇のあり方が一般国民や海外にも明らかになった。さらに、精神医療が一般の医療に比べて人員配置基準が低い精神科特例のあること、国公立病院が少なく、民間医療機関中心の医療であることが精神科病院の根本的な問題を生み出していることも明らかになった。これらが明らかになるにつれ、精神障害のある人への対策の見直しが必要になってきた。昭和62（1987）年には精神衛生法が精神保健法に改正され、法の目的に「精神障害者等の福祉の増進及び国民の精神保健の向上を図ること」と精神障害者の福祉の向上が初めて謳われた。この法により、任意入院制度、入院患者に対する権利擁護、精神保健指定医、精神医療審査会、精神障害者社会復帰施設などの制度化がなされた。

　精神保健法は、入院医療から地域ケアを中心とした精神保健施策の展開という考えに基盤を置いており、本人の意思（同意）による入院、社会復帰施設の創設など、それまでの法律よりも人権や社会復帰に配慮した法律となった。さらに、平成5（1993）年には障害者基本法の成立と施行がなされ、それまで主に精神医療の対象だった精神障害者が明確に障害者福祉の対象として位置付けられ、身体障害者や知的障害者と同水準の福祉施策を整備する根拠が与えられた。

　平成7（1995）年には「精神保健及び精神障害者福祉に関する法律」（精神保健福祉法）の制定に至り、初めて法律の名称に「福祉」という語が入った。この法律の特徴は、法の目的に「自立と社会参加促進」といった障害者福祉の理念に共通する考えを導入したこと、精神障害者保健福祉手帳を導入したこと、市町村の役割を明示したこと、医療保護入院の告知義務の徹底化など、従来の法律よりも障害者の人権を重視したものになっている点である。

7 地域福祉施策の展開と障害者基本法の改正

　障害者種別ごとの対策から障害のある人全体に対しての地域福祉の重視への転換が生じたのは、平成2（1990）年の**福祉関係8法**（社会福祉事業法、老人福祉法、身体障害者福祉法、精神薄弱者福祉法〔現 知的障害者福祉法〕、児童福祉法、母子福祉法〔現 母子及び父子並びに寡婦福祉法〕、老人保健法、社会福祉・医療事業団法）の改正である。この8法改正では、特に、身体障害者福祉法、精神薄弱者福祉法の2法が障害のある人への福祉サービスに大きな影響を与えた。

　身体障害者福祉法では、身体障害者更生援護施設の入所措置権限を町村へ移譲したこと、ホームヘルプサービスなどの在宅福祉サービスを制度として明確にしたこと、の2つは地域福祉の推進の点で重要である。精神薄弱者福祉法では、都道府県の行っていた業務権限を指定都市（大都市）へ移行したこと、在宅福祉サービスを制度として明確にしたこと、の2つが同様の点で重要である。

　平成2（1990）年の身体障害者福祉法、精神薄弱者福祉法の改正により、これまでの施設福祉サービスに比べて比重の低かった在宅福祉サービス整備方針を明確にし、市町村に各種の福祉サービスの措置権限を、身体障害福祉、知的障害福祉などの分野別に段階的に移行する方向が打ち出された。

　平成5（1993）年の障害者基本法では、精神障害者を障害者として位置付け、精神障害者への福祉サービスの論拠を示した点が重要であるが、このことに加えて、都道府県や市町村の障害者基本計画策定の必要性（当時は努力義務）を示したことは重要である。この障害者基本法の障害者基本計画策定の規定を受けて、平成7（1995）年に、政府が市町村障害者計画指針の提案を行い、さらに同年、国の「**障害者プラン～ノーマライゼーション7か年戦略～**」が発表された。また、市町村障害者計画策定指針に基づいて、市町村においても障害者計画の策定の取り組みが進展し、自治体（市町村）の責任で必要な施設や人材を整備していくという行政責任による方向性を障害者福祉分野でも明確にした。

　平成16（2004）年には、障害者基本法が改正され、「何人も、障害者に対して、障害を理由として、差別することその他の権利利益を侵害する行為をしてはならない」といった表現で、理念としての差別禁止を明文化したこと、都道府県と市町村の障害者計画に関しては義務化された

＊12
本双書第1巻第3部第1章第5節1参照。

第1部

第3章

ことは重要であった。

8 国際障害者年以降の展開

　機会平等とは、障害があるという理由で社会参加機会が閉ざされている状態に対して、障害の有無に限らず、社会のあらゆる領域に関しての機会が平等に開かれていることを意味する。この考え方を端的に示したものとして、1981年の「国際障害者年」のテーマ「完全参加と平等」がある。1982年の「障害者に関する世界行動計画」では、明確に、機会の均等化（平等）が打ち出され、物理的環境、住宅と交通、社会サービス、保健サービス、教育、労働、スポーツ・レクリエーションなど文化・社会的な活動における機会がすべての人に開かれていることの重要性を提案している。

　1983年から1992年までの「国連・障害者の十年」には、各国への障害のある人への施策推進に対して、多くの成果も見られたが、障害のある人への施策のさらなる推進のためには、もう少し強制力のある条約の締結も考えられた。しかし、各国の状況が異なるため、条約よりも拘束力の弱い国連決議として「障害者の機会均等化に関する基準規則」が1993年に採択された。「障害者の機会均等化に関する基準規則」の内容は、「平等な参加の前提条件」「平等な参加の目標分野」「実施方策」「モニタリング機構」の4つの柱から成っており、「平等な参加の前提条件」「平等な参加の目標分野」「実施方策」に関しては、さらに、22の規則に細分化されている。

　国際障害者年のテーマは、社会生活及び社会の発展への完全参加、社会・経済の発展によって生み出された成果の平等な配分を意味していた。「国連・障害者の十年」は、すでにふれたように、わが国に大きな影響を与え、身体障害者福祉法をはじめ数々の法律の改正に影響を与えた。この「十年」が終了した翌年（1993年）に障害者基本法が心身障害者対策基本法の改正により成立した。「国連・障害者の十年」終了後、さらに、国際障害者年の理念をふまえた施策の推進が必要との認識から、日本などのアジア、太平洋諸国で構成されている国連アジア太平洋経済社会委員会（ESCAP）によって、1993年から2002年を「アジア・太平洋障害者の十年」として定められた。さらに、2002年には、2003年から2012年を「新アジア・太平洋障害者の十年」として継続していくことも決議した。

　機会平等の理念をより強く推し進めたものとして、障害者差別禁止法の制定がある。有名なものとしては、1990年のアメリカにおけるADA、1995年のイギリスにおける障害者差別禁止法（DDA）があるが、カナダ、ニュージーランド、さらにはアジア・太平洋諸国でも同様の法制定の動きが見られた。

　特に、ADAは世界でも最初の障害者差別禁止法として、大きな注目を集めた。その内容は、従業員15人以上の事業所における雇用上の差別の禁止、連邦政府・州政府など自治体による公共サービスや公共交通機関の利用に関する差別の禁止、ホテルやレストラン、銀行など不特定多数の利用する民間施設の利用に関する差別の禁止、聴覚障害者や言語障害者のコミュニケーション、通信に関する差別の禁止などが含まれており、民間施設や民間サービスも対象となった点が重要である。

　障害者基本法（平成5〔1993〕年）は、成立の当時、国際障害者年の理念を具体化した点で重要であるが、差別禁止の条項をもっていなかったことが課題であった。

　しかしその後、平成16（2004）年には障害者基本法の大幅な改正が行われ、基本理念に、障害を理由として、差別その他の権利利益を侵害する行為の禁止、国と地方公共団体の責務、国民の責務としての差別の防止が明記された。わが国の法律としては初めて障害のある人に関する差別禁止の文言が記載されたことは重要である。

第5節 近年の障害者福祉施策 ―障害者総合支援法への歩み

1 「障害者の権利に関する条約」の批准と障害者基本法の改正

　1975年の「障害者の権利宣言」は、国連憲章において宣言された人権、基本的自由、平和、人間の尊厳、社会的正義などの原則を再確認し、各国に対して権利保障のための国内的、国際的行動を要請することを目的とした。1993年には「障害者の機会均等化に関する基準規則」が国連で採択され、障害者施策において実施すべき基準に関しての指針が示された。2001年に、メキシコ政府により障害者権利条約の制定の提案がなされた。その際、障害者権利条約制定のための特別委員会が国連に設置され[*13]、2006年には国連総会において正式に採択された。批准国が20か国になった2008年5月には国連の条約として正式に発効した。

　国連で障害者権利条約が発効した後、日本政府は障害者権利条約の批准の基盤づくりとして国内における法制度の整備を優先的に進めていくことに力点を置くこととした。平成21（2009）年には、障害当事者委員が半数以上を占める「障がい者制度改革推進会議」（以下、推進会議）が内閣府に設置された。推進会議では、障害者権利条約の批准に向けての国内法の整備を目的として、障害者基本法の抜本的な改正、障害者差別禁止法、障害者自立支援法に代わる障害者総合福祉法（当時の新法の名称）の制定などの検討が平成22（2010）年1月より行われた。

　この意見書をもとにした障害者基本法の改正案は平成23（2011）年8月に成立した。この法律は障害者権利条約を意識した日本で初めての法律であり、これまでの障害者福祉の基盤を大きく変える可能性を含んでいる点で意義深いものであった。

　障害者の人権保障に関連する法律では、平成23（2011）年6月に障害者虐待防止法が成立した。この法により、障害者の虐待防止に対して国と自治体の責務が定められ、市町村、都道府県は、それぞれ市町村虐待防止センター、都道府県障害者権利擁護センターとしての機能を果たすことが義務付けられた。

　障害を理由とする差別の解消の推進に関する法律（障害者差別解消法）は、平成24（2012）年9月に推進会議・差別禁止部会により「『障

＊13
障害者権利条約の作成は「私たちのことを私たち抜きで決めないで」を合言葉に全世界の障害のある当事者が参画して行われた。

害を理由とする差別の禁止に関する法制』についての差別禁止部会の意見」がまとめられ、その後の審議を経て平成25（2013）年6月に成立、障害者雇用促進法の改正も、障害者差別解消法の成立と同じ平成25（2013）年6月に成立した。この改正法も、差別の禁止と合理的配慮の提供義務に関して具体的に検討していくことが求められている。精神保健福祉法の改正は、先の2法と同じく平成25（2013）年6月に成立した。この法改正の最も大きな点は、長い間にわたって精神保健福祉法制度に存続してきた保護者制度の廃止である。保護者制度に関しては、精神障害者の自己決定を尊重する観点から人権上問題ではないかという批判があり、その批判に対応する形で廃止となった。

　これらの法制度の整備によって、政府は障害者権利条約批准の基盤が整ったと判断し、平成25（2013）年12月の国会での条約批准の承認を得て、平成26（2014）年1月に国連で条約に批准し、同年2月に国内で正式に条約が発効した。

*14
保護者は、精神障害者の後見人、保佐人、配偶者、親権者、扶養義務者のうちから家庭裁判所が選任した者である。その業務は、精神障害者に治療を受けさせる義務、財産を保全する義務、医師への協力義務などがあった。

第1部 第3章

② 障害者総合支援法の成立への歩み

　まず、障害者の日常生活及び社会生活を総合的に支援するための法律（障害者総合支援法）の前身の法律である障害者自立支援法の成立についてふれる。障害者自立支援法の成立を考える上で最も大きな契機は、平成15（2003）年度に施行された支援費制度とその後に生じた問題にある。**支援費制度**は、身体障害者、知的障害者を対象に、従来の措置制度から契約制度に転換することを目的とし、利用者の自己決定と選択の重視、契約に基づいたサービス利用、利用者の選択とサービスの質の向上といった1990年代後半からの社会福祉基礎構造改革の趣旨にそった制度の変更を行った。

　支援費制度の施行後、国の想定以上に在宅サービスの利用者数の増加、障害種別のサービス格差、サービス水準の地域格差、在宅サービス予算の増加と財源問題などが生じた。特に、在宅サービス予算の増加では、平成16（2004）年度の予算で前年度比16.7％、平成17（2005）年度で前年度比54.5％の増加が見られた。さらに、平成15（2003）年度で当初の予算から128億円、平成16（2004）年度で274億円の財政赤字を出したことは制度の大きな見直しの要因となった。こうした問題へ対処するために、平成16（2004）年には、厚生労働省より改革のグランドデザイン案（障害者自立支援法の骨格）の提案がなされた。この提案で

は、障害程度区分、応益負担（定率負担）の原則などの点で、すでに施行していた介護保険制度に限りなく近い仕組みが組み込まれた。この案をもとに平成17（2005）年には障害者自立支援法が成立し、平成18（2006）年度より施行された。

　障害者自立支援法の施行後も課題が多く生じたことから、平成21（2009）年9月の政権交代により、政府により障害者自立支援法の廃止方針が表明された。その後、前述のとおり当事者委員が半数以上を占める推進会議が内閣府に設置された。推進会議では、障害者権利条約の批准と国内法の整備、障害者基本法の抜本的な改正、障害者差別禁止法、障害者自立支援法に代わる障害者総合福祉法（以下、総合福祉法）などの案件の検討が付託され、平成22（2010）年1月より審議が行われ、平成24（2012）年3月をもって終了した。

　障害者自立支援法の廃止に伴う「総合福祉法」の検討に関しては扱う内容が多岐にわたるため、推進会議の下に「総合福祉部会」が設置され、平成23（2011）年8月に「総合福祉法」の骨格を示す意見書（骨格提言）[*15]をまとめた。障害者自立支援法に代わる新法に関しては、その後、平成24（2012）年に、「障害者総合支援法案」として閣議決定された。この法案に関しては、障害者自立支援法の名称の変更、対象の拡大（難病を対象にする）、介護給付・訓練等給付に分かれていたケアホームとグループホームの一元化、重度訪問介護の利用拡大、障害福祉計画の定期的な見直し、障害程度区分（平成26〔2014〕年度より障害支援区分に名称変更）のあり方及び支給決定方法の3年間程度の期間での見直しなどが示された。

　その後、この法案に関しては、障害者団体を中心に、障害者自立支援法の廃止にはほど遠く、総合福祉部会の提言をほとんど勘案していないなどの批判が数多くなされたことから、法施行後3年後の見直しを前提として障害者総合支援法が平成24（2012）年に成立し、平成25（2013）年度から施行された[*16]。障害者総合支援法では、難病への対象の拡大により、障害者自立支援法成立時の身体障害、知的障害、精神障害と、障害者自立支援法の改正時の発達障害に、さらに難病が加わり計5分野[*17]の障害になった。

> **BOOK 学びの参考図書**
>
> ●杉本　章『障害者はどう生きてきたか－戦前・戦後障害者運動史（増補改訂版)』現代書館、2008年。
>
> 　障害者運動の歴史に焦点を当て、障害者福祉の歴史を論じており、障害者福祉制度の生じた時代的な背景を理解するにはよい本である。また、豊富な資料をもとにしており、資料として載っている障害者運動史と関係法制の年表は大変貴重なものである。

参考文献

- 中村満紀男・荒川　智 編著『障害児教育の歴史』明石書店、2003年
- 高島　進『社会福祉の歴史－慈善事業・救貧法から現代まで』ミネルヴァ書房、1995年
- 右田紀久恵・高澤武司・古川孝順 編『社会福祉の歴史－政策と運動の展開（新版)』有斐閣、2001年
- 金子光一『社会福祉のあゆみ－社会福祉思想の軌跡』有斐閣、2005年
- 丸山一郎『障害者施策の発展－身体障害者福祉法の半世紀』中央法規出版、1998年
- 杉本　章『障害者はどう生きてきたか－戦前・戦後障害者運動史（増補改訂版)』現代書館、2008年

第**1**章

住む（居住支援）

学習のねらい

　誰もが住み慣れた地域で安心して暮らし続けるには、適切な住まいと、必要な生活支援サービスを受けられる地域環境の整備が必要である。一方、適切な住まい、必要な生活支援サービスは、個々人の事情により異なる。さまざまな地域資源の中から、個々人に合ったものを組み合わせる必要がある。このためには、公・民を問わず、地域のさまざまな資源がつながることで、それぞれの人の生活に寄り添った対応をすることが可能となる。居住支援とは、障害者が地域で豊かに暮らせるような体制構築・実践であるといえるだろう。

　本章では、障害者の住宅施策に主要な役割を果たしている、公営住宅法、住宅セーフティネット法による居住支援、グループホームなど障害者総合支援法による居住支援、国土交通省の住宅部局と厚生労働省の福祉部局との居住支援に関する連携について理解を深めることを目的とする。

第1節　障害者の住まいと公営住宅

1 公営住宅法制定の背景と目的等

　昭和12（1937）年、内務省から厚生省が独立すると、国家レベルの住宅政策はここが担当することになった。そして昭和15（1940）年には、厚生省社会局に住宅行政を専門に扱う住宅課が誕生した。日中戦争が始まると、住宅政策は急速に戦時経済体制の中に組み込まれていった。そうしたなかで、大都市の住宅難への対策として特殊法人である住宅営団[*1]が設立された。

　政府は、終戦直後の昭和20（1945）年9月、罹災都市応急簡易住宅建設要綱を閣議決定した。これは、戦災による圧倒的な住宅不足を量の点で解消することを目的としたものであり、政府は、このほかにもさまざまな手を打とうとしたが、大都市の住宅難は解消しなかった。

　昭和26（1951）年に政府は、全国の住宅難を解消するために、**公営住宅法**を制定した。この時期の障害者を対象とした住関連施策は、身体障害者のいる世帯に対して、住宅の増改築・補修に必要な経費を低利及び長期償還で貸し付ける世帯更生資金貸付制度以外には、障害者のための住宅施策は見出せない。その後、公営住宅において高齢者世帯を対象にした住宅建設と優先入居が制度化されたが、障害者は、公営住宅はもとより住宅施策の対象とはなり得なかった。

　昭和42（1967）年、身体障害者世帯を対象とした住宅建設と優先入居が制度化され、昭和46（1971）年、心身障害者世帯に対象を拡大していった。

　厚生労働省「平成28年生活のしづらさなどに関する調査（全国在宅障害児・者等実態調査）」によれば、障害者の住まいの実態は**表2−1−1〜表2−1−3**のとおりである。

　障害者の住まいの場を見ると、65歳未満の障害者手帳所持者については在宅生活している身体障害者の34.8%が自分の持ち家、38.8%が家族の持ち家、知的障害者の53.9%が家族の持ち家、精神障害者の42.8%が家族の持ち家である。

　在宅生活している障害者の多くは、家族と同居していると考えられる。そのことは、家族の介護により支えられている障害者の生活の実態を浮かび上がらせる。特に、親による介護の場合、子どもの加齢ととも

[*1] 昭和16（1941）年、戦時体制下において、軍需産業に従事する工場労働者用住宅を供給するために発足した団体。日本の住宅団地開発の基礎を築いた組織であったが、昭和21（1946）年にGHQ（連合国軍総司令部）指令により閉鎖された。その歴史と技術的資産は、昭和30（1955）年に設立された日本住宅公団に受け継がれた。

〈表2－1－1〉　**身体障害者手帳所持者の住まいの状況**　（単位：％）

	自分の持ち家	家族の持ち家	民間賃貸住宅	社宅・職員寮・寄宿舎等	公営住宅	貸間	グループホーム等	その他	不詳
65歳未満	34.8	38.8	15.1	0.5	5.9	0.3	2.4	0.7	1.4
65歳以上	61.1	21.8	6.2	0.2	6.6	0.2	1.4	0.9	1.7

（出典）厚生労働省「平成28年生活のしづらさなどに関する調査（全国在宅障害児・者等実態調査）結果」2018年。
　　　　以下、表2－1－3まで同様。

〈表2－1－2〉　**療育手帳所持者の住まいの状況**　（単位：％）

	自分の持ち家	家族の持ち家	民間賃貸住宅	社宅・職員寮・寄宿舎等	公営住宅	貸間	グループホーム等	その他	不詳
65歳未満	8.4	53.9	12.5	0.6	7.1	0.2	14.9	0.8	1.6
65歳以上	41.4	22.6	6.0	－	12.0	0.8	15.0	－	2.3

〈表2－1－3〉　**精神障害者保健福祉手帳所持者の住まいの状況**　（単位：％）

	自分の持ち家	家族の持ち家	民間賃貸住宅	社宅・職員寮・寄宿舎等	公営住宅	貸間	グループホーム等	その他	不詳
65歳未満	11.9	42.8	21.4	0.8	14.2	1.1	4.4	1.7	1.7
65歳以上	46.4	19.4	9.7	－	13.3	－	6.6	1.0	3.6

に、高齢になった親の介護の負担の状況がうかがえる。親が介護できるぎりぎりまで家庭で生活し、できなくなったら施設での介護になるという、わが国の特徴が表れていると推測される。

2 公営住宅法の概要

（1）法の目的

　公営住宅法（以下、法）は、「国及び地方公共団体が協力して、健康で文化的な生活を営むに足りる住宅を整備し、これを住宅に困窮する低額所得者に対して低廉な家賃で賃貸し、又は転貸することにより、国民生活の安定と社会福祉の増進に寄与することを目的とする」（第1条）と、住宅施策を憲法第25条の生存権保障の観点から規定している。

（2）公営住宅への障害者の入居

　法では、「公営住宅の入居者は、少なくとも次に掲げる条件を具備する者でなければならない」（第23条）とされ、具体的には以下のような内容である。

　　1　その者の収入がイまたはロに掲げる場合に応じ、それぞれイまたはロに定める金額を超えないこと。

　　ロ　入居者の心身の状況または世帯構成、区域内の住宅事情その他
　　　の事情を勘案し、特に居住の安定を図る必要がある場合として条
　　　例で定める場合　入居の際の収入の上限として政令で定める金額
　　　以下で事業主体が条例で定める金額。

　　ロ　イに掲げる場合以外の場合　低額所得者の居住の安定を図るた
　　　め必要なものとして政令で定める金額を参酌して、イの政令で定
　　　める金額以下で事業主体が条例で定める金額。

　2　現に住宅に困窮していることが明らかであること。

　このように、「入居者の心身の状況等を勘案して」と障害者に入居資
格を与えている。住宅に困窮する低所得者についても、特に困窮度の高
い者については、地域の実情をふまえた事業主体の判断により、入居者
選考において優先的に扱う「優先入居」の制度がある。現在の社会経済
情勢に照らし、特に居住安定の確保が必要な優先入居の取り扱いを行う
ことが適当と判断される世帯としては、障害者世帯があたるとされてい
る。

（3）公営住宅のグループホーム等への活用（社会福祉法人等による公営住宅の使用等）

　法は、「事業主体は、公営住宅を社会福祉法第2条第1項に規定する
社会福祉事業その他の社会福祉を目的とする事業のうち、厚生労働省
令・国土交通省令で定める事業を運営する同法第22条に規定する社会
福祉法人その他厚生労働省令・国土交通省令で定める者（以下、社会福
祉法人等）に住宅として使用させることが必要であると認める場合にお
いて国土交通大臣の承認を得たときは、公営住宅の適正かつ合理的な管
理に著しい支障のない範囲内で、当該公営住宅を社会福祉法人等に使用
させることができる」（第45条第1項）としている。社会福祉法人等に
よる公営住宅の使用等を規定することにより、公営住宅のグループホー
ム事業の目的外使用が可能となっている。

③ 住宅のバリアフリー化の推進

　住宅のバリアフリー化を推進するため、次のような設計・設備の面で
障害のある人に配慮した住宅の供給や住宅リフォームが行われている。

（1）設計、設備の面で障害のある人に配慮した住宅の供給

❶公共賃貸住宅のバリアフリー化の推進

　新設されるすべての公営住宅、都市再生機構賃貸住宅について、原則として障害のある人の心身の特性に応じた設備等の設置に配慮し、バリアフリーが標準仕様とされている。また、既設のものについても、建て替えや改善を行うことによりバリアフリー化が進められている。

　なお、障害のある人向けの公営住宅等の建設にあたっては、規模の大きなものや特別の設備を設置するものに対しては、工事費に係る助成の限度額が特例的に引き上げられている。

❷障害のある人等の利用に配慮した住宅ストックの形成の推進

　障害のある人等の利用に配慮した住宅ストックを形成するため、「高齢者が居住する住宅の設計に係る指針」[*2]により、身体機能が低下した場合にも住み続けられるような住宅の設計上の配慮事項が示されている。

[*2]
令和4年国土交通省告示第406号（改正）。

（2）住宅リフォーム

　障害のある人等が安心して快適に自立した生活を送ることのできる環境の整備を促進し、居住の安定の確保を図るため、障害のある人等が居住する住宅について、一定のバリアフリー改修工事を行った場合に、所得税額や固定資産税額を軽減する特例措置が設けられている。

第2節 住宅セーフティネット法

1 住宅セーフティネット法の概要

＊3
本双書第1巻第2部第
6章第3節2参照。

＊4
豊かな住生活の実現を
図るため、住生活の安
定の確保と向上の促進
に関する施策について、
その基本理念、国・地
方公共団体・住宅関連
業者の責務の明確化、
住生活基本計画の策定
その他の基本となる事
項について定めた法律。
平成18（2006）年に制
定された。

　住宅確保要配慮者に対する賃貸住宅の供給の促進に関する法律（**住宅セーフティネット法**）は、住生活基本法の基本理念に則り、住宅確保要配慮者に対する賃貸住宅の供給の促進に向けた施策を総合的かつ効果的に推進し、もって国民生活の安定向上と社会福祉の増進に寄与することを目的とするものであり、平成19（2007）年に制定された。国土交通大臣による基本方針の策定、都道府県及び市町村による賃貸住宅供給促進計画の作成、住宅確保要配慮者の円滑な入居を促進するための賃貸住宅の登録制度等が規定されている。

　わが国では、高齢者、障害者、子育て世帯等の住宅の確保に配慮が必要な方が今後も増加する見込みだが、住宅セーフティネットの根幹である公営住宅については大幅な増加が見込めない状況にある。一方で、民間の空き家・空き室は増加していることから、それらを活用した、新たな住宅セーフティネット制度が平成29（2017）年10月からスタートした。法改正によるこの新たな制度は、①住宅確保要配慮者向け賃貸住宅の登録制度、②登録住宅の改修や入居者への経済的な支援、③住宅確保要配慮者に対する居住支援の3つの大きな柱から成り立っている。

2 住宅確保要配慮者向け賃貸住宅の登録

　賃貸住宅の賃貸人は、住宅確保要配慮者の入居を拒まない住宅として、都道府県・指定都市・中核市にその賃貸住宅を登録することができる。都道府県等では、その登録された住宅の情報を、住宅確保要配慮者等に広く提供する。その情報を見て、住宅確保要配慮者が、賃貸人に入居を申し込むことができるという仕組みである（**図2−1−1**）。

＊5
年間総所得金額から扶
養控除等の額を控除し
た後の月平均額。

　住宅確保要配慮者は、改正法において、低額所得者、被災者、高齢者、障害者、子育て世帯と定められている。低額所得者は、公営住宅法に定める算定方法による月収（政令月収）が15万8,000円以下の世帯となる。子育て世帯は、18歳未満の子どもがいる世帯であるが、18歳となった子どもが年度末に至るまでの間も子育て世帯として扱われる。これらに加えて、省令において、外国人などが定められている。さらに、

〈図２−１−１〉住宅確保要配慮者への民間賃貸住宅の供給促進の仕組み（居住支援協議会の構成）

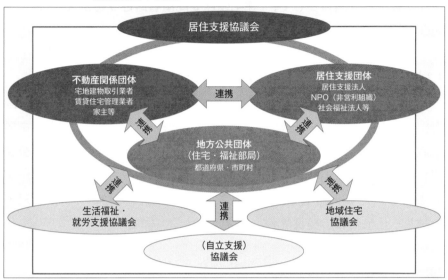

（出典）国土交通省資料

　地方公共団体が供給促進計画を定めることにより、住宅確保要配慮者を追加することができる（例えば、新婚世帯など）。

　賃貸住宅を登録する際には、その規模、構造等について一定の基準に適合する必要がある。具体的には、耐震性を有すること、住戸の床面積が25平方メートル以上であることが求められる。ただし、共同居住型住宅（シェアハウス）の場合には、専用居室を９平方メートル以上確保することで足りるが、住宅全体の面積が15平方メートル×居住人数＋10平方メートル以上であることや、台所、食事室、便所、浴室、洗面所等を適切に設けることが求められる。なお、この登録基準については、地方公共団体が供給促進計画を定めることによって強化・緩和をすることが可能である。

③ 住宅確保要配慮者居住支援協議会等の積極的な活用

　住宅セーフティネット法に基づき、障害者等の民間賃貸住宅への円滑な入居の促進に関し必要な措置について協議するため、地方公共団体は住宅部局及び福祉部局、宅地建物取引業者や賃貸住宅を管理する事業を営む者の団体、居住にかかる支援を行う営利を目的としない法人等からなる「**住宅確保要配慮者居住支援協議会**[6]」（以下、居住支援協議会）を組織することができることとしており、積極的な活用が求められている。

＊6
本書第３部第３章第３節、及び本双書第１巻第２部第６章第３節２（5）参照。

　また、同じく住宅セーフティネット法に基づき、住宅確保要配慮者の居住支援を行う団体として、「**住宅確保要配慮者居住支援法人**」（以下、居住支援法人）が規定されている。

（1）住宅確保要配慮者居住支援協議会の概要

　居住支援協議会は、住宅確保要配慮者（低額所得者、被災者、高齢者、障害者、子どもを育成する家庭、その他住宅の確保に特に配慮を要する者）の民間賃貸住宅等への円滑な入居の促進を図るため、地方公共団体や関係業者、居住支援団体等が連携（住宅セーフティネット法第51条第1項）し、住宅確保要配慮者及び民間賃貸住宅の賃貸人の双方に対し、住宅情報の提供等の支援を実施する（**図2-1-1**）。

❶居住支援協議会の設立状況

　132協議会が、全都道府県と85の市区町に設立されている（令和5〔2023〕年9月30日時点）。

❷主な活動内容

　居住支援協議会による主な活動としては、①メンバー間の意見・情報交換、②要配慮者向けの民間賃貸住宅等の情報発信、紹介・あっせん、③住宅相談サービスの実施（住宅相談会の開催、住宅相談員の配置等）、④家賃債務保証制度、安否確認サービス等の紹介、⑤賃貸人や要配慮者を対象とした講演会等の開催、などがある。

（2）住宅確保要配慮者居住支援法人の概要

　居住支援法人は、住宅確保要配慮者の民間賃貸住宅への円滑な入居の促進を図るため、生活支援等を実施する法人として都道府県が指定するものである（住宅セーフティネット法第40条・第42条）。

　居住支援法人に指定される法人は、NPO法人、一般社団法人、一般財団法人（公益社団法人・財団法人を含む）、社会福祉法人、居住支援を目的とする会社等である。

❶居住支援法人の設立状況

　不動産、福祉、士業関係など749法人が、居住支援法人に指定されている（令和5〔2023〕年10月31日時点）。

❷主な活動内容

居住支援法人の行う業務としては、①登録住宅の入居者への家賃債務保証、②住宅相談など賃貸住宅への円滑な入居に係る情報提供・相談、③見守りなど要配慮者への生活支援、④①～③に附帯する業務がある。

4 国段階の動き

障害者の住まいの場の確保等については、国（厚生労働省・国土交通省）だけではなく、地方公共団体においても、福祉部門と住宅部門が連携して取り組むことが重要である。このため、厚生労働省・国土交通省が連名で地方公共団体に対し、通知を平成21（2009）年11月12日及び平成24（2012）年5月31日の2度発出し[*7]、障害者向けの施策の情報共有・連携の強化を図っている。主な内容は、共同での生活を希望する障害者に対してはグループホームの整備の促進、自宅など在宅での生活を希望する障害者には公的賃貸住宅への入居の円滑化、住宅のバリアフリー化、地域移行支援・地域定着支援個別給付化等から成る。

平成28（2016）年には、生活困窮者・高齢者・障害者・子どもを育成する家庭等のうち、生活や住宅に配慮を要する人々の住まいの確保や生活の安定、自立の促進に係るセーフティネット機能の強化に向けて、福祉行政と住宅行政のより一層の緊密な連携を図るため、厚生労働省と国土交通省の関係局職員による情報共有や協議を行うための「福祉・住宅行政の連携強化のための連絡協議会」が設置され、平成30（2018）年まで計5回の会議が開催された。

さらに令和2（2020）年8月からは、刑務所出所者等も視野に入れ、厚生労働省、国土交通省及び法務省ならびに関係団体による情報共有や協議を行う「住まい支援の連携強化のための連絡協議会」が、令和5（2023）年7月には、同じく厚生労働省、国土交通省、法務省の3省合同による「住宅確保要配慮者に対する居住支援機能等のあり方に関する検討会」が設置されている。

*7
「障害者の住まいの場の確保のための福祉部局と住宅部局の連携について」（厚生労働省社会・援護局地域福祉課長、障害保健福祉部企画課長、障害保健福祉部障害福祉課長、国土交通省住宅局住宅総合整備課長、安心居住推進課長から都道府県・指定都市障害保健福祉主幹部長、住宅主幹部長あて通知）。

📖**BOOK 学びの参考図書**

●野口定久・外山　義・武川正吾 編『居住福祉学』有斐閣、2011年。
　　人が安心して暮らすために必要な居住環境のありようを追究する居住福祉学の入門テキスト。住居や福祉施設、まちづくりや地域福祉などの居住福祉の基礎について、生活者の視点で解説している。

第3節 障害者総合支援法による居住支援

1 グループホームの経緯と整備促進

（1）グループホームの経緯

　わが国での障害者福祉分野におけるグループホームの制度化は、平成元（1989）年の精神薄弱者（現在の知的障害者）地域生活援助事業、平成4（1992）年の精神障害者地域生活援助事業からである。

　平成18（2006）年10月、障害者自立支援法が施行され、共同生活援助（グループホーム）と共同生活介護（ケアホーム）に分かれ、平成21（2009）年10月から身体障害者も利用することができるとされた。平成26（2014）年4月、ケアホームとグループホームが一元化された。

（2）グループホーム（共同生活援助）の整備促進

　障害者の地域での自立した生活を進めるため、地域生活への移行を進めている。それは、施設入所者や精神科病院利用者が、退所・退院し、生活の場を自宅や**共同生活援助**（グループホーム）、福祉ホーム、公営住宅等の一般住宅へ移ることなどをさす。

　施設入所者の重度化・高齢化により、入所施設からの退所は入院・死亡を理由とする割合が年々高まっており、自宅やグループホームなどへの地域生活移行者数は減少傾向にある。一方で、障害者の重度化・高齢化に対応するための、グループホームなどの障害福祉サービスの機能強化や地域生活支援拠点等の整備にかかる取り組みをふまえ、第6期障害福祉計画の基本指針が定められた。令和5（2023）年度末時点で、令和元（2019）年度末の施設入所者数の6％以上が地域生活へ移行することを基本とする成果目標を定めている。

＊8
計画期間は令和3（2021）年度〜令和5（2023）年度。

2 グループホームの概要

　共同生活を営む住居において、主に夜間に相談、入浴、排泄（はいせつ）または食事の介護、その他の日常生活上の援助を行う。このうち、介護の提供については、①グループホーム事業者が自ら行うか（介護サービス包括型）、②外部の居宅介護事業者に委託するか（外部サービス利用型）の

いずれかの形態を事業者が選択できる仕組みとなっている。利用料は、18歳以上の場合は利用者とその配偶者の所得、18歳未満の場合は児童を監護する保護者の属する世帯の所得に応じた自己負担の上限月額がある。ただし、上限月額よりもサービスにかかる費用の1割の金額のほうが低い場合には、その金額を支払う。そのほかに、食材費、光熱水費、居住費などについての実費負担がある。

　平成26（2014）年4月には、早期に単身等での生活が見込まれる者の利用を基本とし、一定の利用期限を設けて、効果的・効率的な支援を行う*9サテライト型住居が創設された。

　平成30（2018）年度障害福祉サービス等報酬改定により、共同生活援助の新たな類型として、「日中サービス支援型共同生活援助」（「日中サービス支援型」）が創設されている。このグループホームは、障害者の重度化・高齢化に対応するために創設された共同生活援助の新たな類型であり、短期入所を併設し地域で生活する障害者の緊急一時的な宿泊の場を提供することとされており、施設等からの地域移行の促進及び地域生活の継続等、地域生活支援の中核的な役割を担うことが期待されている。

（1）公営住宅のグループホームとしての活用の促進

　公営住宅におけるグループホームとしての活用を促進するためには、地方公共団体における住宅部局と福祉部局の連携が重要になる。このため、国土交通省は地方公共団体向けに「公営住宅のグループホーム事業への活用に関するマニュアル」を作成・配布し、住宅部局・福祉部局間の連携についての考え方を示すとともに、公営住宅の活用の促進を行っている。

（2）グループホームの整備費助成

　厚生労働省では、グループホームの整備を促進するための整備費の助成やグループホームを実施するにあたっての借り上げに伴う敷金・礼金の助成を、事業者に対して行っている。また、国土交通省では、平成21（2009）年度から、公営住宅をグループホームとして利用するための改修工事費について助成の対象としている。

*9
共同生活を営むという「グループホーム」の趣旨をふまえつつ、1人で暮らしたいというニーズにも応えて、地域における多様な住まいの場を増やしていく観点から、「本体住居（サテライト型住居以外の2人以上が入居する『グループホーム』であって、『サテライト型住居』への支援機能を有するもの）」との密接な連携を前提とした、ひとり暮らしに近い形態のサービスを提供するもの。

3 自立生活援助の創設

　障害者が安心して地域で生活することができるよう、グループホーム等の地域生活を支援する仕組みの見直しが求められてきた。しかし、集団生活ではなく賃貸住宅等におけるひとり暮らしを希望する障害者の中には、知的障害や精神障害により理解力や生活力等が十分ではないためにひとり暮らしを選択できない障害者もいる。**自立生活援助**は平成30（2018）年４月施行の改正障害者総合支援法の中で新たに創設された障害福祉サービスである。

　その内容は、障害者支援施設やグループホーム等からひとり暮らしへの移行を希望する知的障害者や精神障害者などについて、本人の意思を尊重した地域生活を支援するため、障害者の理解力、生活力等を補う観点から、一定の期間にわたり、定期的な巡回訪問や随時の対応により適時・適切な支援を行うサービスである。

（1）対象者

①障害者支援施設やグループホーム、精神科病院等から地域でのひとり暮らしに移行した障害者等で、理解力や生活力等に不安がある者

②現に、１人で暮らしており、自立生活援助による支援が必要な者

③障害、疾病等の家族と同居しており（障害者同士で結婚している場合を含む）、家族による支援が見込めないため、実質的にひとり暮らしと同様の状況であり、自立生活援助による支援が必要な者

（2）サービス内容

　一定の期間（原則１年間）にわたり、自立生活援助事業所のスタッフが定期的な居宅訪問や随時の通報を受けて訪問を行うことによる相談対応等により、当該利用者の日常生活における課題を把握し、必要な情報の提供及び助言、関係機関との連絡調整などを行う。

第**2**章

暮らす（生活支援）

学習のねらい

　障害者福祉においては、ノーマライゼーション理念に基づいて、地域の中で障害の有無にかかわらずすべての人々が同じように「普通の生活」を送ることがめざされてきた。このような障害者の暮らしを保障するために、公的（フォーマル）及び非公的（インフォーマル）なサービスや支援が必要となる。公的なサービスは、さまざまな障害者の法体系に基づいて提供されている。

　本章では、障害者の生活支援に必要な、障害者総合支援法をはじめとして、身体障害者福祉法・知的障害者福祉法・精神保健福祉法・発達障害者支援法などに基づくサービスの法制度や、福祉と医療・介護等の連携についての理解を深めることを目的とする。

第1節 障害者総合支援法の概要

1 障害者自立支援法から障害者総合支援法へ

（1）障害者総合支援法の目的・理念

　平成18（2006）年4月から施行されていた「障害者自立支援法」という名称は「障害者の日常生活及び社会生活を総合的に支援するための法律」（**障害者総合支援法**）に変わり、法の目的が「自立した日常生活又は社会生活を営むことができるよう」から「基本的人権を享有する個人としての尊厳にふさわしい日常生活又は社会生活を営むことができるよう」と変わった。

　基本理念が新たに設けられ、「障害者及び障害児が日常生活又は社会生活を営むための支援は、全ての国民が、障害の有無にかかわらず、等しく基本的人権を享有するかけがえのない個人として尊重されるものであるとの理念にのっとり、全ての国民が、障害の有無によって分け隔てられることなく、相互に人格と個性を尊重し合いながら共生する社会を実現するため、全ての障害者及び障害児が可能な限りその身近な場所に

〈図2-2-1〉題名・目的・理念
　　　　　　（障害者自立支援法から障害者総合支援法へ）

○改正障害者基本法を踏まえ、法の目的規定を改正し、基本理念を創設することにより、「障害者自立支援法」を「障害者の日常生活及び社会生活を総合的に支援するための法律（障害者総合支援法）」とする。
【平成25年4月1日施行】

目的の改正

○「自立」の代わりに、新たに、「基本的人権を享有する個人としての尊厳」を明記。
○障害福祉サービスに係る給付に加え、地域生活支援事業による支援を明記し、それらの支援を総合的に行うこととする。

基本理念の創設

平成23年7月に成立した改正障害者基本法で、目的や基本原則として盛り込まれた、

①全ての国民が、障害の有無にかかわらず、等しく基本的人権を享有するかけがえのない個人として尊重されるものであるとの理念
②全ての国民が、障害の有無によって分け隔てられることなく、相互に人格と個性を尊重し合いながら共生する社会を実現
③可能な限りその身近な場所において必要な（中略）支援を受けられること
④社会参加の機会の確保
⑤どこで誰と生活するかについての選択の機会が確保され、地域社会において他の人々と共生することを妨げられないこと
⑥社会的障壁の除去

といった重要な考え方を新法の理念としても規定することとしたもの。

題名

「障害者自立支援法」→「障害者総合支援法※」

※障害者の日常生活及び社会生活を総合的に支援するための法律

（出典）厚生労働省資料

おいて必要な日常生活又は社会生活を営むための支援を受けられることにより社会参加の機会が確保されること及びどこで誰と生活するかについての選択の機会が確保され、地域社会において他の人々と共生することを妨げられないこと並びに障害者及び障害児にとって日常生活又は社会生活を営む上で障壁となるような社会における事物、制度、慣行、観念その他一切のものの除去に資することを旨として、総合的かつ計画的に行わなければならない」こととされ、障害者基本法の理念を継承している（**図2－2－1**）。

（2）障害者総合支援法の対象者

　障害者自立支援法においては、障害者を身体障害者、知的障害者、精神障害者（発達障害者を含む）と規定していたが、障害者総合支援法では、制度の谷間のない支援を提供する観点から、障害者の定義に新たに難病患者等（治療方法が確立していない疾病その他の特殊の疾病であって政令で定めるものによる障害の程度が厚生労働大臣が定める程度である者）を追加し、障害福祉サービス等の対象とされた。これにより、難病患者等で症状の変動などにより、身体障害者手帳の取得ができないが一定の障害がある者に対して、障害福祉サービスが提供される。

（3）支給決定

　障害者自立支援法は、障害者の心身の状況についての調査結果から客観的に介護的サービスの必要度を求める尺度として、新たに「障害程度区分」（1から6までに分類。6を最重度とする）を導入した。障害程度区分については、訪問による認定調査の結果に基づき、コンピューターによる一次判定を行い、さらに障害保健福祉の学識経験者等から成る審査会において審査・判定を行う仕組みとなっていた。市町村が支給決定するときは、障害程度区分の判定結果に加え、介護者の状況やサービスの利用に関する意向、**サービス等利用計画**案などを勘案して行うものとなっていた。

　障害者総合支援法においては、「障害程度区分」を「**障害支援区分**」に改め、その定義を「障害の多様な特性その他の心身の状態に応じて必要とされる標準的な支援の度合いを総合的に示す」ものとして厚生労働省令で定める区分とし、平成26（2014）年4月より導入された（**図2－2－2**）。

〈図２－２－２〉支給決定について

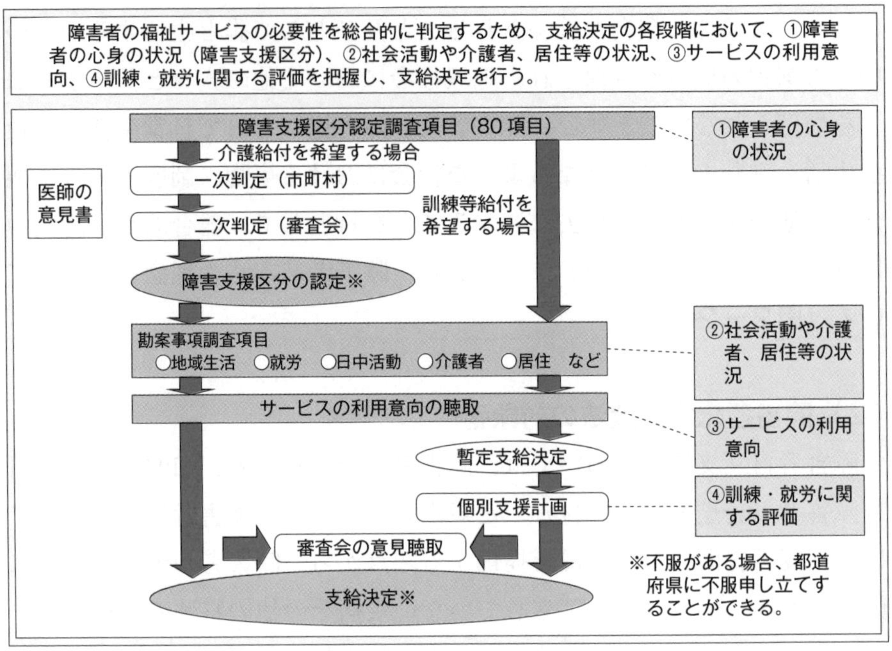

（出典）厚生労働省資料

（4）利用者負担

　障害者総合支援法に基づくサービスを利用すると、利用したサービスに要する費用の一部を利用者が負担することになっている。その際、「家計の負担能力その他の事情を斟酌して政令で定める額」が負担上限額として決められており、利用者は利用したサービスの総額が負担上限月額を上回った場合は、負担上限月額に基づき負担する。しかし、負担上限月額よりもサービスに要する費用の１割相当額のほうが低い場合は、サービスに要する費用の１割の額を負担する（**図２－２－３**）。

２ 障害福祉サービス基盤の計画的整備

　障害福祉サービス等の基盤整備を計画的に行うことができるよう、国が定める基本指針、市町村及び都道府県が定める障害福祉計画に障害福祉サービス等の提供体制の確保にかかる目標に関する事項を定めるとともに、障害福祉計画に地域生活支援事業の種類ごとの実施に関する事項を定めることとされた。また、基本指針や障害福祉計画について、定期的な検証と見直しを法定化し、適時適切な見直し等を行うこと、さらに基本指針や障害福祉計画の策定や見直しにあたっては、障害者やその家族その他の関係者の意見等を反映させる措置を講ずることとされた。

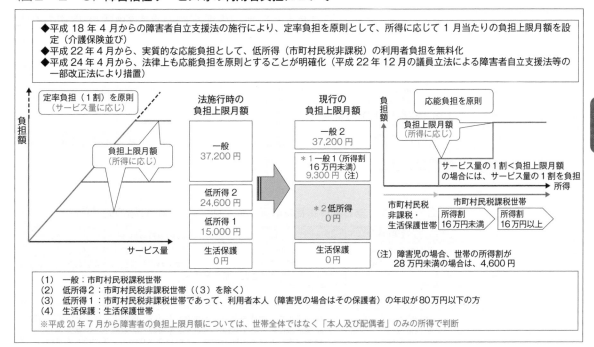

〈図２−２−３〉障害福祉サービス等の利用者負担について

◆平成18年4月からの障害者自立支援法の施行により、定率負担を原則として、所得に応じて1月当たりの負担上限月額を設定（介護保険並び）
◆平成22年4月から、実質的な応能負担として、低所得（市町村民税非課税）の利用者負担を無料化
◆平成24年4月から、法律上も応能負担を原則とすることが明確化（平成22年12月の議員立法による障害者自立支援法等の一部改正法により措置）

(1)　一般：市町村民税課税世帯
(2)　低所得2：市町村民税非課税世帯（（3）を除く）
(3)　低所得1：市町村民税非課税世帯であって、利用者本人（障害児の場合はその保護者）の年収が80万円以下の方
(4)　生活保護：生活保護世帯
※平成20年7月から障害者の負担上限月額については、世帯全体ではなく「本人及び配偶者」のみの所得で判断

（出典）厚生労働省資料

　なお、計画期間は3年を1期とし、第1期は平成18（2006）年度から始まり、現在は第6期（令和3〔2021〕年度〜令和5〔2023〕年度）である。第5期（平成30〔2018〕年度〜令和2〔2020〕年度）においては、障害福祉計画に障害児福祉計画が新たに加わった。

　第6期障害福祉計画・第2期障害児福祉計画の基本的理念は、以下のとおりとなっている。

①障害者等の自己決定の尊重と意思決定の支援

②市町村を基本とした身近な実施主体と障害種別によらない一元的な障害福祉サービスの実施等

③入所等から地域生活移行への移行、地域生活の継続の支援、就労支援等の課題に対応したサービス提供体制の整備

④地域共生社会の実現に向けた取り組み

⑤障害児の健やかな育成のための発達支援

⑥障害福祉人材の確保

⑦障害者の社会参加を支える取り組み

　また、障害福祉サービスの提供体制の確保に関する基本的な考え方は、以下が示されている。

①全国で必要とされる訪問系サービスの保障

＊1
収入がおおむね600万円以下の世帯が対象。ただし、20歳以上の入所施設利用者、グループホーム利用者を除く（上記の者が市町村民税課税世帯の場合は、「一般2」の区分となる）。

＊2
3人世帯で障害基礎年金1級受給の場合、収入がおおむね300万円以下の世帯が対象。

②希望する障害者等への日中活動系サービスの保障

③グループホーム等の充実及び地域生活支援拠点等の整備と機能の充実

④福祉施設から一般就労への移行等の推進

⑤強度行動障害や高次脳機能障害を有する障害者に対する支援体制の充実

⑥依存症対策の推進

第6期障害福祉計画と、第2期障害児福祉計画の基本指針に定める目標値は、**表2－2－1**のとおりである。

〈表2－2－1〉第6期障害福祉計画と第2期障害児福祉計画の成果目標

	成果目標	基本指針に定める目標値
1	福祉施設の入所者の地域生活への移行	1．令和5年度末における地域生活に移行する者の目標値を設定する。当該目標値の設定にあたっては、令和元年度末時点の施設入所者数の6％以上が地域生活へ移行することを基本とする。 2．令和5年度末の施設入所者数を令和元年度末時点の施設入所者数から1.6％以上削減することを基本とする。
2	精神障害にも対応した地域包括ケアシステムの構築	1．精神障害者の精神病床から退院後1年以内の地域における平均生活日数 2．精神病床における1年以上長期入院患者数（65歳以上、65歳未満） 3．精神病床における早期退院率（入院後3か月時点、入院後6か月時点、入院後1年時点）
3	地域生活支援拠点等が有する機能の充実	地域生活支援拠点等について、令和5年度末までに各市町村または各圏域に1つ以上の地域生活支援拠点等を確保しつつ、その機能の充実のため、年1回以上運用状況を検証及び検討することを基本とする。
4	福祉施設から一般就労への移行等	福祉施設の利用者のうち、就労移行支援事業等（生活介護、自立訓練、就労移行支援、就労継続支援を行う事業をいう）を通じて、令和5年度中に一般就労に移行する者の目標値を設定する。当該目標値の設定にあたっては、令和元年度の一般就労への移行実績の1.27倍以上とすることを基本とする。
5	障害児支援の提供体制の整備等	1．重層的な地域支援体制の構築をめざすための児童発達支援センターの設置及び保育所等訪問支援の充実 　令和5年度末までに、児童発達支援センターを各市町村に少なくとも1か所以上設置することを基本とする。市町村単独での設置が困難な場合には、圏域での設置であっても差し支えない。 4．医療的ケア児支援のための関係機関の協議の場の設置及びコーディネーターの配置 　令和5年度末までに、各都道府県、各圏域及び各市町村において、保健、医療、障害福祉、保育、教育等の関係機関等が連携を図るための協議の場を設けるとともに、医療的ケア児等に関するコーディネーターを配置することを基本とする。市町村単独での設置が困難な場合には都道府県が関与した上での、圏域での設置であっても差し支えない。
6	相談支援体制の充実・強化等	令和5年度末までに、各市町村または各圏域において、総合的・専門的な相談支援の実施（障害の種別や各種のニーズに対応できる総合的・専門的な相談支援の実施の見込みを設定）及び地域の相談支援体制の強化（地域の相談支援事業者に対する訪問等による専門的な指導・助言件数の見込み、地域の相談支援事業者の人材育成の支援件数の見込み、地域の相談機関との連携強化の取り組みの実施回数の見込みの設定）を実施する体制を確保することを基本とする。
7	障害福祉サービス等の質を向上させるための取り組みに係る体制の構築	令和5年度末までに、障害福祉サービス等の質を向上させるための取り組みに関する事項（障害福祉サービス等にかかる各種研修の活用、障害者自立支援審査支払等システムによる審査結果の共有、指導監査結果の関係市町村との共有）を実施する体制を構築することを基本とする。

（出典）厚生労働省資料をもとに一部改変

3 最近の動向

　平成24（2012）年度の改正時、障害者総合支援法の附則第 3 条においては、「この法律の施行後 3 年を目途として、（略）常時介護を要する障害者等に対する支援、障害者等の移動の支援、障害者の就労の支援その他の障害福祉サービスの在り方、障害支援区分の認定を含めた支給決定の在り方、障害者の意思決定支援の在り方、障害福祉サービスの利用の観点からの成年後見制度の利用促進の在り方、手話通訳等を行う者の派遣その他の聴覚、言語機能、音声機能その他の障害のため意思疎通を図ることに支障がある障害者等に対する支援の在り方、精神障害者及び高齢の障害者に対する支援の在り方等について検討を加え、その結果に基づいて、所要の措置を講ずるもの」とされていた。

　これを受けて、「障害福祉サービスの在り方等に関する論点整理のためのワーキンググループ」が、平成26（2014）年12月から平成27（2015）年 4 月に開催され、見直しの論点が整理された。さらに、社会保障審議会障害者部会で平成27（2015）年 4 月から計19回にわたり検討を行い、今後の取り組みについて取りまとめられた。

　平成28（2016）年 3 月、障害者総合支援法及び児童福祉法の一部を改正する法律案が第190回通常国会に提出され、5 月に成立し 6 月に公布された。一部を除いて、平成30（2018）年 4 月から施行された。

　平成30（2018）年度障害福祉サービス等報酬改定では、障害者の重度化・高齢化への対応、医療的ケア児への支援や就労支援サービスの質の向上などの課題への対応、改正障害者総合支援法等（平成28〔2016〕年 5 月成立）により創設された新サービスの報酬・基準の設定が行われ、改定率は＋0.47％であった。

　また、令和 3（2021）年度の報酬改定は、障害者の重度化・高齢化をふまえた地域移行・地域生活の支援、相談支援の質の向上、効果的な就労支援、医療的ケア児への支援などの障害児支援の推進、感染症等への対応力の強化などの課題に対応するもので、その改定率は＋0.56％となった。

第2節 障害者総合支援法のサービス体系

　障害者総合支援法において「障害福祉サービス」とは、居宅介護、重度訪問介護、同行援護、行動援護、療養介護、生活介護、短期入所、重度障害者等包括支援、施設入所支援、自立訓練、就労移行支援、就労継続支援、就労定着支援、自立生活援助及び共同生活援助をいい、「障害福祉サービス事業」とは、障害福祉サービスを行う事業とされている。
　障害者総合支援法の各サービスは、障害者を支援するために、義務的経費である**自立支援給付**（介護給付と訓練等給付等）と裁量的経費である**地域生活支援事業**に大きく分けられる（**図2－2－4**）。

〈図2－2－4〉障害者総合支援法による総合的な自立支援システム

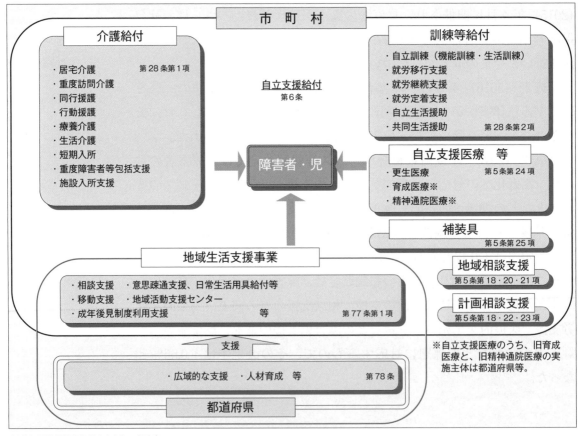

（出典）厚生労働省資料をもとに一部改変

1 介護給付費

介護給付費は、居宅介護、重度訪問介護、同行援護、行動援護、療養介護、生活介護、短期入所、重度障害者等包括支援、施設入所支援を受けたときに支給される。

（1）居宅介護

障害者等に対し、居宅において入浴、排泄または食事の介護その他の厚生労働省令で定める便宜[*3]を供与することをいう（障害者総合支援法第5条第2項）。

（2）重度訪問介護

重度の肢体不自由者その他の障害者であって常時介護を要するものとして厚生労働省令で定めるもの[*4]に対し、居宅における入浴、排泄または食事の介護その他の厚生労働省令で定める便宜[*5]及び外出時における移動中の介護を総合的に供与することをいう（法第5条第3項）。

平成26（2014）年度からは知的障害者及び精神障害者にも拡大された。また、平成30（2018）年度からは、入院中の医療機関でも利用者の状態を熟知している訪問介護員（ホームヘルパー）からの支援が受けられるなど、訪問先が拡大された。

（3）同行援護

視覚障害により、移動に著しい困難を有する障害者等に対し、外出時において、当該障害者等に同行し、移動に必要な情報を提供するとともに、移動の援護その他の厚生労働省令で定める便宜[*6]を供与することをいう（法第5条第4項）。

（4）行動援護

知的障害または精神障害により行動上著しい困難を有する障害者等であって常時介護を要するものに対し、当該障害者等が行動する際に生じ得る危険を回避するために必要な援護、外出時における移動中の介護その他の厚生労働省令で定める便宜[*7]を供与することをいう（法第5条第5項）。

*3
調理、洗濯及び掃除等の家事ならびに生活等に関する相談及び助言その他の生活全般にわたる援助（障害者総合支援法施行規則第1条の3）。

*4
重度の肢体不自由者または重度の知的障害もしくは精神障害により行動上著しい困難を有する障害者であって、常時介護を要するもの（施行規則第1条の4）。

*5
*3と同じ。

*6
排泄及び食事等の介護その他の当該障害者等の外出時に必要な援助（施行規則第1条の5）。

*7
排泄及び食事等の介護その他の当該障害者等が行動する際に必要な援助（施行規則第2条）。

＊8
機能訓練、療養上の管理、看護及び医学的管理の下における介護その他必要な医療ならびに日常生活上の世話を要する障害者であって、常時介護を要するもの（施行規則第2条の2）。

＊9
入浴、排泄及び食事等の介護、創作的活動及び生産活動の機会の提供その他の支援を要する障害者であって、常時介護を要するもの（施行規則第2条の4）。

＊10
便宜を適切に供与することができる施設（施行規則第2条の5）。

＊11
調理、洗濯及び掃除等の家事、生活等に関する相談及び助言その他の必要な日常生活上の支援ならびに身体機能または生活能力の向上のために必要な支援（施行規則第2条の6）。

＊12
児童福祉施設、便宜の供与を適切に行うことができる施設（施行規則第5条）。

＊13
その他の必要な支援（施行規則第6条）。

＊14
意思疎通を図ることに著しい支障があるもののうち、四肢のまひ及び寝たきりの状態にあるものならびに知的障害または精神障害により行動上著しい困難を有するもの（施行規則第6条の2）。

＊15
重度訪問介護、同行援護、行動援護、生活介護、短期入所、自立訓練、就労移行支援、就労継続支援、就労定着支援、自立生活援助及

（5）療養介護

医療を要する障害者であって常時介護を要するものとして厚生労働省令で定めるもの[*8]に対し、主として昼間において、病院その他の厚生労働省令で定める施設において行われる機能訓練、療養上の管理、看護、医学的管理の下における介護及び日常生活上の世話の供与をいい、「療養介護医療」とは、療養介護のうち医療に係るものをいう（法第5条第6項）。

（6）生活介護

常時介護を要する障害者として厚生労働省令で定める者[*9]に対し、主として昼間において、障害者支援施設その他の厚生労働省令で定める施設[*10]において行われる入浴、排泄または食事の介護、創作的活動または生産活動の機会の提供その他の厚生労働省令で定める便宜[*11]を供与することをいう（法第5条第7項）。

（7）短期入所

居宅においてその介護を行う者の疾病その他の理由により、障害者支援施設その他の厚生労働省令で定める施設[*12]への短期間の入所を必要とする障害者等に対し、当該施設に短期間の入所をさせ、入浴、排泄または食事の介護その他の厚生労働省令で定める便宜[*13]を供与することをいう（法第5条第8項）。

（8）重度障害者等包括支援

常時介護を要する障害者等であって、その介護の必要の程度が著しく高いものとして厚生労働省令で定めるもの[*14]に対し、居宅介護その他の厚生労働省令で定める障害福祉サービス[*15]を包括的に提供することをいう（法第5条第9項）。

（9）施設入所支援

その施設に入所する障害者に対し、主として夜間において、入浴、排泄または食事の介護その他の厚生労働省令で定める便宜[*16]を供与することをいう（法第5条第10項）。

（10）障害者支援施設

障害者に対し、施設入所支援を行うとともに、施設入所支援以外の施設障害福祉サービスを行う施設をいう（法第5条第11項）。

2 訓練等給付費

訓練等給付費は、自立訓練（機能訓練・生活訓練）、就労移行支援、就労選択支援、就労継続支援、就労定着支援、自立生活援助、共同生活援助を受けたときに支給されるものである。

（1）自立訓練

障害者に対し、自立した日常生活または社会生活を営むことができるよう、厚生労働省令で定める期間[17]にわたり、身体機能または生活能力の向上のために必要な訓練その他の厚生労働省令で定める便宜[18]を供与することをいう（法第5条第12項）。

（2）就労移行支援

就労を希望する障害者に対し、厚生労働省令で定める期間[19]にわたり、生産活動その他の活動の機会の提供を通じて、就労に必要な知識及び能力の向上のために必要な訓練その他の厚生労働省令で定める便宜[20]を供与することをいう[21]（法第5条第13項）。

（3）就労選択支援

就労を希望する障害者、または就労の継続を希望する障害者に対し、就労移行支援もしくは就労継続支援を受けることまたは通常の事業所に雇用されることについて、当該者による適切な選択のための支援を必要とするものとして厚生労働省令で定める者につき、短期間の生産活動その他の活動の機会の提供を通じて、就労に関する適性、知識及び能力の評価並びに就労に関する意向及び就労するために必要な配慮その他の厚生労働省令で定める事項の整理を行い、またはこれに併せて、当該評価及び当該整理の結果に基づき、適切な支援の提供のために必要な障害福祉サービス事業を行う者等との連絡調整その他の厚生労働省令で定める便宜を供与することをいう[22]。

（4）就労継続支援

通常の事業所に雇用されることが困難な障害者に対し、就労の機会を提供するとともに、生産活動その他の活動の機会の提供を通じて、その知識及び能力の向上のために必要な訓練その他の厚生労働省令で定める便宜[23]を供与することをいう[24]（法第5条第14項）。

び共同生活援助（施行規則第6条の3）。

[16]
生活等に関する相談及び助言その他の必要な日常生活上の支援（施行規則第6条の5）。

[17]
自立訓練（機能訓練）は1年6か月間（頸髄損傷による四肢のまひその他これに類する状態にある障害者にあっては、3年間）。自立訓練（生活訓練）は2年間（長期間入院していたその他これに類する事由のある障害者にあっては、3年間）（施行規則第6条の6）。

[18]
理学療法、作業療法その他必要なリハビリテーション、生活等に関する相談及び助言その他の必要な支援（機能訓練）、入浴、排泄及び食事等に関する自立した日常生活を営むために必要な訓練、生活等に関する相談及び助言その他の必要な支援（生活訓練）（施行規則第6条の7）。

[19]
2年間。ただし、もっぱらあん摩マッサージ指圧師、はり師またはきゅう師の資格を取得させることを目的とする便宜を供与する場合にあっては、3年または5年（施行規則第6条の8）。

[20]
生産活動、職場体験その他の活動の機会の提供その他の就労に必要な知識及び能力の向上のために必要な訓練、求職活動に関する支援、その適性に応じた職場の開拓、就職後における職場への定着のために必要な相談その他の必要な支援（施行規則第6条の9）。

＊21
本書第２部第３章第３
節１（1）参照。

＊22
施行期日は公布（令和
４〔2022〕年12月）
後３年以内である。法
第５条第13項に規定さ
れ、現行の同上第13項
は第14項へと、以下１
項ずつ繰り下げられる。
また、同法施行規則は
令和６年に改正される
見込みである。

＊23
その他の就労に必要な
知識及び能力の向上の
ために必要な訓練その
他の必要な支援（施行
規則第６条の10）。

＊24
本書第２部第３章第３
節１（2）（3）参照。

＊25
本書第２部第３章第３
節１（4）参照。

（5）就労定着支援

　就労に向けた一定の支援を受けて通常の事業所に新たに雇用された障害者に対し、一定の期間にわたって当該事業所での就労の継続を図るために必要な事業主、障害福祉サービス事業を行う者、医療機関等との連絡調整等の便宜を供与することをいう[25]（法第５条第15項）。

（6）自立生活援助

　施設入所支援または共同生活援助を受けていた障害者等が居宅における自立した日常生活を営む上での問題について、一定の期間にわたり、定期的な巡回訪問により、または随時通報を受け、当該障害者からの相談に応じ、必要な情報の提供及び助言等の援助を行うことをいう（法第５条第16項）。

（7）共同生活援助

　障害者に対し、主として夜間において、共同生活を営むべき住居において相談、入浴、排泄、食事の介護その他の日常生活上の援助を行うことをいう（法第５条第17項）。なお、平成26（2014）年４月より従来の「共同生活介護」が共同生活援助に統合された。

3 自立支援医療費

＊26
更生医療、育成医療、
精神通院医療（施行規
則第１条の２）。

　障害者等に対し、その心身の障害の状態の軽減を図り、自立した日常生活または社会生活を営むために必要な医療であって政令で定めるもの[26]をいう（法第５条第24項）。

　障害者に対する公費負担医療制度は、身体障害者福祉法に基づく更生医療、児童福祉法に基づく育成医療、精神保健福祉法に基づく精神通院医療の３種類があった。障害者自立支援法（現　障害者総合支援法）の制定により、平成18（2006）年４月から自立支援給付の中の自立支援医療として位置付けられた。**自立支援医療**は、医療費と所得の双方に着目した自己負担の仕組みとして障害者の負担の公平を図るため、自己負担は定率１割負担となっているが、負担水準への配慮として、低所得世帯に属する者については、月当たりの負担額に上限が設定されている。また、一定の負担能力のある者であっても、高額治療継続者（いわゆる重度かつ継続）に該当する場合には、継続的に相当額の医療費負担が発生することから、月当たりの負担額に上限が設定されている。

　平成22（2010）年の障害者自立支援法の改正により、自立支援医療

費の支給について、障害福祉サービスと同様、負担能力に応じたもの（応能負担）を原則とすることとなった。

（1）更生医療

　平成18（2006）年４月に障害者自立支援法の自立支援医療に再編された。対象者は身体障害者福祉法に基づき身体障害者手帳の交付を受けた者で、その障害を除去・軽減する手術等の治療により確実に効果が期待できる者（18歳以上）であり、対象となる疾病の範囲は、これまでの制度と同じである。

　身体障害者の職業能力を向上させ、あるいは日常生活を容易にするために、身体の機能障害部位に対して行われる医療が**更生医療**である。その意味で一般疾病に対して行われる治療的医療と区別される。これは高度の医学的技術を駆使して行われるもので、医療機関を都道府県知事・指定都市長・中核市長が指定してこれにあたっている。

（2）育成医療

　平成18（2006）年４月に障害者自立支援法の自立支援医療に再編されたが、対象はこれまでの制度と同様に身体に障害を有する児童で、その障害を除去・軽減する手術等の治療により確実に効果が期待できる者（18歳未満）である。

　早期療育対策としては、比較的短期間の治療により障害が除去・軽減される身体障害児に対して、指定医療機関（更生医療と同一の医療機関）で**育成医療**の給付が行われている。給付対象には、整形外科、眼科、耳鼻咽喉科関係の疾患をはじめとして、先天性の臓器障害、腎不全に対する人工透析、後天性心臓機能障害も含められている。

（3）精神通院医療

　精神障害者への公費負担医療制度（通院医療）は昭和40（1965）年から精神保健福祉法に基づき実施されていた。平成18（2006）年４月の障害者自立支援法の施行に伴って、対象疾病等を変更することなく自立支援医療として再編された。

　精神通院医療とは、統合失調症、精神作用物質による急性中毒、その他の精神疾患を有する者及び通院による精神医療を継続的に要する病状にある者に対し、当該精神障害に起因して生じた病態に対して病院または診療所に入院しないで行われる医療（通院医療）について自立支援医

療費の支給を行うものである。

4 補装具

障害者等の身体機能を補完し、または代替し、かつ、長期間にわたり継続して使用されるものその他の厚生労働省令で定める基準に該当するものとして、義肢、装具、車いすその他の厚生労働大臣が定めるものをいう（法第５条第25項）。

身体障害者の失われた部位や障害機能を補い、日常生活や職業活動を容易にする義肢、車いす、補聴器、盲人安全つえ、装具などの用具を**補装具**という。その給付（交付、修理）は、従来、18歳以上の身体障害者については身体障害者福祉法による援護として、18歳未満の身体障害児については児童福祉法による援護としてそれぞれ、当該身体障害者または身体障害児の保護者からの申請に基づき、市町村が原則として補装具製作業者に委託して行うものであった。

平成18（2006）年10月からは、補装具は障害者自立支援法の自立支援給付の補装具費として位置付けられた。補装具費支給決定書の交付を受けた身体障害者等は、補装具製作業者に補装具費支給券を提出し契約を結んだ上で、補装具の購入または修理を受けることができる。自己負担は定率１割負担となっているが、負担水準への配慮として、低所得世帯に属する者については、月当たりの負担額に上限が設定されている（平成22〔2010〕年４月から利用者負担が無料）。また、日常生活用具との再編見直しで、点字器、歩行補助つえ（一本つえのみ）、収尿器、ストーマ用装具などは、**日常生活用具**へ移行し、重度障害者用意思伝達装置が日常生活用具から補装具に移行された。

平成22（2010）年の障害者自立支援法の改正により、補装具費の支給について、障害福祉サービスと同様、負担能力に応じたもの（応能負担）を原則とすることとなった。

5 相談支援

「相談支援」とは、（１）**基本相談支援**、（２）**地域相談支援**及び（３）**計画相談支援**をいう（**図２－２－５**）。

「（２）地域相談支援」とは、①地域移行支援及び②地域定着支援をいい、「（３）計画相談支援」とは、①サービス利用支援及び②継続サービ

〈図2-2-5〉相談支援の体系

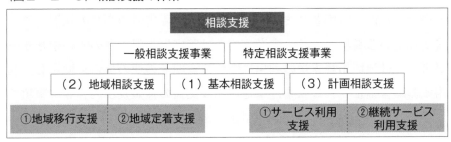

（筆者作成）

ス利用支援をいい、「**一般相談支援事業**」とは、（1）基本相談支援及び（2）地域相談支援のいずれも行う事業をいい、「**特定相談支援事業**」とは、（1）基本相談支援及び（3）計画相談支援のいずれも行う事業とされている（法第5条第18項）。

（1）基本相談支援

　地域の障害者等の福祉に関する各般の問題につき、障害者等、障害児の保護者または障害者等の介護を行う者からの相談に応じ、必要な情報の提供及び助言を行い、あわせてこれらの者と市町村及び指定障害福祉サービス事業者等との連絡調整等の便宜を総合的に行う相談である（法第5条第19項）。

（2）地域移行支援

　障害者支援施設その他の施設に入所している障害者または精神科病院に入院している精神障害者、その他地域生活に移行するために重点的な支援を要する者に対し、住居の確保その他の地域における生活に移行するための活動に関する相談を行う。平成26（2014）年度より、保護施設・矯正施設等を退所する障害者などに対象を拡大した（法第5条第20項）。

（3）地域定着支援

　居宅において単身その他の厚生労働省令で定める状況[28]において生活する障害者に対し、当該障害者との常時の連絡体制を確保し、当該障害者に対し、障害の特性に起因して生じた緊急の事態その他の厚生労働省令で定める場合[29]における相談等を行う（法第5条第21項）。

*28
またはその家族と同居している場合であっても当該家族等が障害、疾病等のため、障害者に対し、当該障害者の家族等による緊急時の支援が見込めない状況（施行規則第6条の13）。

*29
その他の緊急に支援が必要な事態が生じた場合（施行規則第6条の14）。

（4）サービス利用支援

　申請にかかる障害者等または申請にかかる障害者の心身の状況、その置かれている環境、当該障害者等または障害児の保護者の障害福祉サービスまたは地域相談支援の利用に関する意向その他の事情を勘案し、利用する障害福祉サービスまたは地域相談支援の種類及び内容等の事項を定めた計画（サービス等利用計画案）を作成し、支給決定、支給決定の変更の決定、地域相談支援給付決定及び決定変更の決定が行われた後に、指定障害福祉サービス事業者等、指定一般相談支援事業者その他の「関係者」との連絡調整等を行うとともに、当該支給決定等にかかる障害福祉サービスまたは地域相談支援の種類及び内容等の事項を記載した計画（サービス等利用計画）を作成する（法第5条第22項）。

（5）継続サービス利用支援

　支給決定を受けた障害者もしくは障害児の保護者または地域相談支援給付決定を受けた障害者が、地域相談支援給付決定の有効期間内において継続して障害福祉サービスまたは地域相談支援を適切に利用することができるよう、当該支給決定障害者等または地域相談支援給付決定障害者に係るサービス等利用計画が適切であるかどうかにつき、厚生労働省令で定める期間ごとに、当該支給決定障害者等の障害福祉サービスまたは当該地域相談支援給付決定障害者の地域相談支援の利用状況を検証し、その結果及び当該支給決定にかかる障害者等または当該地域相談支援給付決定に係る障害者の心身の状況、その置かれている環境、当該障害者等または障害児の保護者の障害福祉サービスまたは地域相談支援の利用に関する意向その他の事情を勘案し、サービス等利用計画の見直しを行い、その結果に基づき、次のいずれかを行うものである。

　①　サービス等利用計画を変更するとともに、関係者との連絡調整等を行うこと。
　②　新たな支給決定もしくは地域相談支援給付決定または支給決定の変更の決定もしくは地域相談支援給付決定の変更の決定が必要であると認められる場合において、当該支給決定等に係る障害者または障害児の保護者に対し、支給決定等に係る申請の勧奨を行うこと（同法第5条第23項）。

　サービス等利用計画により障害者のニーズに基づいたサービス提供が可能となり、サービス等利用計画案は市町村の支給決定の根拠となっている。また、サービス等利用計画は、平成24（2012）年度から障害福

＊30
1　支給決定または支給決定の変更によりサービスの種類、内容または量に著しく変動があった者：1か月間。
2　療養介護、重度障害者等包括支援及び施設入所支援を除く障害福祉サービスを利用する者または地域定着支援を利用する者：1か月間。
3　療養介護、重度障害者等包括支援及び施設入所支援を除く障害福祉サービスを利用する者：3か月間。
4　療養介護、重度障害者等包括支援もしくは施設入所支援を利用する者、療養介護、重度障害者等包括支援及び施設入所支援を除く障害福祉サービスを利用する者もしくは地域定着支援を利用する者又は地域移行支援を利用する者：6か月間。
（施行規則第6条の16）

〈図2－2－6〉支給決定プロセスの見直し等

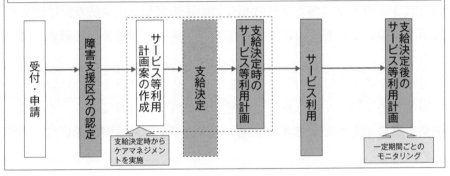

○市町村は、必要と認められる場合として省令で定める場合には、指定を受けた特定相談支援事業者が作成するサービス等利用計画案の提出を求め、これを勘案して支給決定を行うこととする。
　＊上記の計画案に代えて、省令で定める計画案（セルフケアプラン等）を提出できることとする。
　＊特定相談支援事業者の指定は、総合的に相談支援を行う者として省令で定める基準に該当する者について市町村が指定することとする。
　＊サービス等利用計画作成対象者を拡大する。
○支給決定時のサービス等利用計画の作成、及び支給決定後のサービス等利用計画の見直し（モニタリング）について、計画相談支援給付費を支給する。
○障害児についても、新たに、児童福祉法に基づき、市町村が指定する「指定障害児相談支援事業者」が、通所サービスの利用にかかる障害児支援利用計画（障害者のサービス等利用計画に相当）を作成することとする。
　＊障害児の居宅介護等の居宅サービスについては、障害者総合支援法に基づき、「指定特定相談支援事業者」がサービス等利用計画を作成（障害児にかかる計画は、同一事業者が一体的（通所・居宅）に作成するようにする方向で検討）。
　＊障害児の入所サービスについては、児童相談所が専門的な判断を行うため、障害児支援利用計画の作成対象外。

受付・申請 → 障害支援区分の認定 → サービス等利用計画案の作成 → 支給決定 → 支給決定時のサービス等利用計画 → サービス利用 → 支給決定後のサービス等利用計画

支給決定時からケアマネジメントを実施

一定期間ごとのモニタリング

（出典）厚生労働省資料をもとに一部改変

祉サービスを利用しているすべての障害児・者に作成されることとされている（**図2－2－6**）。

6 地域生活支援事業

　地域の特性や利用者の状況に応じて柔軟に実施することにより、効率的・効果的な事業実施が可能である各種の事業を地域生活支援事業に位置付けている。障害福祉サービス等の個別給付は全国どこでも一定の水準でサービスが提供されるよう、国が基本的な基準を定め、かかる費用についても義務的に負担することにしているのに対し、**地域生活支援事業**については、具体的なサービスの内容、利用手続き、報酬や利用者負担の基準等は事業を実施する市町村・都道府県の実情に応じてそれぞれ定めることとしている。

　また、市町村の事業費に対しては国が2分の1以内及び都道府県が4分の1以内で、都道府県の事業費に対しては国が2分の1以内でそれぞれ補助を行うことができるとされているが、補助金の執行にあたっては

地方分権推進の観点から統合補助金化、国が事業ごとの補助基準を設けず地方自治体において柔軟に執行が可能なものとしている。

障害者総合支援法の施行により、市町村が実施する地域生活支援事業の必須事業として、以下の事業が追加された。

①障害者に対する理解を深めるための研修・啓発

②障害者やその家族、地域住民等が自発的に行う活動に対する支援

③市民後見人等の人材の育成・活用を図るための研修

④意思疎通支援を行う者の養成

また、意思疎通支援を行う者の養成または派遣のうち、特に専門性の高い意思疎通支援を行う者を養成し、または派遣する事業、意思疎通支援を行う者の派遣に係る市町村相互間の連絡調整等広域的な対応が必要な事業について、都道府県が実施する地域生活支援事業の必須事業に追加された。

対象となる事業は、市町村と都道府県が必ず取り組まなければならない事業（必須事業）のほか、市町村と都道府県の判断により、その他の事業を実施することができ、地域生活支援事業実施要綱において事業を定めている。

このうち、市町村の必須事業は、理解促進研修・啓発事業、自発的活動支援事業、相談支援事業、成年後見制度利用支援事業、成年後見制度法人後見支援事業、意思疎通支援事業、日常生活用具給付等事業、手話奉仕員養成研修事業、移動支援事業、地域活動支援センター機能強化事業となっている。また、都道府県の必須事業は、専門性の高い相談支援事業等、広域的な対応が必要な事業となっている。

以下、市町村必須事業のうち主な事業について概説する。

（1）相談支援事業

相談支援事業については、市町村と都道府県に実施主体が分かれていた状況が改められ、障害種別にかかわらず、市町村が一元的に実施することとなった。特に知的障害者、精神障害者、児童については、都道府県において実施されてきたものを、身体障害者同様に障害者が住む最も身近な市町村において支援が受けられるよう、市町村の責務として相談支援事業が必須事業とされた。

相談支援事業の一つである「**基幹相談支援センター**[*31]等機能強化事業」は、市町村の相談支援事業が円滑に行われるために特に必要とされる専門的職員（社会福祉士、保健師、精神保健福祉士など）を配置するとい

*31
基幹相談支援センターは、障害者総合支援法第77条の2に規定され、地域における相談支援の中核的な役割を担う機関として位置付けられている。市町村による任意設置とされ、市町村の委託を受けた社会福祉法人やNPO法人等が実施することもできる。障害者からの相談に応じ、情報提供を行うほか、地域の相談支援事業者間の連絡調整や、関係機関との連携支援など、基幹相談支援センターが担う役割や期待は大きい。

うものである。

（2）成年後見制度利用支援事業

　障害福祉サービスを利用または利用しようとする重度の知的障害者または精神障害者であり、後見人等の報酬等必要となる経費の一部について、助成を受けなければ成年後見制度の利用が困難であると認められる者に対して、成年後見制度の申し立てに要する経費（登記手数料、鑑定費用等）や後見人等報酬の全部または一部を助成することにより、成年後見制度の利用促進を図るための事業である。この事業を利用することにより障害者は障害福祉サービスの利用契約の締結等を適切に行うことができるようになる。この事業の相談窓口は、市町村（または市町村から委託された相談支援事業者等）である。

（3）意思疎通支援事業

　聴覚、言語機能、音声機能、視覚等の障害のため、意思疎通を図ることに支障がある者とその他の者の意思疎通を仲介するために、手話通訳や要約筆記、点訳等を行う者の派遣を行う。

（4）日常生活用具給付等事業

　障害者の日常生活上の便宜を図るための用具を給付または貸与する事業である。この事業は、重度身体障害者日常生活用具給付等事業として昭和44（1969）年度に創設された。

　平成18（2006）年10月から、障害者自立支援法の地域生活支援事業に位置付けられ、市町村が実施主体として実施することになり、現在に至っている。

　給付にあたっては、市町村がその必要性や価格、家庭環境等をよく調査し、真に必要な者に対して、適正な用具をより低廉な価格で購入し給付することとされている。

　また、補装具との再編見直しで、点字器、歩行補助つえ（一本つえのみ）、収尿器、ストーマ用装具などは日常生活用具へ移行し、重度障害者用意思伝達装置が日常生活用具から補装具に移行され、浴槽（湯沸器）、パーソナルコンピューターは廃止された。

　なお、日常生活用具は、①日常生活上の便宜を図るための用具であり、安全かつ容易に使用できるもので、実用性が認められるもの、②日常生活上の困難を改善し、自立を支援し、社会参加を促進するもの、③製作

や改良、開発にあたって障害に関する専門的な知識や技術を要するもので、日常生活品として一般的に普及していないものといった3要素を満たすもので、介護・訓練支援用具、自立生活支援用具、在宅療養等支援用具、情報・意思疎通支援用具、排泄管理支援用具、居宅生活動作補助用具の6種類の用具が給付または貸与の対象品目とされている。

（5）移動支援事業

　障害者等が円滑に外出することができるよう、障害者等の移動を支援する事業をいう（法第5条第26項）。

　移動支援は、屋外での移動が困難な障害のある者について、外出のための支援を行う事業である。支援費制度において、居宅介護等事業（ホームヘルプサービス）の一環として実施していた外出時の移動の介護（ガイドヘルプ）のうち、障害福祉サービスに位置付けられた通院介助、重度訪問介護、行動援護、重度障害者等包括支援を除くサービスがこれに位置付けられたほか、グループによる支援、車両を用いた外出の支援など、障害者の社会参加の推進のための多様な支援が行われている。平成24（2012）年度から障害者自立支援法の改正により、視覚障害者の移動支援が「同行援護」として法律に位置付けられ、個別給付化されている。

（6）地域活動支援センター機能強化事業

　障害者等が通い、地域の実情に応じ、創作的活動または生産活動の機会の提供、社会との交流の促進等の便宜を供与する**地域活動支援センター**の機能を充実強化し、もって障害者等の地域生活支援の促進を図ることを目的とする事業である。例えば、地域活動支援センターⅠ型に専門職員（精神保健福祉士等）を配置し、医療・福祉及び地域の社会基盤との連携強化のための調整、地域住民ボランティア育成、障害に対する理解促進を図るための普及啓発等の事業を実施する。地域活動支援センターⅡ型では、地域において雇用・就労が困難な在宅障害者に対し、機能訓練、社会適応訓練、入浴等のサービスを実施するなどが考えられる。

第3節 身体障害者の福祉

1 身体障害者福祉法制定の背景等

　昭和24（1949）年、**身体障害者福祉法**は、戦争で負傷した人たちを対象に、その更生をめざして制定され、昭和25（1950）年に施行された。当時の法の目的規定は、「身体障害者の更生を援助し、その更生のために必要な保護を行い、もって身体障害者の福祉を図ることを目的とする」だった。その更生とは、もっぱら職業復帰を目的とするものであった。

　昭和42（1967）年に身体障害者福祉法が改正され、法の目的を「身体障害者の生活の安定に寄与するなどその福祉の増進を図る」などとした。

　昭和45（1970）年には心身障害者対策基本法（現 障害者基本法）が制定され、身体障害を含む障害者福祉施策の総合的な推進が図られた。

　平成2（1990）年の福祉8法改正では、法の目的が「自立と社会経済活動への参加を促進する」となり、現行法まで引き継がれている。また、実施主体が住民に身近な市町村に移り、居宅生活支援事業（身体障害者へのホームヘルプサービス、デイサービス、ショートステイ）などが法に規定され、在宅福祉がめざされた。

　平成12（2000）年に身体障害者福祉法が一部改正され、従来の措置制度から契約制度（支援費制度）となり、平成15（2003）年度に施行された。

　平成18（2006）年、三障害を統合して一元的にサービスを提供する障害者自立支援法がスタートした。これにより、身体障害者福祉法に規定されていた多くのサービスは障害者自立支援法に移行した。

2 身体障害者福祉法の概要

（1）法の目的

　この法律は、「障害者の日常生活及び社会生活を総合的に支援するための法律」（障害者総合支援法）と相まって、身体障害者の自立と社会経済活動への参加を促進するため、身体障害者を援助し、及び必要に応じて保護し、もって身体障害者の福祉の増進を図ることを目的とする（第1条）。

（2）理念（自立への努力及び機会の確保）

　すべて身体障害者は、自ら進んでその障害を克服し、その有する能力を活用することにより、社会経済活動に参加することができるように努めなければならない（第2条第1項）。

　すべて身体障害者は、社会を構成する一員として社会、経済、文化その他あらゆる分野の活動に参加する機会を与えられるものとする（第2条第2項）。

（3）身体障害者の定義

　身体障害者福祉法において「身体障害者」とは、**表2−2−2**の身体上の障害がある18歳以上の者であって、都道府県知事から身体障害者手帳の交付を受けた者をいう（第4条）。

　18歳未満の者については、児童福祉法の対象である。[32]18歳未満の身体障害児も含めて**身体障害者手帳**が交付される。原則として手帳の有効期限はないが、更新が必要な場合もある。

　具体的な身体障害は、①視覚障害、②聴覚または平衡機能障害、③音声、言語またはそしゃくの機能の障害、④肢体不自由、⑤心臓、じん臓、呼吸器、その他（ぼうこう、直腸、小腸）の機能障害、ヒト免疫不全ウイルスによる免疫機能障害及び肝臓機能障害である。

（4）実施機関等

❶市町村

　身体障害者福祉法においては、「身体障害者又は介護を行う者に対する援護は、その身体障害者の居住地の市町村が行うものとする。ただし、身体障害者が居住地を有しないか、又は明らかでない者であるときは、その身体障害者の現在地の市町村が行なうもの」とされている（第9条第1項）。

　市町村は、この法律の施行に関し、次の業務を行わなければならない（第9条第5項）。

- ・身体に障害のある者を発見し、またはその相談に応じて、その福祉の増進を図るために必要な指導を行うこと
- ・身体障害者の福祉に関し、必要な情報の提供を行うこと
- ・身体障害者の相談に応じ、その生活の実情、環境等を調査し、更生援護の必要の有無及びその種類を判断し、本人に対して、直接に、または間接に、社会的更生の方途を指導することならびにこれに付

*32
本書第2部第4章第1
節参照。

随する業務を行うこと

また、市町村の設置する福祉事務所にも**身体障害者福祉司**[33]を置くことができる。

❷身体障害者更生相談所

専門的相談支援機関として、都道府県及び指定都市に**身体障害者更生相談所**が設置されている。

医学的、心理的、職能的な専門的判定のほか、市町村の援護の実施に関し、市町村相互間の連絡調整、市町村に対する情報の提供、市町村や事業所への技術的援助・助言などを行っている。また、都道府県は、その設置する身体障害者更生相談所に、身体障害者福祉司を置かなければならない。

〈表2-2-2〉**身体障害者障害程度等級表**

級別	視覚障害	聴覚又は平衡機能の障害		音声機能、言語機能又はそしゃく機能の障害
		聴覚障害	平衡機能障害	
1級	両眼の視力（万国式試視力表によって測ったものをいい、屈折異常のある者については、きょう正視力について測ったものをいう。以下同じ。）の和が0.01以下のもの			
2級	1 両眼の視力の和が0.02以上0.04以下のもの 2 両眼の視野がそれぞれ10度以内でかつ両眼による視野について視能率による損失率が95パーセント以上のもの	両耳の聴力レベルがそれぞれ100デシベル以上のもの（両耳全ろう）		
3級	1 両眼の視力の和が0.05以上0.08以下のもの 2 両眼の視野がそれぞれ10度以内でかつ両眼による視野について視能率による損失率が90パーセント以上のもの	両耳の聴力レベルが90デシベル以上のもの（耳介に接しなければ大声語を理解し得ないもの）	平衡機能の極めて著しい障害	音声機能、言語機能又はそしゃく機能の喪失
4級	1 両眼の視力の和が0.09以上0.12以下のもの 2 両眼の視野がそれぞれ10度以内のもの	1 両耳の聴力レベルがそれぞれ80デシベル以上のもの（耳介に接しなければ話声語を理解し得ないもの） 2 両耳による普通話声の最良の語音明瞭度が50パーセント以下のもの		音声機能、言語機能又はそしゃく機能の著しい障害
5級	1 両眼の視力の和が0.13以上0.2以下のもの 2 両眼による視野の2分の1以上が欠けているもの		平衡機能の著しい障害	
6級	一眼の視力が0.02以下、他眼の視力が0.6以下のもので、両眼の視力の和が0.2を超えるもの	1 両耳の聴力レベルが70デシベル以上のもの（40センチメートル以上の距離で発声された会話語を理解し得ないもの） 2 一側耳の聴力レベルが90デシベル以上、他側耳の聴力レベルが50デシベル以上のもの		

（次頁に続く）

第2部 第2章

級別	肢体不自由			乳幼児期以前の非進行性の脳病変による運動機能障害	
	上肢	下肢	体幹	上肢機能	移動機能
1級	1 両上肢の機能を全廃したもの 2 両上肢を手関節以上で欠くもの	1 両下肢の機能を全廃したもの 2 両下肢を大腿の2分の1以上で欠くもの	体幹の機能障害により坐っていることができないもの	不随意運動・失調等により上肢を使用する日常生活動作がほとんど不可能なもの	不随意運動・失調等により歩行が不可能なもの
2級	1 両上肢の機能の著しい障害 2 両上肢のすべての指を欠くもの 3 一上肢を上腕の2分の1以上で欠くもの 4 一上肢の機能を全廃したもの	1 両下肢の機能の著しい障害 2 両下肢を下腿の2分の1以上で欠くもの	1 体幹の機能障害により坐位又は起立位を保つことが困難なもの 2 体幹の機能障害により立ち上がることが困難なもの	不随意運動・失調等により上肢を使用する日常生活動作が極度に制限されるもの	不随意運動・失調等により歩行が極度に制限されるもの
3級	1 両上肢のおや指及びひとさし指を欠くもの 2 両上肢のおや指及びひとさし指の機能を全廃したもの 3 一上肢の機能の著しい障害 4 一上肢のすべての指を欠くもの 5 一上肢のすべての指の機能を全廃したもの	1 両下肢をショパー関節以上で欠くもの 2 一下肢を大腿の2分の1以上で欠くもの 3 一下肢の機能を全廃したもの	体幹の機能障害により歩行が困難なもの	不随意運動・失調等により上肢を使用する日常生活動作が著しく制限されるもの	不随意運動・失調等により歩行が家庭内での日常生活活動に制限されるもの
4級	1 両上肢のおや指を欠くもの 2 両上肢のおや指の機能を全廃したもの 3 一上肢の肩関節、肘関節又は手関節のうち、いずれか一関節の機能を全廃したもの 4 一上肢のおや指及びひとさし指を欠くもの 5 一上肢のおや指及びひとさし指の機能を全廃したもの 6 おや指又はひとさし指を含めて一上肢の三指を欠くもの 7 おや指又はひとさし指を含めて一上肢の三指の機能を全廃したもの 8 おや指又はひとさし指を含め一上肢の四指の機能の著しい障害	1 両下肢のすべての指を欠くもの 2 両下肢のすべての指の機能を全廃したもの 3 一下肢を下腿の2分の1以上で欠くもの 4 一下肢の機能の著しい障害 5 一下肢の股関節又は膝関節の機能を全廃したもの 6 一下肢が健側に比して10センチメートル以上又は健側の長さの10分の1以上短いもの		不随意運動・失調等による上肢の機能障害により社会での日常生活活動が著しく制限されるもの	不随意運動・失調等により社会での日常生活活動が著しく制限されるもの
5級	1 両上肢のおや指の機能の著しい障害 2 一上肢の肩関節、肘関節又は手関節のうち、いずれか一関節の機能の著しい障害 3 一上肢のおや指を欠くもの 4 一上肢のおや指の機能を全廃したもの 5 一上肢のおや指及びひとさし指の機能の著しい障害 6 おや指又はひとさし指を含めて一上肢の三指の機能の著しい障害	1 一下肢の股関節又は膝関節の機能の著しい障害 2 一下肢の足関節の機能を全廃したもの 3 一下肢が健側に比して5センチメートル以上又は健側の長さの15分の1以上短いもの	体幹の機能の著しい障害	不随意運動・失調等による上肢の機能障害により社会での日常生活活動に支障のあるもの	不随意運動・失調等により社会での日常生活活動に支障のあるもの
6級	1 一上肢のおや指の機能の著しい障害 2 ひとさし指を含めて一上肢の二指を欠くもの 3 ひとさし指を含めて一上肢の二指の機能を全廃したもの	1 一下肢をリスフラン関節以上で欠くもの 2 一下肢の足関節の機能の著しい障害		不随意運動・失調等による上肢の機能の劣るもの	不随意運動・失調等により移動機能の劣るもの

（次頁に続く）

116

級別	肢体不自由				
	上肢	下肢	体幹	乳幼児期以前の非進行性の脳病変による運動機能障害	
				上肢機能	移動機能
7級	1 一上肢の機能の軽度の障害 2 一上肢の肩関節、肘関節又は手関節のうち、いずれか一関節の機能の軽度の障害 3 一上肢の手指の機能の軽度の障害 4 ひとさし指を含めて一上肢の二指の機能の著しい障害 5 一上肢のなか指、くすり指及び小指を欠くもの 6 一上肢のなか指、くすり指及び小指の機能を全廃したもの	1 両下肢のすべての指の機能の著しい障害 2 一下肢の機能の軽度の障害 3 一下肢の股関節、膝関節又は足関節のうち、いずれか一関節の機能の軽度の障害 4 一下肢のすべての指を欠くもの 5 一下肢のすべての指の機能を全廃したもの 6 一下肢が健側に比して3センチメートル以上又は健側の長さの20分の1以上短いもの		上肢に不随意運動・失調等を有するもの	下肢に不随意運動・失調等を有するもの

級別	心臓、じん臓若しくは呼吸器又はぼうこう若しくは直腸、小腸、ヒト免疫不全ウイルスによる免疫若しくは肝臓の機能の障害					
	心臓機能障害	じん臓機能障害	呼吸器機能障害	ぼうこう又は直腸の機能障害	小腸機能障害	ヒト免疫不全ウイルスによる免疫機能障害	肝臓機能障害
1級	心臓の機能の障害により自己の身辺の日常生活活動が極度に制限されるもの	じん臓の機能の障害により自己の身辺の日常生活活動が極度に制限されるもの	呼吸器の機能の障害により自己の身辺の日常生活活動が極度に制限されるもの	ぼうこう又は直腸の機能の障害により自己の身辺の日常生活活動が極度に制限されるもの	小腸の機能の障害により自己の身辺の日常生活活動が極度に制限されるもの	ヒト免疫不全ウイルスによる免疫の機能の障害により日常生活がほとんど不可能なもの	肝臓の機能の障害により日常生活活動がほとんど不可能なもの
2級						ヒト免疫不全ウイルスによる免疫の機能の障害により日常生活が極度に制限されるもの	肝臓の機能の障害により日常生活活動が極度に制限されるもの
3級	心臓の機能の障害により家庭内での日常生活活動が著しく制限されるもの	じん臓の機能の障害により家庭内での日常生活活動が著しく制限されるもの	呼吸器の機能の障害により家庭内での日常生活活動が著しく制限されるもの	ぼうこう又は直腸の機能の障害により家庭内での日常生活活動が著しく制限されるもの	小腸の機能の障害により家庭内での日常生活活動が著しく制限されるもの	ヒト免疫不全ウイルスによる免疫の機能の障害により日常生活が著しく制限されるもの（社会での日常生活活動が著しく制限されるものを除く。）	肝臓の機能の障害により日常生活活動が著しく制限されるもの（社会での日常生活活動が著しく制限されるものを除く。）
4級	心臓の機能の障害により社会での日常生活活動が著しく制限されるもの	じん臓の機能の障害により社会での日常生活活動が著しく制限されるもの	呼吸器の機能の障害により社会での日常生活活動が著しく制限されるもの	ぼうこう又は直腸の機能の障害により社会での日常生活活動が著しく制限されるもの	小腸の機能の障害により社会での日常生活活動が著しく制限されるもの	ヒト免疫不全ウイルスによる免疫の機能の障害により社会での日常生活活動が著しく制限されるもの	肝臓の機能の障害により社会での日常生活活動が著しく制限されるもの
5級							
6級							

（備考）　1　同一の等級について2つの重複する障害がある場合は、一級うえの級とする。ただし、2つの重複する障害が特に本表中に指定せられているものは、該当等級とする。
　　　　　2　肢体不自由においては、7級に該当する障害が2以上重複する場合は、6級とする。
　　　　　3〜7（略）

（出典）身体障害者福祉法施行規則　別表第5号（平成22〔2010〕年公示）より一部抜粋

3 身体障害者補助犬法

（1）法制定の背景

　多くの補助犬利用者にとって、補助犬は身体の一部と同じ存在で、障害を補い、生活の一部を担い、障害者の自立と社会参加を果たしている。しかし、補助犬への理解不足などから、補助犬同伴の際の対応にとまどったり、受け入れを拒んだりする施設も多数あった。また、補助犬の育成にもさまざまな課題を抱えていたことから、平成14（2002）年の身体障害者補助犬法制定へとつながった。

（2）身体障害者補助犬法の概要

❶法の目的

　身体障害者補助犬法は、身体障害者補助犬を訓練する事業を行う者及び身体障害者補助犬を使用する身体障害者の義務等を定めるとともに、身体障害者が国等が管理する施設、公共交通機関等を利用する場合において身体障害者補助犬を同伴することができるようにするための措置を講ずること等により、身体障害者補助犬の育成及びこれを使用する身体障害者の施設等の利用の円滑化を図り、もって身体障害者の自立及び社会参加の促進に寄与することを目的とする（第1条）。

❷定義

　「身体障害者補助犬」とは、盲導犬、介助犬及び聴導犬をいう（第2条第1項）。

　盲導犬とは、指定法人で訓練した盲導犬等であって、指定法人の認定を受けているものをいう。

　介助犬とは、肢体不自由により日常生活に著しい支障がある身体障害者のために、物の拾い上げ及び運搬、着脱衣の補助、体位の変更、起立及び歩行の際の支持、扉の開閉、スイッチの操作、緊急の場合における救助の要請その他の肢体不自由を補う補助を行う犬であって、指定法人の認定を受けているものをいう。

　聴導犬とは、聴覚障害により日常生活に著しい支障がある身体障害者のために、ブザー音、電話の呼出音、その者を呼ぶ声、危険を意味する音等を聞き分け、その者に必要な情報を伝え、及び必要に応じ音源への誘導を行う犬であって、指定法人の認定を受けているものをいう。

（3）訓練事業者の義務

　盲導犬訓練施設を経営する事業を行う者、介助犬訓練事業を行う者及び聴導犬訓練事業を行う者は、身体障害者補助犬としての適性を有する犬を選択するとともに、必要に応じ医療を提供する者、獣医師等との連携を確保しつつ、これを使用しようとする各身体障害者に必要とされる補助を的確に把握し、その身体障害者の状況に応じた訓練を行うことにより、良質な身体障害者補助犬を育成しなければならない（第3条第1項）。

（4）施設等における身体障害者補助犬の同伴

　公共交通事業者等は、その管理する旅客施設及び旅客の運送を行うためその事業の用に供する車両等（車両、自動車、船舶及び航空機をいう）を身体障害者が利用する場合において身体障害者補助犬を同伴することを拒んではならない（第8条）。

　また、不特定かつ多数の者が利用する施設を管理する者は、当該施設を身体障害者が利用する場合において身体障害者補助犬を同伴することを拒んではならない（第9条）。

　労働者を雇用している事業主は、その事業所または事務所に勤務する身体障害者が当該事業所または事務所において身体障害者補助犬を使用することを拒んではならない（第10条）。

　ただし、身体障害者補助犬の使用により、当該旅客施設もしくは、当該車両に著しい損害が発生し、またはこれらを利用する者が著しい損害を受けるおそれがある場合（第8条）、当該施設に著しい損害が発生し、または当該施設を利用する者が著しい損害を受けるおそれがある場合（第9条）、当該障害者雇用事業主の事業の遂行に著しい支障が生ずるおそれがある場合（第10条）、その他のやむを得ない理由がある場合は、この限りでないとされている。

第4節　知的障害者福祉法

1 知的障害者福祉法制定の背景等

昭和35（1960）年に精神薄弱者福祉法（現 **知的障害者福祉法**）が成立した。法の制定により、精神薄弱者援護施設に精神薄弱者更生施設（入所・通所）が、その後、精神薄弱者授産（入所・通所）が法制化された。昭和60（1985）年には、福祉工場が創設された。

平成元（1989）年には、入所施設から地域生活への移行の選択肢の一つとして地域の居住の場である「精神薄弱者地域生活支援事業」（グループホーム）が制度化された。

平成10（1998）年に「精神薄弱」を「知的障害」という用語に改めたことに伴い、法律名も「知的障害」に改められた。

平成12（2000）年、知的障害者福祉法が一部改正され、従来の措置制度から契約制度（支援費制度）となり、平成15（2003）年度に施行された。

平成18（2006）年、三障害を統合して一元的にサービスを提供する障害者自立支援法がスタートした。これにより、知的障害者福祉法に規定されていたサービスは、障害者自立支援法に移行した。

2 知的障害者福祉法の概要

知的障害者福祉法は、総則、実施機関及び更生援護（実施機関等、障害者入所支援施設等の措置）、費用、雑則、罰則の5つから構成されている。その主な内容は以下のとおりである。

（1）法の目的

この法律は、障害者総合支援法と相まって、知的障害者の自立と社会経済活動への参加を促進するため、知的障害者を援助するとともに、必要な保護を行い、もって知的障害者の福祉を図ることを目的とする（第1条）。

（2）自立への努力及び機会の確保

すべての知的障害者は、その有する能力を活用することにより、進ん

で社会経済活動に参加するよう努めなければならない（第1条の2）。また、すべての知的障害者は、社会を構成する一員として、社会、経済、文化その他あらゆる分野の活動に参加する機会を与えられるものとする（第1条の2第2項）。

（3）知的障害者の定義

この法律では対象についての規定はない。ただし、平成12（2000）年の知的障害児（者）基礎調査においては「知的機能の障害が発達期（おおむね18歳まで）にあらわれ、日常生活に支障が生じているため、何らかの特別の援助を必要とする状態にあるもの」と定義されている。また、WHO（世界保健機関）が定めるICD（国際疾病分類）によれば、知的障害は、適切に標準化されたIQ（知能指数）検査が用いられるならば、軽度の知的障害（50〜69）、中度の知的障害（35〜49）、重度の知的障害（20〜34）、最重度の知的障害（20未満）といった程度を示しているとされている。

知的障害児・者には**療育手帳**[34]が交付されている。手帳制度では、「重度とそれ以外」と区分され、手帳の活用により福祉の諸サービス等が受けやすくなっている。

＊34
本書第1部第1章第4節3（1）参照。

（4）実施機関等

❶市町村

知的障害者福祉法においては、「この法律に定める知的障害者又はその介護を行う者に対する市町村（略）による更生援護は、その知的障害者の居住地の市町村が行うものとする。ただし、知的障害者が居住地を有しないか、又は明らかでない者であるときは、その知的障害者の現在地の市町村が行うもの」とされている（第9条）。

また、市町村は、この法律の施行に関し、①知的障害者の福祉に関し、必要な実情の把握に努めること、②知的障害者の福祉に関し、必要な情報の提供を行うこと、③知的障害者の福祉に関する相談に応じ、必要な調査及び指導を行うことならびにこれらに付随する業務を行うこと、が課せられている（第9条第5項）。

❷福祉事務所

市町村の設置する福祉事務所またはその長は、❶の業務を行うものとされ（第10条第1項）、市の設置する福祉事務所に知的障害者の福祉に

関する事務をつかさどる職員（**知的障害者福祉司**）を置くことができるとされている（第13条第2項）。

❸知的障害者更生相談所

　都道府県は、**知的障害者更生相談所**を設けなければならないとされている（第12条）。その業務は、市町村の更生援護の実施に関し、市町村相互間の連絡及び調整、市町村に対する情報の提供その他必要な援助を行うことならびにこれらに付随する業務を行うこととされている。具体的には、①各市町村の区域を超えた広域的な見地から、実情の把握に努めること、②知的障害者に関する相談及び指導のうち、専門的な知識及び技術を必要とするものを行うこと、③18歳以上の知的障害者の医学的、心理学的及び職能的判定を行うことが規定されている（第11条）。

　また、都道府県は、知的障害者更生相談所に、知的障害者福祉司を置かなければならないとされている（第13条第1項）。

❹支援体制の整備等

　市町村は、知的障害者の意思決定の支援に配慮しつつ、更生援護、障害者総合支援法の規定による自立支援給付及び地域生活支援事業その他地域の実情に応じたきめ細かな福祉サービスが積極的に提供され、知的障害者が、心身の状況、その置かれている環境等に応じて、自立した日常生活及び社会生活を営むために最も適切な支援が総合的に受けられるように、福祉サービスを提供する者またはこれらに参画する者の活動の連携及び調整を図るなど地域の実情に応じた体制の整備に努めなければならない。また、市町村は、体制の整備及び更生援護の実施にあたっては、知的障害者が引き続き居宅において日常生活を営むことができるよう配慮しなければならない（第15条の3）。

第5節　精神障害者の福祉

1　精神保健福祉法制定の背景等

　昭和25（1950）年、精神障害者に適切な医療・保護の機会を提供するため、保健医療施策を内容とする精神衛生法が成立した。

　昭和62（1987）年には、精神障害者の人権に配慮した適正な医療及び保護の確保と精神障害者の社会復帰の促進を図る観点から、任意入院制度の創設や精神医療審査会の創設等を内容とする精神衛生法の改正が行われ、法律の名称も精神衛生法から精神保健法へと改められた。

　平成5（1993）年には障害者基本法（旧 心身障害者対策基本法）が成立し、精神障害者が障害者基本法の対象として明確に位置付けられたことなどをふまえ、精神保健法は、平成7（1995）年に、「精神保健及び精神障害者福祉に関する法律」（**精神保健福祉法**）に改正された。

　平成16（2004）年9月、厚生労働省に設置された精神保健福祉対策本部は、「精神保健医療福祉の改革ビジョン」を取りまとめた。同ビジョンでは、基本方針である「入院医療中心から地域生活中心へ」の施策を推し進めていくために、国民の意識改革、精神保健医療福祉体系の再編と強化を掲げ、受け入れ条件が整えば退院可能な者7万人の解消を10年間で行うとされた。

　平成18（2006）年、三障害を統合して一元的にサービスを提供する障害者自立支援法がスタートした。これにより、精神保健福祉法に規定されていたサービスは、障害者自立支援法に移行した。

　平成25（2013）年の法改正において、精神障害者の医療の提供を確保するための指針の策定、保護者に関する規定の削除、医療保護入院の見直し等が盛り込まれた。平成26（2014）年3月に公表された国の指針は、「入院医療中心の精神医療から精神障害者の地域生活を支えるための精神医療への改革（入院医療中心から地域生活へ）」という「精神保健医療福祉の改革ビジョン」の基本理念にそったものである。

2　精神保健福祉法の概要

　精神保健福祉法は、①総則、②精神保健福祉センター、③地方精神保健福祉審議会及び精神医療審査会、④精神保健指定医・登録研修機関・

精神科病院及び精神科救急医療体制、⑤医療及び保護、⑥保健及び福祉、⑦精神障害者社会復帰促進センター、⑧雑則ならびに⑨罰則の9章から構成されている。その主な内容は以下のとおりである。

（1）法の目的

この法律は、精神障害者の医療及び保護を行い、障害者総合支援法と相まってその社会復帰の促進及びその自立と社会経済活動への参加の促進のために必要な援助を行い、ならびにその発生の予防その他国民の精神的健康の保持及び増進に努めることによって、精神障害者の福祉の増進及び国民の精神保健の向上を図ることを目的とする（第1条）。

（2）精神障害者の定義

この法律で「精神障害者」とは、統合失調症、精神作用物質による急性中毒またはその依存症、知的障害、精神病質その他の精神疾患を有する者をいう（第5条）。

（3）実施機関等

❶精神保健福祉センター

都道府県は、精神保健の向上及び精神障害者の福祉の増進を図るため、精神障害に関する相談や知識の普及等を行う、精神保健福祉センターを設置することとされている（第6条）。

❷地方精神保健福祉審議会及び精神医療審査会

精神保健及び精神障害者の福祉に関する事項を調査・審議させるため、都道府県は、条例で、精神保健福祉に関する審議会その他の合議制の機関（地方精神保健福祉審議会）を置くことができる（第9条）。

また、措置入院患者等の定期病状報告や、入院患者またはその家族等からの退院等の請求に対する応諾の可否等の審査等を行わせるため、都道府県に、精神医療審査会を設置することとされている（第12条）。

❸精神保健指定医

厚生労働大臣は、申請に基づき、措置入院や医療保護入院の要否、行動の制限等の判定を行うのに必要な知識及び技能を有すると認められる者を、**精神保健指定医**に指定する（第18条）。

❹精神科病院

　都道府県は、精神科病院を設置しなければならない（第19条の7第1項）。

（4）医療及び保護

　精神障害者の入院形態として、次のものが規定されている。

①自らの意思による入院である「**任意入院**」（第21条）。

②警察官等からの通報、届出等により都道府県知事が精神保健指定医に診察をさせ、自傷他害の恐れがあると認めた場合に行う「**措置入院**」（第29条）。

③急速を要し、措置入院に係る手続きを取ることができない場合に行う「**緊急措置入院**」（第29条の2）。

④精神保健指定医による診察の結果、精神障害者であり、かつ、医療及び保護のため入院の必要がある場合に、その家族等（配偶者、親権者、扶養義務者、後見人または保佐人。該当者がいない場合等は、市町村長）のうちいずれかの者の同意があるときは、本人の同意がなくてもその者を入院させることができる「**医療保護入院**」[*35]（第33条第1項・第2項）。

　また、医療保護入院については、精神科病院から退院し、地域における生活への移行を促進するための措置に関する事項が規定されている。

　医療保護入院については、精神科病院の管理者に対して次のことを義務付けている。

㋐医療保護入院者の退院後の生活環境に関する相談及び指導を行う者（精神保健福祉士等）の設置（第33条の4）

㋑地域援助事業者（入院者本人や家族からの相談に応じ必要な情報提供等を行う相談支援事業者等）との連携（第33条の5）

㋒退院促進のための体制整備（第33条の6）

⑤急速を要し、家族等の同意を得ることができない場合において、精神保健指定医の診察の結果、直ちに入院させなければその者の医療及び保護を図る上で著しく支障がある者と認められた場合、本人の同意がない場合でも72時間に限り入院させることができる「**応急入院**」（第33条の7）。

*35
国連障害者権利委員会は、日本に対し、精神科の強制入院（医療保護入院）を可能にしている法律（精神保健福祉法、医療観察法）の廃止を求めた（2022年9月）。しかしながら、精神障害等によって自分や他人を傷つけたりする可能性があることから、生命を守る手段でもあり、廃止にはなっていない。改正精神保健福祉法では、精神障害者の希望やニーズに応じた支援体制を整備することとし、①家族等が同意・不同意の意思表示を行わない場合にも市町村長の同意を可能とする、②医療保護入院の期間を定め、一定期間ごとに入院の要否（病状、同意能力等）の確認を行う、など、入院者の権利擁護をいっそう推進し、適切な医療を提供できるようになった（令和6〔2024〕年4月〔一部は令和5〔2023〕年4月〕施行）。

（5）精神科病院における処遇等

　精神科病院の管理者は、入院中の者につき、その医療または保護に欠くことのできない限度において、その行動について必要な制限を行うことができる（第36条）。精神科病院の管理者は、精神科病院に入院中の者の処遇について、厚生労働大臣が定める基準を遵守しなければならない（第37条）。

　精神科病院に入院中の者またはその家族等（その家族等がない場合またはその家族等の全員がその意思を表示することができない場合にあっては、その者の居住地を管轄する市町村長）は、都道府県知事に対して、当該入院中の者を退院させることや、精神科病院の管理者に退院や処遇改善を命じることを求めることができる（第38条の4）。このような請求があった場合、都道府県知事は、精神医療審査会に、審査を求めなければならない（第38条の5）。厚生労働大臣または都道府県知事は、精神科病院に入院中の者の処遇が著しく適当でないと認めるときは、当該精神科病院の管理者に、改善計画の提出や、処遇の改善のために必要な措置をとることを命ずることができる（第38条の7）。

（6）精神障害者保健福祉手帳

　精神障害者（知的障害者を除く）は、その居住地（居住地を有しないときは、その現在地）の都道府県知事に**精神障害者保健福祉手帳**の交付を申請することができる（第45条第1項）。都道府県知事は、申請者が政令で定める精神障害の状態にあると認めたときは、申請者に精神障害者保健福祉手帳を交付しなければならない（第45条第2項）。

　手帳における障害等級は、程度に応じて重度者から1級・2級・3級であり、その内容は**表2−2−3**のとおりである。

　有効期限は2年間であり、2年ごとの更新が必要となる。

〈表2−2−3〉**精神障害者保健福祉手帳の等級の概要**

等級	障害の程度
1級	日常生活の用に弁ずることを不能ならしめる程度のもの
2級	日常生活が著しい制限を受けるか、または日常生活に著しい制限を加えることを必要とする程度のもの
3級	日常生活もしくは社会生活が制限を受けるか、または日常生活もしくは社会生活に制限を加えることを必要とする程度のもの

（出典）厚生労働省「精神障害者保健福祉手帳障害等級判定基準」の障害等級による（一部改変）

（7）精神保健福祉相談員

　都道府県・市町村は、精神保健福祉センター・保健所等に、精神保健及び精神障害者の福祉に関する相談に応じ、精神障害者及びその家族等を訪問して指導を行うための職員（**精神保健福祉相談員**）を置くことができる。精神保健福祉相談員は、精神保健福祉士そのほか政令で定める資格を有する者のうちから、都道府県知事または市町村長が任命する（第48条）。

3 心神喪失者等医療観察法

　平成15（2003）年、「心神喪失等の状態で重大な他害行為を行った者の医療及び観察等に関する法律」（**心神喪失者等医療観察法**）が制定された。[36][37]

（1）心神喪失者等医療観察法の概要

❶目的

　心神喪失等の状態で重大な他害行為（以下、「他人に害を及ぼす行為」）を行った者に対し、その適切な処遇を決定するための手続き等を定めることにより、継続的かつ適切な医療ならびにその確保のために必要な観察及び指導を行うことによって、その病状の改善及びこれに伴う同様の行為の再発の防止を図り、もってその社会復帰を促進することを目的とする（第1条）。重大な他害行為とは、殺人、放火、強盗、傷害、強姦等の行為である。

❷検察官による申し立て

　本制度では、「他人に害を及ぼす行為」を行い、不起訴処分となるか無罪等が確定した人に対して、検察官は、心神喪失者等医療観察法による医療及び観察を受けさせるべきかどうかを地方裁判所に申し立てを行う（第33条第1項）。

❸入院等の決定

　検察官からの申し立てがなされると、鑑定を行う医療機関での入院等が行われるとともに、裁判官と精神保健審判員（必要な学識経験を有する医師）の各1名から成る合議体による審判で、本制度による処遇の要否と内容の決定が行われる（第42条）。

＊36
平成13（2001）年6月に大阪府池田市の小学校で小学生を無差別に殺傷した事件が起きた。この事件を契機に、心神喪失と認められ、無罪あるいは不起訴処分となった者に対する処遇のあり方について検討がなされた。

＊37
医療観察制度については、本双書第13巻第3部第6章参照。

❹入院等

　審判の結果、心神喪失者等医療観察法の入院による医療の決定を受けた人に対しては、厚生労働大臣が指定した医療機関（指定入院医療機関）において、手厚い専門的な医療の提供が行われるとともに、この入院期間中から、法務省所管の保護観察所に配置されている社会復帰調整官により、退院後の生活環境の調整が実施される（第43条）。

　また、心神喪失者等医療観察法の通院による医療の決定（入院によらない医療を受けさせる旨の決定）を受けた人及び退院を許可された人については、保護観察所の社会復帰調整官が中心となって作成する処遇実施計画に基づいて、原則として3年間、地域において、厚生労働大臣が指定した医療機関（指定通院医療機関）による医療を受けることとなる。

　なお、この通院期間中においては、保護観察所が中心となって、地域処遇に携わる関係機関と連携しながら、本制度による処遇の実施が進められる。

〈図2−2−7〉心神喪失等の状態で重大な他害行為を行った者の医療及び観察等に関する法律（心神喪失者等医療観察法）の仕組み

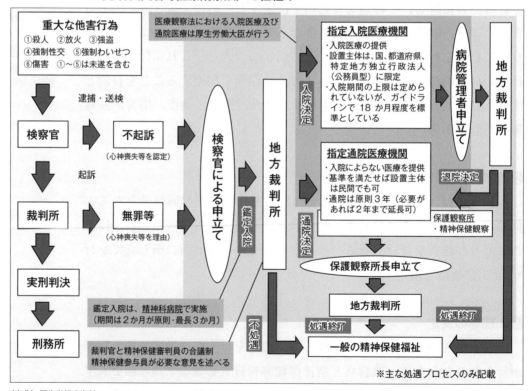

（出典）厚生労働省資料

第6節　発達障害者支援法

1 発達障害者支援法制定の背景等

　自閉症などの発達障害のある者については、その多くに知的障害があることから知的障害福祉施策の中に位置付けられ、入所型の施設等において支援が行われてきた。その後、障害者福祉においては、ノーマライゼーションと自己決定の実現をめざし、障害者が地域でその人らしく安心して普通の生活を行うことが求められてきた。そのため、このような新たな社会福祉制度の構築のなかで、相談・支援体制の整備も強く求められた。

　また、近年、知的障害を伴わない自閉症（いわゆる高機能自閉症）や**アスペルガー症候群**などの障害も、人間関係の障害のために社会生活や就労に困難を抱えるという共通の課題を抱えているにもかかわらず、知的障害を伴わないという理由で、福祉的対応がなされてこなかったため、新たな取り組みが必要であるとされた。このような制度の狭間にある状況に対処するため、知的障害のある自閉症やアスペルガー症候群をも含めた**広汎性発達障害**を対象とする、地域の相談支援機関として「自閉症・発達障害支援センター」が、平成14（2002）年に創設された。

　また、文部科学省においては、通常の学級に在籍する発達障害の可能性のある特別な教育的支援を必要とする児童生徒の割合が6.3%であったことから、学習障害（LD）、注意欠如・多動症（ADHD）、高機能自閉症等の発達障害を含めた特別な教育的支援を必要とする児童生徒のための特別支援教育の体制整備に向け、教育的支援の観点からも発達障害に対応する法制度を必要としていた。

　そこで、**発達障害者支援法**が平成16（2004）年12月、超党派の議員立法により成立し、平成17（2005）年に施行された。

　なお、発達障害は、平成22（2010）年に改正された障害者自立支援法（現 障害者総合支援法）及び平成23（2011）年に改正された障害者基本法において、精神障害の一部として規定された。これにより、発達障害者は障害者自立支援法のサービスの対象として明確化された。

*38
文部科学省「『通常の学級に在籍する特別な教育的支援を必要とする児童生徒に関する全国実態調査』調査結果」2002年。

2 発達障害者支援法の概要

（1）法の目的

　発達障害の症状の発現後、できるだけ早期に発達支援を行うことが特に重要であることから、「発達障害を早期に発見し、発達支援を行うことに関する国及び地方公共団体の責務を明らかにするとともに、学校教育における発達障害者への支援、発達障害者の就労の支援、発達障害者支援センターの指定等について定めることにより、発達障害者の自立及び社会参加のためのその生活全般にわたる支援を図り」、もって共生する社会の実現に資することを目的としている（第1条）。

（2）発達障害の定義

　平成17（2005）年に制定された発達障害者支援法における「発達障害」とは、「自閉症、アスペルガー症候群その他の広汎性発達障害、学習障害、注意欠陥多動性障害その他これに類する脳機能の障害であってその症状が通常低年齢において発現するものとして政令で定めるもの」（第2条第1項）とされている。

〈図2-2-8〉発達障害の概要

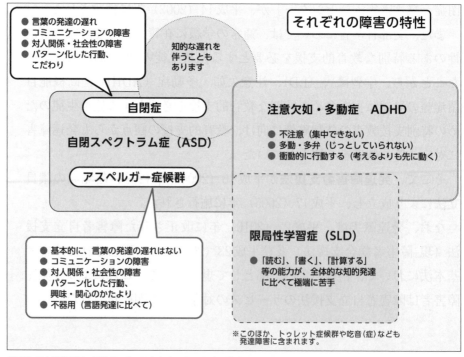

（出典）国立障害者リハビリテーションセンターホームページ（http://www.rehab.go.jp/ddis/understand/whatsdd/）をもとに一部改変

アメリカ精神医学会が2015年に発刊した『精神障害の診断と統計の手引き 第5版（DSM-5）』によれば、神経発達障害を、知的能力障害、コミュニケーション障害、限局性学習症、運動障害、自閉スペクトラム症、注意欠如・多動症に分類している。2020年にICD-10（『国際疾病分類第10版』）が第11版に変更され、概ねDSM-5と同じ方向とされている。医学的には、発達障害の中に、知的障害、限局性学習症、自閉スペクトラム症、注意欠如・多動症が分類されている[39]（**図2-2-8**）。

＊39
ICD-11の日本語訳はまだ発表されていないが、一般的に、法律上の名称よりもDSM-5の分類が使われるようになってきている。

（3）国及び地方公共団体の責務－ライフステージを通した一貫した支援

国及び地方公共団体は、基本理念に則（のっと）り、発達障害児に対し、発達障害の症状の発現後できるだけ早期に、その者の状況に応じて適切に、就学前の発達支援、学校における発達支援その他の発達支援が行われるとともに、発達障害者に対する就労、地域における生活等に関する支援及び発達障害者の家族その他の関係者に対する支援が行われるよう、必要な措置を講じるものとする（第3条第2項）とし、発達障害者のライフステージを通した一貫した支援を規定している。

（4）関係機関の連携

国及び地方公共団体は、発達障害者の支援等の施策を講じるにあたっては、医療、保健、福祉、教育、労働等に関する業務を担当する部局の相互の緊密な連携を確保するとともに、発達障害者が（犯罪等により）被害を受けること等を防止するため、これらの部局と消費生活、警察等に関する業務を担当する部局その他の関係機関との必要な協力体制の整備を行うものとする（第3条第5項）とし、多岐にわたる各関係機関の連携やネットワークの構築により、発達障害者を地域で支援する体制の必要性が規定されている。

（5）情報の共有の促進

国及び地方公共団体は、個人情報の保護に十分配慮しつつ、福祉及び教育に関する業務を行う関係機関及び民間団体が医療、保健、労働等に関する業務を行う関係機関及び民間団体と連携を図りつつ行う発達障害者の支援に資する情報の共有を促進するため、必要な措置を講じるものとする（第9条の2）。

（6）権利利益の擁護

　国及び地方公共団体は、発達障害者が、その発達障害のために差別され、ならびにいじめ及び虐待を受けること、消費生活における被害を受けること等権利利益を害されることがないようにするため、その差別の解消、いじめの防止等及び虐待の防止等のための対策を推進すること、成年後見制度が適切に行われまたは広く利用されるようにすることその他の発達障害者の権利利益の擁護のために必要な支援を行うものとする（第12条）。

（7）発達障害者の家族等への支援

　都道府県及び市町村は、発達障害者の家族その他の関係者が適切な対応をすることができるようにすることなどのため、児童相談所等関係機関と連携を図りつつ、発達障害者の家族その他の関係者に対し、相談、情報の提供及び助言、発達障害者の家族が互いに支え合うための活動の支援その他の支援を適切に行うよう努めなければならない（第13条）。

（8）発達障害者支援センター

　発達障害者及び家族に対し、専門的にその相談に応じ、助言を行い、発達支援及び就労の支援等を実施するために、平成14（2002）年度よりスタートした「自閉症・発達障害支援センター」は、発達障害者支援法の中で「**発達障害者支援センター**」として法律に位置付けられた。

　その主な業務は以下のとおり（第14条）。

①発達障害の早期発見、早期の発達支援等に資するよう、発達障害者及びその家族その他の関係者に対し、専門的に、その相談に応じ、または情報の提供もしくは助言を行うこと。

②発達障害者に対し、専門的な発達支援及び就労の支援を行うこと。

③医療、保健、福祉、教育、労働等に関する業務を行う関係機関及び民間団体ならびにこれに従事する者に対し発達障害についての情報の提供及び研修を行うこと。

④発達障害に関して、医療、保健、福祉、教育、労働等に関する業務を行う関係機関及び民間団体との連絡調整を行うこと。

（9）司法手続きにおける配慮

　国及び地方公共団体は、発達障害者が、①刑事事件もしくは少年の保護事件に関する手続き、その他これに準ずる手続きの対象となった場

合、または②裁判所における民事事件、家事事件もしくは行政事件に関する手続きの当事者その他の関係人となった場合において、発達障害者がその権利を円滑に行使できるようにするため、個々の発達障害者の特性に応じた意思疎通の手段の確保のための配慮その他の適切な配慮をするものとする（第12条の2）。

(10) 発達障害者支援地域協議会

都道府県は、発達障害者の支援の体制の整備を図るため、発達障害者及びその家族、学識経験者その他の関係者ならびに医療、保健、福祉、教育、労働等に関する業務を行う関係機関及び民間団体ならびにこれに従事する者により構成される発達障害者支援地域協議会を置くことができる（第19条の2第1項）とし、地域における関係者の連携の場を規定している。

(11) 専門家の養成

国及び地方公共団体は、発達障害者に対する支援を適切に行うことができるよう、医療、保健、福祉、教育等に従事する職員について、発達障害に関する専門的知識を有する人材を確保するよう努めるとともに、発達障害に対する理解を深め、及び専門性を高めるため研修等必要な措置を講じるものとされている（第23条）。

3 発達障害者への支援体制整備等

（1）発達障害の地域における一貫した支援

発達障害支援法の成立及び施行を受け、発達障害者の地域で一貫した支援体制をつくるための「発達障害者支援体制整備事業」や、発達障害者に対するエビデンスに基づいた支援を確立するための「発達障害者支援開発事業」が実施されている。

都道府県・指定都市においては、発達障害者やその家族に対して、各ライフステージに対応する一貫した支援を行うため、保健所、保育所などの支援関係機関のネットワークを構築する発達障害者支援体制整備に取り組んでいる。また、ペアレントメンターの養成、ペアレントトレーニングや当事者の適応力向上を支援する社会生活技能訓練（ソーシャルスキルトレーニング：SST）の普及を推進している。

さらに、地域における発達障害児者の支援体制と社会参加を促す観点

から、市町村や事業所への支援、医療機関との連携や困難ケースへの対応などを行う発達障害者地域支援マネジャーを発達障害者支援センターなどに配置することにより、地域支援機能の強化を図っている。

（2）発達障害者支援法の改正による動向

　平成28（2016）年5月の発達障害者支援法の改正により、法の目的に、切れめなく発達障害者の支援を行うことが特に重要であることに鑑みること及び障害者基本法の基本的な理念に則ることが規定された。教育に関して、可能な限り他の児童とともに教育を受けられるよう配慮しつつ、学校側による「個別の教育支援計画」（長期的に一貫した支援を受けられるように教育関係機関と医療、保健、福祉、労働等の関係機関及び民間団体との連携・協力のもとに作成）、及び「個別の指導に関する計画」の作成の推進が規定された。また、国及び地方公共団体は、発達障害者の支援に資する情報の共有を促進するため必要な措置を講じること、都道府県は発達障害者の支援体制の整備を図るため、発達障害者やその家族、学識経験者、医療・保健・福祉・教育・労働関係者（関係団体）などから構成される発達障害者支援地域協議会を置くことができるものとされた。

4 強度行動障害

　強度行動障害は、自分や他者に影響を及ぼす行動が著しく高い頻度で出現しており、特別に配慮された支援が必要な状態のことをいい、平成元（1989）年の行動障害児者研究会による報告書において、「強度行動障害」という言葉が使われた。報告書では、強度行動障害を「精神的な診断として定義される群とは異なり、直接的他害（噛みつき、頭突き等）や、間接的他害（睡眠の乱れ、同一性の保持等）、自傷行為等が通常考えられない頻度と形式で出現し、その養育環境では著しく処遇の困難なものであり、行動的に定義される群。家庭にあって通常の育て方をし、かなりの養育努力があっても著しい処遇困難が持続している状態」と定義している。生まれつきではなく、周囲との関わりや環境によって現れる状態のことをさしている。

　国は、強度行動障害の判定にあたり「ひどく自分の体を叩いたり傷つけたりする等の行為」「激しいこだわり」といった項目において、行動の頻度と強度から評価している。基準の11項目で得点（1点・3点・

５点）を付け、合計得点が10点以上を強度行動障害と定義している。これにより施設等で生活する強度行動障害者の支援が適切に行われるよう報酬上の加算が設けられている。また、障害者福祉施設等の従事者が、専門的な知識や技術を身に付けることを目的として、強度行動障害支援者養成研修が各都道府県で実施されている。

　行動障害関連の障害福祉サービス・障害児支援の利用者は、のべ68,906人となっている[*40]（令和３〔2021〕年10月時点）。利用している障害福祉サービス・障害児支援の内訳では、施設入所支援（重度障害者支援加算Ⅱ）が最も多く21,933人であり、次に生活介護（重度障害者支援加算）の17,633人であった（**図２－２－９**）。

* 40
厚生労働省「強度行動障害を有する者の地域支援体制に関する検討会」。行動援護、共同生活援助、短期入所、生活介護等を重複して利用する場合があるため、のべ人数としている。

〈図２－２－９〉**行動障害関連の障害福祉サービス・障害児支援の利用者数**

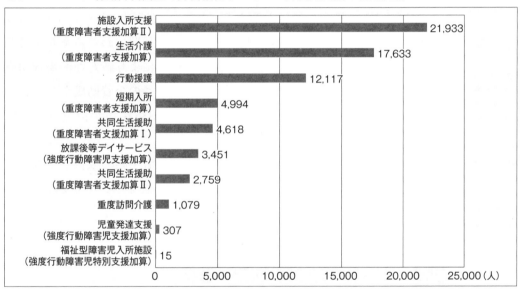

（出典）厚生労働省「強度行動障害を有する者の地域支援体制に関する検討会」資料

第7節 難病の患者に対する医療等に関する法律

1 難病対策

*41
本双書第14巻第1部第4章第4節18参照。

難病[*41]とは、一般的に治りにくい病気、治し方がわからない病気の意味で使われてきた。日本の難病対策は、スモン病の原因究明や患者救済への取り組みをきっかけに、昭和47（1972）年に「難病対策要綱」がまとめられ、対策が始まった（当時は56疾患が対象）。

その後、平成26（2014）年5月に「難病の患者に対する医療等に関する法律」（難病法）が成立した（平成27〔2015〕年1月施行）。この法律では難病を、発病の機構が明らかではなく（原因がわからず）、治療方法が確立しておらず、希少な疾病であって、長期にわたる療養を必要とするものと定義している。また、法律の成立により新たな医療費助成[*42]制度が確立し、対象となる疾病を指定して医療費の公費助成が行われるようになった（令和3〔2021〕年11月時点で338疾病が指定されている）。

*42
治療方法の確立等のために、難病患者データの収集を効率的に行うことで治療研究を推進するとともに、効果的な治療方法が確立されるまでの間、長期の療養による医療費の経済的な負担が大きい患者を支援する制度。

*43
本書第2部第2章第1節1（2）参照。

障害者総合支援法の対象疾病であれば、障害者手帳の取得ができない場合でも、障害支援区分の判定によって障害福祉サービスを受けることができる[*43]。

2 小児慢性特定疾病対策

小児慢性特定疾病は、次の4つの項目を満たしていると厚生労働大臣が認定した18歳未満の子どもの病気である（児童福祉法第6条の2第1項）。

①慢性に経過する疾病
②生命を長期に脅かす疾病
③症状や治療が長期にわたって生活の質を低下させる疾病
④長期にわたって高額な医療費の負担が続く疾病

昭和49（1974）年度より小児慢性特定疾患治療研究事業が実施されていたが、平成26（2014）年5月の児童福祉法改正により、小児慢性特定疾病対策はより公平かつ安定的な医療費助成の制度となり、さらに小児慢性特定疾病の児童等の自立を支援するための事業も法定化され

た。小児慢性特定疾病に含まれる病気には、ダウン症、小児ぜんそく、糖尿病などがあり、令和3（2021）年11月時点で788疾病となっている。

（1）慢性疾病児童等地域支援協議会

　地域における小児慢性特定疾病児童等の支援内容等を、当事者家族を含む関係者が協議するために、地方自治体等に慢性疾病児童地域支援協議会が設置されている。ここでは、慢性疾病児童自立支援員や患者会（家族会）、市町村、教育機関、保健所の担当者等により、地域の現状・課題及び資源の把握、課題の明確化、支援内容の検討等を行うことで、当該児童等及びその家族が、安心して暮らせる地域社会の実現を図ることを目的としている。

（2）小児慢性特定疾病児童等への支援

❶医療費助成

　小児慢性特定疾病を抱える児童等の健全育成の観点から、その家庭の医療費の負担軽減を図るため、医療費の自己負担分の一部を助成する制度である。

❷小児慢性特定疾病児童等自立支援事業

　慢性的な疾病を抱える児童及びその家族の負担軽減及び長期療養をしている児童の自立や成長支援について、地域の社会資源を活用するとともに、利用者の環境等に応じた支援を行う。[*44]

❸移行期医療支援体制整備事業

　小児期から成人期への移行期にある小児慢性特定疾病児童等への適切な医療の提供に関する課題を解消するため、小児期及び成人期を担当する医療従事者間の連携を図るなど支援体制の整備や、自身の疾病等の理解を深めるなどの自律（自立）支援の実施により、移行期医療支援体制の整備を目的としている。

＊44
食事・栄養及び歯科保健の指導、福祉制度の紹介、精神的支援、学校との連絡調整、当該児童の症状などの自覚及び家族・周囲との関係構築の方法など自立に向けた心理面等の相談、児童等を受け入れる学校や企業等への相談援助、疾病の理解促進のための情報提供・周知啓発など。

第8節 福祉と医療・介護等の連携

1 障害のある人の支援における「連携」

　障害者基本法第10条は、「障害者の自立及び社会参加の支援等のための施策は、障害者の性別、年齢、障害の状態及び生活の実態に応じて、かつ、有機的連携の下に総合的に、策定され、及び実施されなければならない」と規定し、障害者施策は関係機関相互の「有機的連携」の下に総合的に策定・実施されることとされている。また、同法第23条第2項は、「国及び地方公共団体は、障害者及びその家族その他の関係者からの各種の相談に総合的に応ずることができるようにするため、関係機関相互の有機的連携の下に必要な相談体制の整備を図る」ものとしている。

　障害者総合支援法第2条は、市町村の責務として「障害者若しくは障害児が自立した日常生活又は社会生活を営むことができるよう、（略）公共職業安定所その他の職業リハビリテーションの措置を実施する機関、教育機関その他の関係機関との緊密な連携を図りつつ、必要な自立支援給付及び地域生活支援事業を総合的かつ計画的に行うこと」と規定している。また、同法第42条は、指定障害福祉サービス事業者及び指定障害者支援施設等の設置者の責務として、「市町村、公共職業安定所その他の職業リハビリテーションの措置を実施する機関、教育機関その他の関係機関との緊密な連携を図りつつ、（略）効果的に行うように努めなければならない」と、事業者の施設の関係機関との緊密な連携を規定している。

　改正障害者総合支援法が令和4（2022）年に成立し、障害者の地域生活の支援体制を強化するポイントとして次の3点が盛り込まれた。

　1点めは、共同生活援助（グループホーム）の業務として、ひとり暮らしなどを希望する人への支援やグループホーム退去後の相談などを含むことが明確化されたことである。2点めは、障害者が安心して地域生活を送ることができるよう、地域生活の中心的な相談支援を行う「基幹相談支援センター」及び施設生活から地域生活に移行する推進役の「地域生活支援拠点等」の整備が市町村の努力義務とされたことである。3点めは、都道府県及び市町村が実施している精神保健の相談支援業務に関するもので、精神障害者だけでなく精神保健に課題を抱えている人にまで対象を拡大し、それぞれの心身状態に応じた適切な包括的支援を行うとされたことである。

2 障害者の介護保険の利用

　わが国の急激な高齢化に対応するため、平成12（2000）年4月から介護保険制度が施行されている。介護保険制度と障害者施策との適用関係の基本的な考え方については、①障害者についても、40歳以上の者は、原則として介護保険の被保険者となる、②65歳以上の障害者が要介護または要支援状態となった場合には、要介護または要支援認定を受け、介護保険から介護保険法に定める保険給付を受けることができる、③障害者施策で実施されている在宅サービスのうち、移動支援など介護保険の保険給付にはないサービスについては、引き続き障害者施策から提供される、④施設サービスについては、介護保険施設と障害者施設とでは、それぞれ目的、機能が異なっているため、障害者施設への入所（通所を含む）が必要であると認められる場合には、介護保険法に定める保険給付を受けることができる場合であっても、障害者施設への入所（通所を含む）が認められる、とされている。

　障害者自立支援法の創設時、介護保険制度と障害者福祉制度との関係が検討されたが、若年障害者は、社会経済活動をはじめさまざまな経験を重ねるべきライフステージにあることから、高齢者と比べた場合、同じ介護サービスであっても、具体的なメニューの内容や利用者への接し方などが異なるべきである場合も多いと考えられ、サービスの内容・提供方法などについても障害者と高齢者とは異なるという意見は根強かった。

　障害者自立支援法の施行とともに、自己負担、報酬、程度区分などの分野に多くの課題が出され、平成19（2007）年12月、与党障害者自立支援に関するプロジェクトチームによる「障害者自立支援法の抜本的見直し（報告書）」においては、抜本的見直しの視点として「介護保険との統合を前提とせず、障害者施策としての在るべき仕組みを考察」するとされた。

　平成19（2007）年3月、「障害者自立支援法に基づく自立支援給付と介護保険制度との適用関係等について」という通知が国より出された。[*45]その趣旨は、障害者自立支援法（現 障害者総合支援法）に基づく自立支援給付については、第7条の他の法令による給付との調整規定に基づき、介護保険法の規定による保険給付が優先されることとなるというものである（**表2-2-4**）。このうち、介護給付費等の支給決定及び補装具費の支給にかかる認定を行う際の介護保険制度との適用関係等についての考え方は次のとおりとされた。

＊45
その後、一部改正が行われている。

〈表2-2-4〉介護保険と障害福祉の適用関係

社会保障制度の原則である保険優先の考え方の下、サービス内容や機能から、障害福祉サービスに相当する介護保険サービスがある場合は、原則介護保険サービスに係る保険給付を優先して受けることになる。

⬇

一律に介護保険サービスを優先的に利用するものではなく、申請者の個別の状況に応じ、申請者が必要としている支援内容を介護保険サービスにより受けることが可能かを判断

（2）介護給付費等と介護保険制度との適用関係

　市町村は、介護保険の被保険者（受給者）である障害者から障害福祉サービスの利用に係る支給申請があった場合は、個別のケースに応じて、申請に係る障害福祉サービスに相当する介護保険サービスにより適切な支援を受けることが可能か否か、当該介護保険サービスに係る保険給付を受けることが可能か否か等について、介護保険担当課や当該受給者の居宅介護支援を行う居宅介護支援事業者等とも必要に応じて連携した上で把握し、適切に支給決定すること。

②　介護保険サービス優先の捉え方

　ア　サービス内容や機能から、障害福祉サービスに相当する介護保険サービスがある場合は、基本的には、この介護保険サービスに係る保険給付を優先して受けることとなる。しかしながら、障害者が同様のサービスを希望する場合でも、その心身の状況やサービス利用を必要とする理由は多様であり、介護保険サービスを一律に優先させ、これにより必要な支援を受けることができるか否かを一概に判断することは困難であることから、障害福祉サービスの種類や利用者の状況に応じて当該サービスに相当する介護保険サービスを特定し、一律に当該介護保険サービスを優先的に利用するものとはしないこととする。

　　したがって、市町村において、申請に係る障害福祉サービスの利用に関する具体的な内容（利用意向）を聴き取りにより把握した上で、申請者が必要としている支援内容を介護保険サービスにより受けることが可能か否かを適切に判断すること。

「障害者総合支援法に基づく自立支援給付と介護保険制度との適用関係等について（平成19年通知）」

（出典）厚生労働省資料

❶優先される介護保険サービス

　自立支援給付に優先する介護保険法の規定による保険給付は、介護給付、予防給付及び市町村特別給付とされている（障害者総合支援法施行令第2条）。したがって、これらの給付対象となる介護保険サービスが利用できる場合は、当該介護保険サービスの利用が優先される（**図2-2-10**）。

❷介護保険サービス優先のとらえ方

　サービス内容や機能から、障害福祉サービスに相当する介護保険サービスがある場合は、基本的には、この介護保険サービスにかかる保険給付を優先して受けることとなる。しかしながら、障害者が同様のサービスを希望する場合でも、その心身の状況やサービス利用を必要とする理由は多様であり、介護保険サービスを一律に優先させ、これにより必要な支援を受けることができるか否かを一概に判断することは困難であることから、障害福祉サービスの種類や利用者の状況に応じて当該サービスに相当する介護保険サービスを特定し、一律に当該介護保険サービスを優先的に利用するものとはしないこととする。したがって、市町村において、申請に係る障害福祉サービスの利用に関する具体的な内容（利用意向）

〈図２－２－10〉障害福祉サービスと介護保険サービスとの関係

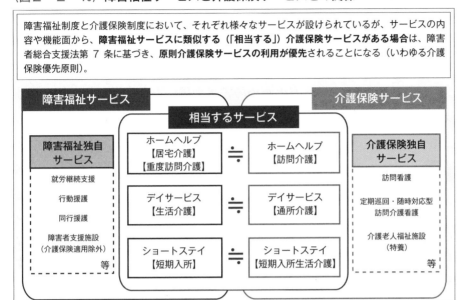

障害福祉制度と介護保険制度において、それぞれ様々なサービスが設けられているが、サービスの内容や機能面から、**障害福祉サービスに類似する（「相当する」）介護保険サービスがある場合**は、障害者総合支援法第 7 条に基づき、**原則介護保険サービスの利用が優先**されることになる（いわゆる介護保険優先原則）。

（出典）厚生労働省資料

を聴き取りにより把握した上で、申請者が必要としている支援内容を介護保険サービスにより受けることが可能か否かを適切に判断する。

　一方、サービス内容や機能から、介護保険サービスには相当するものがない障害福祉サービス固有のものと認められるもの（同行援護、行動援護、自立訓練〔生活訓練〕、就労移行支援、就労継続支援等）については、当該障害福祉サービスに係る介護給付費等を支給する。

　このように、介護保険制度の優先原則は守られつつ、障害福祉サービスの種類や利用者の状況に応じて当該サービスに相当する介護保険サービスを特定し、一律に当該介護保険サービスを優先的に利用するものとはしないこととされた。これは、一律に当該介護保険サービスを優先的に適用させる傾向のあった一部市町村への対応であった。

　また、すでに平成19（2007）年３月に「障害者自立支援法に基づく自立支援給付と介護保険制度との適用関係等について」と題する通知が発出されていたが、平成26（2014）年３月の障害保健福祉関係主管課長会議において、あらためて、市町村が適当と認められる支給量が介護保険サービスのみによって確保することができないと認められる場合等については、居宅介護（ホームヘルプサービス）を中心に支給量について、従来の障害者総合支援法に基づくサービスも受けられるよう市町村に柔軟に対応するよう求めた。

＊46
本書第3部第1章第3
節参照。

　障害者が65歳となり、介護保険制度を利用する場合や、それに伴う共生型サービスの創設等により障害福祉サービスを利用してきた障害者が介護保険サービスを利用する場合などには、**相談支援専門員**[46]と介護保険制度の介護支援専門員との密接な連携が求められる。情報の交換方法、会議の設定方法、情報共有のための書式の統一などを通した、特定相談支援事業者と指定居宅介護支援事業者との連携が全国で始まっている。

3 共生型サービス

＊47
富山型デイサービスは、
年齢や障害の有無にか
かわらず、高齢者・障
害者・子どもがともに
身近な地域でデイサー
ビスを受けられるよう
創設されたもの。平成
5（1993）年に富山県
の民間事業者「このゆ
びとーまれ」が、民家
を改修した小規模な建
物で、対象者を限定せ
ず、自主事業として事
業を開始したのが始ま
りである。

　介護保険と障害福祉のサービスでは、各制度に固有のサービスもあるが、例えば、「富山型デイサービス」[47]のように、高齢者、障害児・者などの多様な利用者に対して、同一の事業所で一体的にサービスを提供する取り組みも、地域の実情に応じて進められてきた。

　そうしたなか、「『地域共生社会』の実現に向けて（当面の改革工程）」（平成29〔2017〕年2月7日、厚生労働省「我が事・丸ごと」地域共生社会実現本部決定）では、「人口減少など地域の実情に応じて、制度の『縦割り』を超えて柔軟に必要な支援を確保することが容易になるよう、事業・報酬の体系を見直す」とされた。その結果、平成30（2018）年の介護保険制度の見直しにおいて、介護保険に**共生型サービス**が創設された（**図2−2−11**）。これにより、障害者が65歳以上になっても、障害福祉で利用してきたサービスを継続して利用できるようになった。

4 精神障害にも対応した地域包括ケアシステムの構築

（1）基本的な考え方

　平成16（2004）年9月に精神保健福祉対策本部が取りまとめた「精神保健医療福祉の改革ビジョン」において「入院医療から地域生活中心へ」という精神保健医療福祉施策の基本的な方策が示されて以降、さまざまな施策が行われてきた。平成26（2014）年には精神保健福祉法に基づく「良質かつ適切な精神障害者に対する医療の提供を確保するための指針」が示され、ここでも、地域生活を支えるための精神医療の実現に向けた方向性も示されている。

　平成29（2017）年2月の「これからの精神保健医療福祉のあり方に関する検討会」報告書では、「地域生活中心」という理念を基軸としな

〈図２−２−11〉 共生型サービスの趣旨等

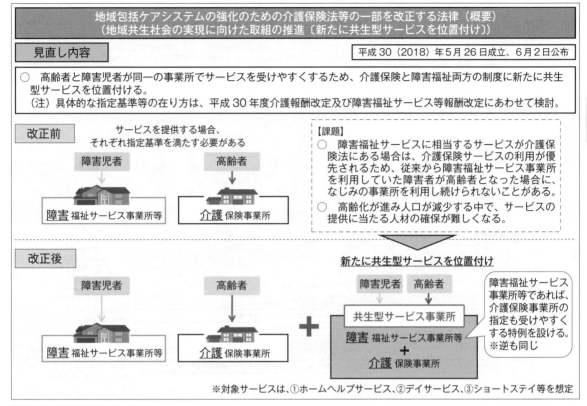

（出典）厚生労働省資料を一部改変

がら、精神障害者のいっそうの地域移行を進めるための地域づくりを推
進する観点から、精神障害者が、地域の一員として、安心して自分らし
い暮らしができるよう、医療、障害福祉・介護、社会参加、住まい、地
域の助け合い、教育が包括的に確保された「**精神障害にも対応した地域
包括ケアシステム**」の構築をめざすことが新たな理念として明確にされ
た（**図２−２−12**）。これは住民一人ひとりの暮らしと生きがい、地域
をともにつくる「地域共生社会」の実現にも寄与するものとして理解す
る必要がある。

　このような「精神障害にも対応した地域包括ケアシステム」の構築に
あたっては、計画的に地域の基盤を整備するとともに、市町村や障害福
祉・介護事業者が、精神障害の有無や程度によらず地域生活に関する相
談に対応できるように、市町村ごとの保健・医療・福祉関係者等による
協議の場を通じて、精神科医療機関、その他の医療機関、地域援助事業
者、当事者・ピアサポーター、家族、居住支援関係者などとの重層的な
連携による支援体制を構築していく必要がある（**図２−２−13**）。

〈図２－２－12〉**精神障害にも対応した地域包括ケアシステムの構築（イメージ）**

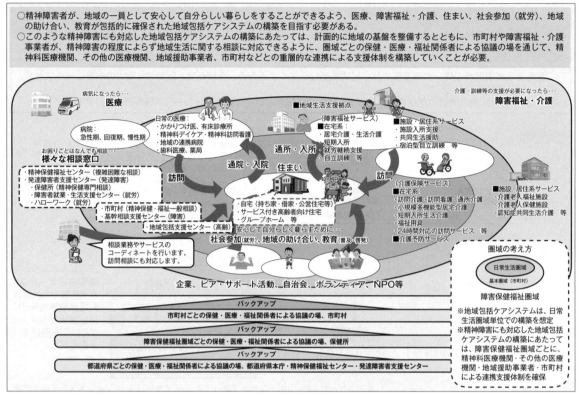

（出典）厚生労働省資料

〈図２－２－13〉**精神障害にも対応した地域包括ケアシステムの構築推進（構築支援）事業**

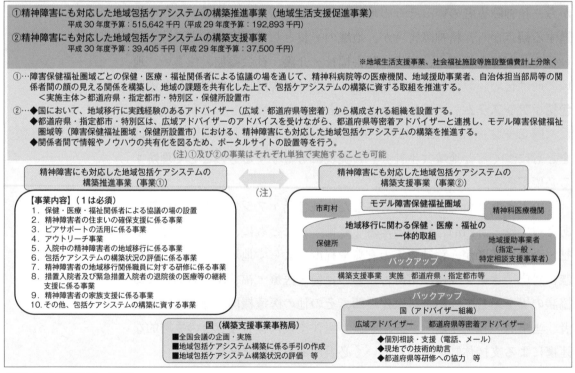

（出典）厚生労働省資料を一部改変

（2）精神障害にも対応した地域包括ケアシステムの構築推進（構築支援）事業

　平成29（2017）年度に創設した精神障害にも対応した地域包括ケアシステムの構築推進（構築支援）事業については、保健・医療・福祉関係者による協議の場を設置した上で、精神障害者の住まいの確保支援など、地域包括ケアシステムの構築に資する事業を実施している。本事業については、平成30（2018）年度より地域生活支援促進事業に位置付けて、実施主体がこれまでの都道府県・指定都市に加え、保健所設置市及び特別区まで拡大された。

　令和2（2020）年度からは、医療機関・指定一般相談支援事業所及び自治体に対し、各種福祉サービスの利用・活用に係る必要な助言等を行うとともに、その取り組みに係る意識啓発を行う構築推進サポーター事業を追加し、精神障害当事者やその家族等からの休日・夜間における相談に対応するため、精神保健福祉センター、精神科救急情報センター、医療機関等に精神医療相談窓口を設置する精神医療相談事業を追加し、精神障害にも対応した地域包括ケアシステムの構築をさらに推し進めている。

5 地域における包括的支援の強化

　平成29（2017）年の「地域包括ケアシステムの強化のための介護保険法等の一部を改正する法律」により社会福祉法が改正され、同法に地域福祉推進の理念が規定されるとともに、市町村は、地域福祉の推進のため、地域住民や支援関係機関等とともに、さまざまな地域生活課題に対応する包括的な支援体制を整備するよう努めることが規定された（法第106条の3）。包括的な支援体制づくりとは、地域住民の地域福祉活動への参加促進のための環境整備、分野横断による地域生活課題への対応と情報提供や助言等を行う体制の整備、地域生活課題の解決に向けた支援を一体的に行う体制の整備である。

　さらに、令和2（2020）年の「地域共生社会の実現のための社会福祉法等の一部を改正する法律」により社会福祉法が改正され、前述の包括的な支援体制を整備する手段の一つとして「重層的支援体制整備事業」が創設された（法第106条の4）。これにより高齢・障害・子ども・生活困窮など分野ごとの支援では対応しがたい複雑・複合化したニーズや制度の狭間にある地域生活課題に対応する「相談支援」、就労支援や見

〈図２－２－14〉重層的支援体制整備事業（社会福祉法第106条の４）の概要

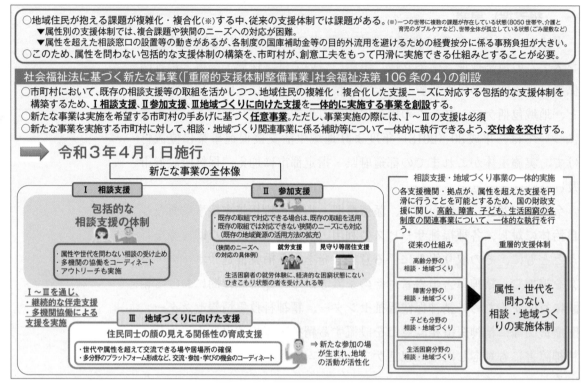

（出典）厚生労働省資料

＊48
本双書第8巻第2部第
1章参照。

守り等、既存の社会参加に向けた支援では対応できないニーズに対応するために社会とのつながりづくりをする「参加支援」、障害分野の地域活動支援センター事業や介護・子ども・生活困窮分野における地域づくりを一体的に行う「地域づくり」が規定された[48]（図２－２－14）。

第**3**章
働く（就労支援）

学習のねらい

　障害の有無にかかわりなく、働くことは人生の中で重要な位置を占めている。しかしながら、障害があると、当たり前に働くためには何らかの支援が必要な場合も少なくない。そこで本章では、障害のある人が働く上での課題と、働くことを支える仕組みについて考えていく。ひと口に「働く」といっても、企業等の事業所に雇用されることから、障害福祉サービスを利用して生産的な活動に従事することまでその範囲は広い。自営などの形態で働く場合も支援の対象となり得よう。さらには、必ずしも労働の対価である賃金等を得なくてもさまざまな社会的役割を果たすこともまた、障害のある人が働く上では重要な要素である。

　以上の認識をふまえた上で、本章では、障害者雇用といわゆる福祉的就労に焦点を当てて、障害のある人の「働く」を支える仕組みやサービスについて概観する。障害者雇用については障害者雇用率制度や職業リハビリテーションサービスによって、福祉的就労についてはその多くが障害者総合支援法に基づく就労系の障害福祉サービスによって、それぞれ働く機会が提供されている。障害者の「働く」現状と課題を押さえながら、それを支えるさまざまな仕組みや連携のあり方を理解することにしたい。

第1節 障害のある人の「働く」現状

1 障害のある人の就労状況

初めに障害のある人の就労状況を概観する。厚生労働省の「障害者の就労支援対策の状況（令和5〔2023〕年9月）」によると、障害者総数推計約964万人のうち、18歳〜64歳の在宅者数は約377万人。いわゆる生産年齢人口は15歳からであるが、実際には18歳からの年齢層を就労支援対策の対象としてとらえた数値である。障害別の内訳で見ると、身体障害者101.3万人、知的障害者が58.0万人、精神障害者が217.2万人となっている。

企業等の事業所（障害者法定雇用率が適用される従業員規模45.5人以上）で雇用されている障害者数は約57.8万人。**図2−3−1**とは別の調査になるが、5年に一度実施される「障害者雇用実態調査（平成30〔2018〕年度）」による推計では、5人以上の民間事業所で雇用されている障害者数は約82.1万人となっている。障害種別で見ると、身体障害は42.3万人、知的障害は18.9万人、精神障害が20万人、発達障害が3.9万人となる（重複計上あり）。学生などもいるので一概にはいえないが、

〈図2−3−1〉就労支援施策の対象となる障害者数／地域の流れ

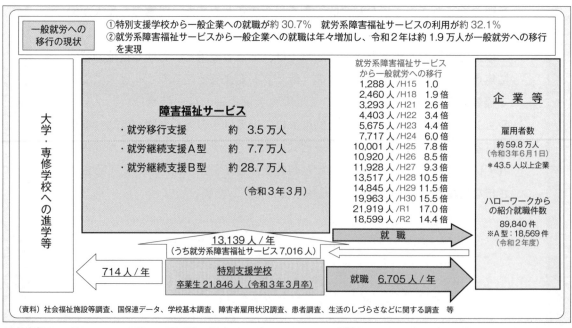

（資料）社会福祉施設等調査、国保連データ、学校基本調査、障害者雇用状況調査、患者調査、生活のしづらさなどに関する調査 等

（出典）厚生労働省資料『令和5年度版厚生労働白書』2023年

前記の在宅者数377万人のうちの20数％にすぎない。

　では、その他の障害者はどこで就労しているのか。「障害者の日常生活及び社会生活を総合的に支援するための法律（障害者総合支援法）に基づく障害福祉サービスのうち、就労支援系といわれる就労移行支援事業に約3.5万人[*1]、就労継続支援A型事業に約7.7万人、就労継続支援B型事業には約28.7万人[*2]と障害福祉サービスとしての就労機会にある者が多いことがわかる（**図2－3－1**）。

　特別支援学校からの就労状況を見ると、さらにその傾向が際立ってくる。例えば、令和3（2021）年3月に全国の特別支援学校を卒業した障害者については、企業への就職が約30.7％、約60％が障害福祉サービスを利用し、うち就労系の福祉サービスを利用している者は7,016人であり卒業生全体の3割程度である。障害福祉サービスから企業等への就職はサービス利用終了者に占める一般就労への移行率を見ると、就労移行支援の場合には平成30（2018）年以降5割を超えているものの、就労継続支援A型やB型では横ばい、あるいは低下傾向にあり、福祉から雇用への移行は、就労移行支援事業等の障害福祉サービスが創設されて変化しつつもなお、困難であることがわかる。

　就労を希望する障害者は、年々増加してきた。厚生労働省の「令和4年度の障害者の職業紹介状況等」によれば、ハローワークへの新規求職申込件数は23万3,434件で前年度比4.2％増、ハローワークを通した就職件数は10万2,537件で前年度比6.6％増であった。前年度に引き続き新型コロナウイルス感染拡大以前に近い水準まで改善した。精神障害者については他の障害に比べて伸びが大きく、新規求職申込件数は12万3,593件で前年度比14.2％増、就職件数は5万4,074件で前年度比17.8％増となっている。これまで精神障害者が企業等で働く機会から遠ざけられていたことを物語っているといえる。

２ 働き方の質と職場定着の状況

　現状を考える上で重要なことは、その数値だけでなく職業生活の質の確保である。どのような働き方をするかによって、その質が変わってくる現状がある。例えば、障害者が働くことによって得られる給与（工賃）にも大きな違いが出てくる。

　企業に雇用されている場合の平均の月額賃金（平成30〔2018〕年5月）を各障害別に見ると、身体障害21.5万円、知的障害11.7万円、精神

＊1
本書第2部第2章第2節2（2）参照。

＊2
本書第2部第2章第2節2（4）参照。

第2部
第3章

＊3
厚生労働省「平成30年度障害者雇用実態調査」。

＊4
令和3（2021）年度厚生労働省調べ。

障害12.5万円、発達障害12.7万円となっている。[3]

　一方、福祉的就労である就労継続支援事業所における平均の月額賃金・工賃（令和3〔2021〕年度）を見ると、原則として労働者として雇用契約を結ぶA型事業所で8万1,645円、雇用契約のない、すなわち労働者としては位置付けられないB型事業所では1万6,507円であり、どちらも労働の対価だけで生計を維持するのはむずかしい。[4]働くことは同じでも、どのような制度に基づく働き方かによって、これだけの差が生じている現実がある。

　もう一つの質の観点が職場への定着である。もちろん、一度就職すれば同じ事業所に長く勤務しなければならないということではないが、職場定着率は安定した職業生活を送れているかを考える上での一つの指標となっている。障害者職業総合センターの「障害者の就業状況等に関する調査研究（平成29〔2017〕年）」によれば、採用後1年の職場定着率は、身体障害者60.8％、知的障害者68.0％、精神障害者49.3％、発達障害者71.5％であり、とりわけ精神障害者の定着率の向上が課題となっている。

　日本の障害者雇用促進制度や職業リハビリテーションにも大きな影響を与えている国際労働機関（ILO）の「職業リハビリテーション及び障害者雇用に関する条約」（第159号条約）には、職業リハビリテーションは、障害者が「職業に就き、それを維持し、それにおいて向上すること」を目的とすると明記されている。単に就職ができればよいのではなく、その仕事を継続することを通して、さらには、その職場において昇進したり、より責任のある仕事に従事したりするような向上が求められているのである。

第2節 障害者雇用促進法に基づく一般就労

障害者が一般の企業等で雇用されて働く機会を促進するのが、「障害者の雇用の促進等に関する法律」（**障害者雇用促進法**）とそれに基づく施策である。その一般就労の概要と障害者雇用の達成状況を見ていく。

1 割り当て雇用としての障害者雇用率制度

障害者雇用の促進は、どこの国でも大きな課題である。そのための方法の一つとして、法律によって一定の障害者の雇用を義務付ける割り当て雇用制度がある。ドイツ（法定雇用率5％）、フランス（同6％）等と並んで、日本も代表的な採用国である。逆に、割り当て制度を採用していない国としては、アメリカ、イギリスなどがある。

一般的には障害者雇用率制度とよばれ、日本における同制度の根拠法が障害者雇用促進法である。前身は昭和35（1960）年に制定された身体障害者雇用促進法までさかのぼるが、当初は、身体障害者のみを対象にしていたこと、雇用については努力義務とされるなど、制度としての実効性を上げるためにはさらに年月を要した。

その後、昭和51（1976）年に大幅な改正が行われ、現在の障害者雇用促進法を特色付ける「義務雇用制度」「障害者雇用納付金制度」が導入された。その後も改正が行われてきたが、基本的な枠組みは同様で現在に至っている。

同法第43条に基づき、一般の事業主は、雇用する労働者の数に「**障害者雇用率**」を乗じた数以上の障害者を雇用しなければならないとされている。この法定雇用率は、令和3（2021）年3月以降、民間企業が2.3％、特殊法人等が2.6％となっている（**表2-3-1**）。すなわち、従業員規模43.5人以上の民間事業主であれば、1人以上の障害者を雇用しなければならないことになる。

また、国及び地方公共団体も同法の第38・39条に基づき、雇用する職員の数に障害者雇用率を乗じた数以上の障害者を雇用することが義務付けられている。公的機関は、民間の事業所に率先して取り組むべきことから、国、地方公共団体等が2.6％、都道府県等の教育委員会が2.5％と、一般の民間企業（2.3％）より高い法定雇用率が設定されている。

〈表２-３-１〉 障害者雇用率制度における法定雇用率（令和５〔2023〕年）

	法定雇用率
一般の民間企業	2.3%
特殊法人等	2.6%
国、地方公共団体	2.6%
都道府県等の教育委員会	2.5%

（筆者作成）

　法定雇用率は、就職を希望する障害者数の変化等をふまえ、５年に一度見直されることになっている。最近では、障害者雇用促進法の改正（平成30〔2018〕年施行）によって、精神障害者を法定雇用率の算定基礎に加えることになり、その結果、民間企業は2.0％から2.2％への経過措置の後、令和３（2021）年３月から2.3％へと引き上げられた。さらに、直近の改正により、民間企業については、令和５（2023）年度は2.3％に据え置かれるものの、令和６（2024）年４月からは2.5％へ、令和８（2026）年７月からは2.7％へと段階的に引き上げられる。

　障害者雇用促進法は、障害者雇用率制度、障害を理由とした差別の禁止と合理的配慮の提供、職業リハビリテーションをはじめとした措置等と、障害者がその能力に適合する職業に就くこと等を通じて、その職業生活において自立することを促進するための措置を総合的に講じ、もって障害者の職業の安定を図ることを目的としている。その基本的理念として「障害者である労働者は、経済社会を構成する労働者の一員として、職業生活においてその能力を発揮する機会を与えられるものとする」（第３条）、「障害者である労働者は、職業に従事する者としての自覚を持ち、自ら進んで、その能力の開発及び向上を図り、有為な職業人として自立するように努めなければならない」（第４条）ことを謳っている。同時に、事業主の責務として、「すべて事業主は、障害者の雇用に関し、社会連帯の理念に基づき、障害者である労働者が有為な職業人として自立しようとする努力に対して協力する責務を有するものであって、その有する能力を正当に評価し、適当な雇用の場を与えるとともに適正な雇用管理を行うことによりその雇用の安定を図るように努めなければならない」（第５条）とされる。

2 障害者雇用率制度と両輪を成す障害者雇用納付金制度

　障害者雇用促進法に基づき、法定雇用率の達成を課せられる規模の民

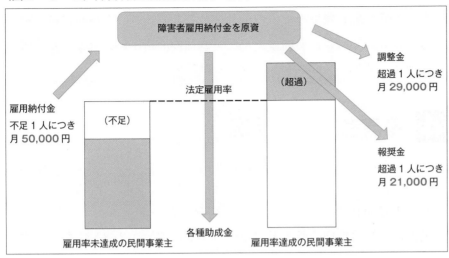

〈図２−３−２〉障害者雇用納付金制度の概要

（出典）厚生労働省資料をもとに筆者作成

間事業主で、法定雇用率の未達成の事業主は障害者雇用納付金を納付しなければならない。これは、障害者雇用の促進にはすべての事業主が連帯して取り組むという考え方から、障害者の雇用に伴う事業主の経済的負担の調整を図るとともに、全体としての障害者の雇用水準を引き上げることを目的としている。障害者雇用率を達成していない常用労働者100人超の企業から**障害者雇用納付金**を徴収し、それらを原資として、雇用率を達成している企業に対してその経済的負担を調整・軽減するための調整金、報奨金や、その他の障害者の雇用の促進等を図るための各種助成金等が支給されている。対象となる企業規模は、順次引き下げられ、平成27（2015）年４月からは前述の規模になっている。

　障害者雇用納付金の金額は政令で定められる。その考え方は、事業主が法定雇用率に基づく数の障害者を雇用するものとした場合に、その対象障害者である者１人につき通常必要とされる１か月当たりの特別費用の額の平均額が基準になっている。その特別費用とは、対象となる障害者を雇用する場合に必要な施設、設備の設置・整備、その他の対象障害者の適正な雇用管理に必要な措置に通常要する費用などとされている。

　障害者雇用納付金制度の概要は**図２−３−２**に示すとおりである。

③ 障害者雇用率の算定の取り扱い

　障害者雇用率の算定にあたっては、重度障害者１人を２人分（短時間労働者である重度身体障害者・知的障害者の場合には１人分）、短時間

＊5
報奨金の対象は、常用労働者が100人以下で障害者を４％または６人のいずれか多い数を超えて雇用する場合。令和６（2024）年度からは、障害者雇用調整金・報奨金ともに支給対象人数に応じて支給調整が行われる。

＊6
ここでいう短時間とは、週20時間以上30時間未満のことである。さらに、令和６（2024）年４月からは10時間以上20時間未満も算定対象となる。

労働者である障害者は0.5人分と計算する仕組みである。また、一定の条件の下で障害者雇用のための子会社として認証された場合には、その雇用障害者数を親会社や同じグループ会社の雇用率に算入できる特例子会社制度、グループ適用などが設けられている。

4 障害者雇用の状況

近年では、大企業を中心に障害者雇用が進んでいる。例えば、厚生労働省「令和4年障害者雇用状況の集計結果」によると、令和4（2022）年6月1日現在の障害者雇用状況（**表2-3-2**）では、1,000人以上の規模の企業は平均の障害者雇用率（実雇用率）が2.48％であり、法定雇用率2.3％を超えている。かつては、中小企業が障害者雇用推進の中核を担っていたが、現在は逆転して大企業の取り組みが目立っている。

そのような大企業の障害者雇用を進める原動力の一つが**特例子会社**である。特例子会社とは、障害者雇用促進法に基づき、一定の要件を満たして認可されると、特例としてその子会社に雇用されている労働者を親会社に雇用されているものとみなして、実雇用率を算定できる仕組みである。特例子会社をもつ親会社については、関係する子会社も含め、企業グループによる実雇用率算定を可能としている。認証されている企業は令和4（2022）年6月現在では579社に上る。

特例子会社の第一義的な役割は、親会社、グループ会社の障害者雇用の促進であるが、それにとどまらない機能、例えば、特例子会社での勤務経験を基盤に親会社への移籍をめざす障害者を支援すること、あるいは親会社やグループ会社はもとより、他社にも障害者雇用ノウハウを伝達・普及していくことなども、雇用の促進において重要な役割である。

〈表2-3-2〉民間企業における障害者雇用状況の概要

（令和4〔2022〕年6月1日現在）
・雇用障害者数は61万3,958人（対前年比2.7％増、1万6,172人増）
・全体の実雇用率は2.25％（対前年比で0.05ポイント上昇）
・法定雇用率を達成している企業の割合は48.3％（対前年比1.3ポイント上昇）
・企業規模別の実雇用率は、「43.5〜100人未満」で1.84％（前年度1.81％）、「100〜300人未満」2.08％（前年度2.02％）
・「500人〜1,000人未満」は2.26％（前年度2.20％）
・「1,000人以上」は2.48％（前年度2.42％）と法定雇用率（2.3％）を上回っている

（出典）厚生労働省「令和4年 障害者雇用状況の集計結果」

5 障害者雇用の「質」の確保と合理的配慮の提供

（1）障害者雇用における「質」とは

　障害者雇用については、雇用率制度による量的な促進のみならず、その質の確保がさらに重要である。雇用の質は、労働条件に規定されるところも少なくないが、職場定着が大きな意味をもっている。もちろん、就職後、どの程度の時間が経過すれば「定着」なのかはさまざまな考え方があり、一様ではない。しかしながら、物理的な時間の問題ではなく、障害者と職務や職場との適切なマッチング、障害者を支える職場の人間関係や作業環境、そして、障害者自身が自己効用感や、役割意識、あるいは他者とのつながりや社会との連帯感、自己実現の実感等の質的側面の確保・充実が極めて重要といえる。

　具体的な職場定着のための支援としては、**職場適応援助者（ジョブコーチ）**を活用した支援、就労移行支援事業所や、障害者就業・生活支援センターあるいは市町村レベルの就労支援機関等による多様な取り組みがある。さらには、こうした支援機関のみならず、職場内外の障害者同士のピアサポートやセルフヘルプ（自助）等の活動を通じて、職業生活における諸課題の解決を図ることもあり、重層的なチャンネルやネットワークによって、職場定着を進めていくことが鍵でもある。

（2）合理的配慮の提供

　もう一つ、障害者雇用の場面において質を高める上で重要な鍵を握るのが職場における合理的配慮の提供である。障害者雇用促進法の平成25（2013）年6月改正で、すべての事業主に対して、雇用の分野における障害者に対する差別の禁止と、障害者が職場で働くにあたっての支障を改善するための措置、すなわち合理的配慮の提供義務を課すことになった。同時に、その措置が事業主に対して過重な負担を及ぼすこととなる場合を除くとされ、差別の種類や過重な負担の範囲等について、国の「指針」によって具体的な事例が示されている。

　職場における差別禁止と合理的配慮の提供は、国連の障害者権利条約（日本政府は平成26〔2014〕年1月に批准）の考え方に基づいている。雇用以外の場面においても、事業所（公的機関や民間事業所）はそれぞれの業務において、障害を理由とした差別が禁止され、また、合理的配慮の提供が求められるが、それらについては「障害を理由とする差別の解

消の推進に関する法律」（障害者差別解消法）によって規定されている。

　特に、合理的配慮とは国連の障害者権利条約によってもたらされた概念ともいえ、同条約では「障害者が他の者と平等にすべての人権及び基本的自由を享有し、又は行使することを確保するための必要かつ適当な変更及び調整であって、特定の場合において必要とされるものであり、かつ、均衡を失した又は過度の負担を課さないもの」という趣旨が規定されている。職場において、障害を理由とした差別が行われてはならないことは当然であるが、同条約では合理的配慮を否定することや提供しないこともまた障害を理由とした差別にあたるとしているため、障害のある労働者にとっても雇用の質を向上させていく上で重要な概念となる。

（3）障害者雇用促進法における差別禁止と合理的配慮のポイント

❶職場における差別禁止のポイント

　差別禁止の対象となる障害者の範囲は、障害者雇用促進法に規定する障害者、すなわち障害者雇用率の対象となる障害者手帳所持者等より広い範囲にわたる。

　対象となる事業主の範囲は、前述のとおり公的機関・民間を問わずすべての事業主である。募集・採用、賃金、配置、昇進などの雇用に係るあらゆる項目において、障害を理由とした差別を禁止している。

　障害を理由とした直接差別を禁止するとともに、車いす、補助犬その他の支援器具などの利用、介助者の付き添いなどの社会的不利を補う手段の利用などを理由とする不当な不利益取り扱いも含まれている。

　ただし、障害者を有利に取り扱うこと（積極的差別是正措置）や、合理的配慮を提供し、労働能力などを適正に評価した結果として異なる取り扱いを行うことなどは、差別にあたらない。

　これらの対応の前提として、事業主や同じ職場で働く者が障害特性に関する正しい知識の取得や理解を深めることが重要なことも示されている。

❷合理的配慮の提供のポイント

　合理的配慮についても、障害者、事業主の範囲は「差別禁止」と同じである。合理的配慮は、障害者の個々の事情と事業主側との相互理解の中で提供されるべき性質のものと位置付けられている。

　特に、「募集・採用時」には障害者から事業主に対し、支障となっている事情などを申し出ることが求められ、採用後には、事業主から障害

〈表2-3-3〉 合理的配慮指針別表における例示

> ●募集及び採用時
> ・募集内容について、音声等で提供すること（視覚障害）
> ・面接を筆談等により行うこと（聴覚・言語障害）　など
>
> ●採用後
> ・机の高さを調節することなど作業を可能にする工夫を行うこと（肢体不自由）
> ・本人の習熟度に応じて業務量を徐々に増やしていくこと（知的障害）
> ・出退勤時刻・休暇・休憩に関し、通院・体調に配慮すること（精神障害ほか）　など

(出典) 厚生労働省「合理的配慮指針」をもとに筆者作成

者に対し、職場で支障となっている事情の有無を確認することを求めている。合理的配慮に関する措置について事業主と障害者で話し合うことが前提とされ、それによって事業主は合理的配慮に関する措置を確定し、内容・理由を障害者に説明することになる。

　すべての障害種類と、あらゆる産業・職業ごとの職場事情とを組み合わせた合理的配慮の提供内容を網羅して示すことはできないが、国の合理的配慮提供指針には、**表2-3-3**に示すように障害の種類ごとに考え得る合理的配慮が例示されている。

6 障害者雇用を支える関係機関

　障害者を雇用する事業主に対して、相談や支援を行う中心的な機関として、以下の3つの機関に焦点を当てておく。

(1) 公共職業安定所（ハローワーク）

　公共職業安定所（ハローワーク）は、障害者雇用において、職業紹介、職業指導、求人開拓などを担う中核的な国の機関である。具体的には就職を希望する障害者を登録し、専門の職員や職業相談員が障害の態様や適性、希望職種等に応じたきめ細かな職業相談、職業紹介、職場適応指導を実施している。同時に、障害者を雇用する事業主や、新たに雇用しようとする事業主に対して、障害者の雇用管理上の配慮などについての助言も実施している。

　一方で、事業所に対して、障害者雇用率の達成指導も行っている。全国で544か所ある（令和5〔2023〕年4月現在、出張所と分室を含む）。

(2) 地域障害者職業センター

　地域障害者職業センターは、独立行政法人高齢・障害・求職者雇用支援機構が運営する、地域の中核的な職業リハビリテーション機関であ

る。障害者職業カウンセラーによる障害者に対する職業評価や職業準備支援のほか、事業主に対して職場配置・職務設計、職場での配慮の助言、従業員への研修などの専門的な支援を行っている。また、就職した障害者が円滑に職場に適応することをめざし、事業所にジョブコーチを派遣することで事業主と障害者双方に対する支援も実施している。さらには、精神障害の職場復帰の支援（リ・ワーク支援[*7]）を行っている。

全都道府県に1か所ずつ（47か所）と5支所がある（令和5〔2023〕年4月現在）。

（3）障害者就業・生活支援センター

障害者就業・生活支援センターは、障害者の身近な地域（障害保健福祉圏域）において、就業面と生活面の一体的な相談支援を行う障害者雇用促進法に基づく機関である。事業主からの雇用管理についての相談にも対応する。また、地域の雇用、保健医療福祉、教育などの関係機関との連携の拠点として機能している。就業支援、生活支援を担う職員で構成されており、運営は社会福祉法人、公益法人、NPO法人等が担っている。また、自治体によっては、身近な基礎自治体である市区町村の障害者就労支援センターが設置され、障害者就業・生活支援センターと同様、就業面のみならず生活面での支援が行われている。

全国で337か所ある（令和5〔2023〕年4月現在）。

（4）職業能力開発施設

職業訓練を必要とする障害者については、国、都道府県と、独立行政法人高齢・障害・求職者雇用支援機構が設置・運営する職業能力開発施設や、民間教育訓練機関等が必要な連携を図りながら、障害特性に応じた職業訓練を実施するとともに、訓練技法の向上等に取り組んでいる。一般の職業能力開発校においても障害者を対象とした訓練科の設置を行うとともに、国立・都道府県立合わせて19校の障害者職業能力開発校が展開している。さらには、企業、社会福祉法人、民間機関等に委託して実施する障害者職業訓練プログラムなど多様なニーズに対応する仕組みも用意されている。

このほかにも、学齢期の障害児については特別支援学校等における進路支援も重要な要素であり、発達障害者支援センター、難病相談支援センター等もそれぞれの相談対象者に応じた就労に関する相談支援が行われている。

第3節 障害者総合支援法に基づく福祉的就労

1 障害者総合支援法に基づく就労系障害福祉サービス

就労系の障害福祉サービスは、障害者総合支援法に基づく**就労移行支援事業、就労継続支援Ａ型事業、就労継続支援Ｂ型事業、就労定着支援事業**である（**表２－３－４**）。実際の就労機会を継続的に提供する意味から、福祉的就労の中核を成すのは就労継続支援事業Ａ型・Ｂ型である。

（1）就労移行支援事業

障害福祉サービスとして、訓練的な機能を果たすもので、生産活動、職場体験など活動の機会の提供、求職活動の支援、職場の開拓、就職後の職場定着支援などを行う。2年間の標準利用期間が定められており、

〈表２－３－４〉 **障害者総合支援法に基づく就労系障害福祉サービス**

	就労移行支援事業	就労継続支援Ａ型事業	就労継続支援Ｂ型事業	就労定着支援事業
事業概要	通常の事業所に雇用されることが可能と見込まれる者に対して、①生産活動、職場体験等の活動の機会の提供その他の就労に必要な知識及び能力の向上のために必要な訓練、②求職活動に関する支援、③その適性に応じた職場の開拓、④就職後における職場への定着のために必要な相談等の支援を行う。（標準利用期間：2年）※必要性が認められた場合に限り、最大1年間の更新可能	通常の事業所に雇用されることが困難であり、雇用契約に基づく就労が可能である者に対して、雇用契約の締結等による就労の機会の提供及び生産活動の機会の提供その他の就労に必要な知識及び能力の向上のために必要な訓練等の支援を行う。（利用期間：制限なし）	通常の事業所に雇用されることが困難であり、雇用契約に基づく就労が困難である者に対して、就労の機会の提供及び生産活動の機会の提供その他の就労に必要な知識及び能力の向上のために必要な訓練その他の必要な支援を行う。（利用期間：制限なし）	就労移行支援、就労継続支援、生活介護、自立訓練の利用を経て、通常の事業所に新たに雇用され、就労移行支援等の職場定着の義務・努力義務である6月を経過した者に対して、就労の継続を図るために、障害者を雇用した事業所、障害福祉サービス事業者、医療機関等との連絡調整、障害者が雇用されることに伴い生じる日常生活又は社会生活を営む上での各般の問題に関する相談、指導及び助言その他の必要な支援を行う。（利用期間：3年）
対象者	① 企業等への就労を希望する者※平成30年4月から、65歳以上の者も要件を満たせば利用可能	① 移行支援事業を利用したが、企業等の雇用に結び付かなかった者② 特別支援学校を卒業して就職活動を行ったが、企業等の雇用に結び付かなかった者③ 就労経験のある者で、現に雇用関係の状態にない者※平成30年4月から、65歳以上の者も要件を満たせば利用可能	① 就労経験がある者であって、年齢や体力の面で一般企業に雇用されることが困難となった者② 50歳に達している者又は障害基礎年金1級受給者③ ①及び②に該当しない者で、就労移行支援事業者等によるアセスメントにより、就労面に係る課題等の把握が行われている者	① 就労移行支援、就労継続支援、生活介護、自立訓練の利用を経て一般就労へ移行した障害者で、就労に伴う環境変化により生活面・就業面の課題が生じている者であって、一般就労後6月を経過した者

（出典）厚生労働省資料をもとに一部改変

期限付きで企業等での一般雇用への移行がめざされる。必要性が認められた場合に限り、最大1年間の更新が可能である。同事業サービス利用終了者の企業等での一般就労への移行は53.4%（令和2〔2020〕年度）となっている。企業で雇用されるかどうかは、労働市場をはじめとした環境要因によるところが大きいが、そもそも一般就労をめざす事業でありながら、直ちには一般就労に結び付いてはいないことにも留意しなければならない。

（2）就労継続支援事業A型

通常の事業所に雇用されることは困難であるが、雇用契約に基づく就労が可能である者に対して、雇用契約の締結等による就労の機会の提供及び生産活動の機会の提供その他の就労に必要な知識及び能力の向上のために必要な訓練等の支援を行う事業である。雇用契約に基づくので、利用者は労働者として位置付けられ、同時に福祉サービスの利用者であるという性格をもつ。利用期間には制限はない。

（3）就労継続支援事業B型

通常の事業所に雇用されることが困難であり、雇用契約に基づく就労が困難である者に対して、就労の機会の提供及び生産活動の機会の提供その他の就労に必要な知識及び能力の向上のために必要な訓練その他の必要な支援を行う事業である。利用期間に制限はない。

（4）就労定着支援事業

対象者は、就労移行支援、就労継続支援、生活介護、自立訓練等の利用を経て、通常の事業所に新たに雇用され、就労移行支援等の職場定着の義務期間または努力義務期間である6か月を経過した者とされる。就労の継続を図るために、障害者を雇用した事業所、障害福祉サービス事業者、医療機関等との連絡調整、障害者が雇用されることに伴い生じる日常生活または社会生活を営む上でのさまざまな問題に関する相談、指導及び助言その他の必要な支援を行う事業である。最大の利用期間は3年間。

② 就労系福祉サービスの現状と課題

（1）就労移行支援事業の現状と課題

　障害者自立支援法制定前の就労系の施設体系であった障害者授産施設における就労移行の機能は、全体として小さなものであった。障害福祉サービスとして就労支援を担う就労移行支援事業が、その明確な役割と機能を担うようになったことの意義は大きい。厚生労働省の資料によれば、事業所数は3,353か所、利用実人員数は39,271人に上る。[8]

　一般就労への移行率は53.4％であるが、事業の趣旨が一般就労への移行であるのに、なおこの水準にとどまっているのは課題といえる。[9]

（2）就労継続支援事業の現状と課題

❶労働者性をめぐる論点と課題

　「労働者」とは、「職業の種類を問わず、事業又は事務所に使用される者で、賃金を支払われる者をいう」（労働基準法第9条）と規定されている。しかしながら、就労継続支援事業B型などの福祉的就労に従事する障害者は、雇用契約を結ぶ就労継続支援事業A型利用者を除くと「労働者」ではない位置付けとなっている。これらの利用者は、①利用者の出欠、作業時間、作業量等が利用者の自由であること、②各障害者の作業量が予約された日に完了されなかった場合にも、工賃の減額、作業員の割当の停止、資格剥奪等の制裁を課さないものであること、③生産活動において実施する支援は、作業に対する技術的指導に限られ、指揮監督に関するものは行わないこと、④利用者の技能に応じて工賃の差別が設けられていないこと、この4つの条件を満たすことで、労働者としては扱われないことになる。つまり、事業所はこれらの利用者を雇用契約のある労働者のように指揮命令系統の中で就労させることはできないことになる。

　しかし、労働者性を巡っては、福祉的就労における障害者も労働者として労働関係法規でその権利を守ることの必要性も指摘される。障害者雇用の積極的な推進と、福祉から雇用へ、逆に雇用から福祉への移行へと障害者が選択できるような多様な働き方を保障する仕組みとあわせて検討していく必要がある。

❷工賃向上がめざすもの

　障害者が就労する事業所において、工賃水準の向上は地域生活を実

＊8
厚生労働省「令和3年社会福祉施設等調査の概況」令和4（2022）年12月。

＊9
社会保障審議会障害者部会第126回資料。令和4（2022）年4月8日。

現・充実させる上で重要な要素といえる。少なくとも最低賃金水準の3分の1に相当する工賃を確保できれば、障害基礎年金と合わせることでグループホーム等による地域生活が見込めることが提起され、工賃水準の引き上げへの取り組みが行われてきた。

　障害者自立支援法施行後の平成19（2007）年に国が打ち出した「成長力底上げ戦略」では、就労支援戦略として、「『福祉から雇用へ』推進5か年計画」の策定・実施により、セーフティーネットを確保しつつ、可能な限り就労による自立・生活の向上を図ることがめざされた。その柱であった「工賃倍増5か年計画」による福祉的就労の底上げでは、同計画に基づき、官民一体となった取り組みを推進することが求められ、その後工賃向上計画へと発展している。

　こうした取り組みによって、同計画対象施設の平均工賃の伸びは、就労継続支援B型事業所について見れば、平成22（2010）年度が1人当たり月額1万3,079円であったのが、前述のとおり令和3（2021）年度には、1万6,507円と改善しているものの、当初の「倍増」にはほど遠い現状である。工賃水準の向上に対する事業所の意識は高まっているが、安定的な受注の確保や、市場の拡大、役務の質の確保・向上等、構造的な課題も少なくない。

第4節　障害者優先調達推進法

1 障害者優先調達推進法の概要

こうした工賃水準の向上に向けた構造的な課題の解決において、「追い風」となることが期待されるのが、平成24（2012）年に成立した「国等による障害者就労施設等からの物品等の調達の推進等に関する法律」（**障害者優先調達推進法**）である。同法は翌平成25（2013）年4月1日に施行された。

同法の趣旨は、国等における障害者就労施設等からの物品等の調達の推進等に関して、障害者就労施設等の受注の機会を確保するために必要な事項等を基本方針として定めるとともに、各省庁において調達計画を策定して障害者就労施設等が供給する物品等に対する需要を増進することとされている。さらに、その調達実績も公表されるなど、従来から障害者就労支援事業関係者において期待が寄せられてきた「官公需」の受注促進を後押しする法的な整備がなされたことになる。長年の障害者就労事業関係者の願いが結実する法制であり、それゆえ、関係者自らが同法の趣旨の実現に向けた活動をさらに強化していくことも求められている。

地方公共団体においても同様に、調達方針を策定し、その実績を公表することとなり、国、国の出先機関、地方公共団体、独立行政法人等、公共性の高い組織での発注促進が期待される。対象となる事業所等は**表2－3－5**に示すとおりである。

〈表2－3－5〉**対象となる障害者就労施設等**

・就労移行支援事業所
・就労継続支援事業所（A型・B型）
・生活介護事業所
・障害者支援施設（就労移行支援、就労継続支援、生活介護を行うものに限る）
・地域活動支援センター
・小規模作業所
・障害者雇用促進法の特例子会社
・重度障害者多数雇用事業所
・在宅就業障害者等

（出典）WAM NET（ワムネット）「障害者優先調達推進法について」をもとに筆者作成

② 共同受注窓口組織の役割

　同法第11条は、「障害者就労施設等は、単独で又は相互に連携して若しくは共同して、購入者等に対し、その物品等に関する情報を提供するよう努めるとともに、当該物品等の質の向上及び供給の円滑化に努めるものとする」と定めている。

　当然のことながら、就労支援事業所では、その規模等によって大規模な発注には対応できないことも多く、せっかくの受注機会をみすみす失うことにもなりかねない。「相互に連携して若しくは共同して」購入者等への対応をすること、すなわち、障害者就労支援事業所が共同で官公需を受注するための仕組みとして、共同受注窓口等の設置が進められている。例えば、障害者就労支援事業所が構成員となって、特定非営利活動法人などの共同受注窓口組織を立ち上げ、大規模な公的行事の開催に伴う大量の記念品の製作を共同で受注するような取り組みがみられる。

第5節　雇用と福祉の連携

1　障害者就労に向けたハローワークを中心とした「チーム支援」

　福祉施設や医療機関から一般就労へと移行する上で、労働分野の支援機関のみならず、関係機関が支援対象者の意思を尊重しながら連携して支援していくことが重要である。特に、生活面や健康面での課題に適切に対応し、質の高い職業生活を安定的に送るためにチームによる支援が欠かせない。

　「チーム支援」とは、福祉施設等の利用者をはじめ、就職を希望する障害者一人ひとりに対して、ハローワーク職員と福祉施設等の職員、その他の機関における就労支援担当者がチームを結成し、就職から職場定着まで一貫した支援を実施するものである。平成18（2006）年度からスタートしている。可能な限り、障害者就業・生活支援センターがチームに参加し、生活面の支援を継続的に実施するとともに、精神障害者等の支援対象者が医療機関を利用している場合は、その医療機関に対して

〈図２－３－３〉 **障害者就労に向けたハローワークを中心とした「チーム支援」**

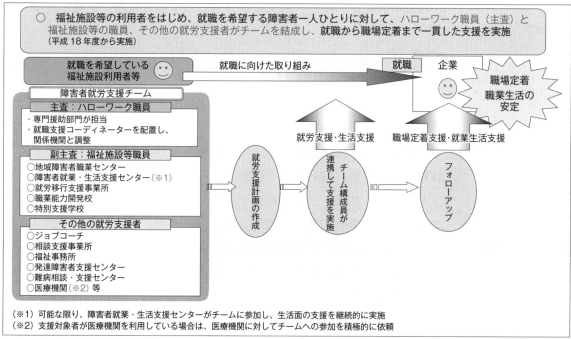

（出典）厚生労働省資料

もチームへの参加を積極的に依頼することとされている。

　同時に、支援対象者や雇用する事業所もまたチームを担う一員であることを関係者が意識することが、支援の実効性を高めていく上で有効である。

2 雇用施策との連携による重度障害者等就労支援特別事業

　介護や通勤支援を必要とする重度障害者の雇用を促進するため、令和2（2020）年から「雇用施策との連携による重度障害者等就労支援特別事業」が開始された。

　雇用する重度障害者等のために職場介助者・通勤援助者を委嘱した企業に対し、一定の条件の下で障害者雇用納付金制度に基づく助成金を支給すると同時に、その助成期間が終了した後、あるいは自営や企業で働く重度障害者等に対して、市町村から重度訪問介護等事業者を通じ、通勤や職場等における支援を実施するものである。制度が開始されて日が浅いため、助成金の申請等の実績は今後の課題だが、仕事中の介護や通勤支援を必要とする重度障害者等に対して、雇用施策と福祉施策が連携して支援を提供するものとして期待されている。福祉施策については、各自治体の裁量によるところが大きいので、この事業を実施する自治体が増える必要があるが、新たな連携策として取り組みが期待される。

3 協議会における就労支援のための連携

　雇用と福祉の連携について、地域で実質的な検討を行う場として自治体が取り組む（自立支援）協議会の活動がある。障害者総合支援法に基づき設置される同協議会では、障害者相談支援の充実、精神障害者の地域移行等のほか、就労支援を優先的テーマとして位置付けている地域も少なくない。労働・福祉・教育・保健医療・当事者団体などの構成員による、一般就労への移行の促進、工賃向上のための協力体制のあり方等についての情報提供と議論が期待される。

　さらに、障害者の雇用・就労を地域全体の枠組みでとらえ直してみることも重要であり、こうした協議や実践の機会は、住民を巻き込んだ新たな地域経済活動を構築する機会にもなり得るのである。

BOOK 学びの参考図書

● 中島隆信『新版 障害者の経済学』東洋経済新報社、2018年。
　障害者福祉の全体像を経済学の視点で分析。その上で、障害者の働き方改革の観点から雇用・就労の課題の改善に迫る。
● 日本職業リハビリテーション学会 監修、職リハ用語集編集委員会 編『障害者雇用・就労支援のキーワード 職業リハビリテーション用語集』やどかり出版、2020年。
　障害者雇用と就労支援に関する68のキーワードを選定し、理念から法制度、支援方法まで体系的かつ具体的に解説している。

参考文献

● 丹下一男『担当者必携 障害者雇用入門』経団連出版、2017年
● 高齢・障害・求職者雇用支援機構 編『令和2年版障害者職業生活相談員資格認定講習テキスト』独立行政法人高齢・障害・求職者雇用支援機構、2020年
● 永野仁美・長谷川珠子・富永晃一 編『詳説 障害者雇用促進法』弘文堂、2016年
● 日本職業リハビリテーション学会 編『職業リハビリテーションの基礎と実践−障害のある人の就労支援のために』中央法規出版、2012年
● 松井亮輔「障害者権利条約から見た日本の障害者の『働き方改革』のあり方」『福祉労働』第156巻（2017年）、現代書館

第2部 障害者に対する法制度

第4章

育つ・学ぶ（育成支援）

学習のねらい

　子どもの障害に関しては、早期に発見して、早期の療育を行っていくことや子どものライフステージ（乳児期、幼児期、学齢期等）を通して一貫した支援を実施していくこととともに、医療、保健、福祉、教育、労働などの多様な領域の機関や事業所が互いに連携しながらネットワークを構築して支援していくことが重要である。また子ども期においては、学校教育の時期が長く、障害のある子どもへの新たな教育システムである特別支援教育と、福祉等との緊密な連携が求められている。

　本章は、児童福祉法や母子保健法を通して子どもの健全育成に関する支援について、そして学校教育法を通して特別支援教育等についての理解を深めることを目的とする。

第1節 児童福祉法

*1
本双書第5巻第1部第1章参照。

　*1
　児童福祉法は、敗戦後の混乱が残り、戦災孤児、引き揚げ孤児等の街頭浮浪児への対策や処遇が急務とされていたなか、すべての児童を視野に入れて、次代のわが国を担う児童を心身ともに健やかに育んでいくことを主たる目的に、昭和22（1947）年に制定され、昭和23（1948）年に施行された。

1 児童福祉法の概要

（1）法の目的

　児童福祉法は、その第2条において、すべての国民は、児童が良好な環境において生まれ、健やかに育成されるよう努めなければならないとしている。障害児は障害児である前に児童であることを考えれば、障害児も一般の児童と同様に健やかに育成される必要がある。その上で、障害児だからこそ特別な配慮が必要とされる。

　同法第1条においては、児童の権利に関する条約（児童権利条約）などの理念に基づき、子どもの意見の尊重や子どもの最善の利益の確保など権利主体としての子どもの存在が規定されたものとなっている。子どもの保護者は、子どもを心身ともに健やかに育成することについて第一

〈表2-4-1〉児童福祉法

（児童の福祉を保障するための原理） 第1条　全て児童は、児童の権利に関する条約の精神にのっとり、適切に養育されること、その生活を保障されること、愛され、保護されること、その心身の健やかな成長及び発達並びにその自立が図られることその他の福祉を等しく保障される権利を有する。 （児童育成の責任） 第2条　全て国民は、児童が良好な環境において生まれ、かつ、社会のあらゆる分野において、児童の年齢及び発達の程度に応じて、その意見が尊重され、その最善の利益が優先して考慮され、心身ともに健やかに育成されるよう努めなければならない。 2　児童の保護者は、児童を心身ともに健やかに育成することについて第一義的責任を負う。 3　国及び地方公共団体は、児童の保護者とともに、児童を心身ともに健やかに育成する責任を負う。 （原理の尊重） 第3条　前2条に規定するところは、児童の福祉を保障するための原理であり、この原理は、すべて児童に関する法令の施行にあたって、常に尊重されなければならない。

義的責任を負うとされているが、児童虐待の増加など子どもの権利が侵害されている状況が懸念されている。障害者の権利に関する条約（障害者権利条約）に基づく、障害を理由とする差別の解消の推進に関する法律（障害者差別解消法）の施行などにより、障害児は、子どもでかつ障害があることから複合的差別を受けやすい存在として、差別の禁止や合理的配慮の必要性が叫ばれている。

（2）対象

　児童福祉法第4条では、児童とは、満18歳に満たない者をいい、児童を乳児（満1歳に満たない者）、幼児（満1歳から、小学校就学の始期に達するまでの者）、少年（小学校就学の始期から、満18歳に達するまでの者）に分けている。また、障害児とは、身体に障害のある児童、知的障害のある児童、精神に障害のある児童（発達障害児を含む）または治療方法が確立していない疾病その他の特殊の疾病であって「障害者の日常生活及び社会生活を総合的に支援するための法律」（障害者総合支援法）第4条第1項の政令で定めるものによる障害の程度が同項の厚生労働大臣が定める程度である児童とされている。

（3）制度改正の経緯

❶支援費制度から障害者自立支援法へ

　平成12（2000）年の身体障害者福祉法等の一部改正により、平成15（2003）年度から成人のサービス（施設・在宅とも）は、従来の措置制度から契約制度（支援費制度）に移行したが、障害児のサービスは、在宅サービス（ホームヘルプサービス等）のみ契約制度に移行し、施設サービス系は措置制度が継続された。また実施主体も、在宅サービスはすでに市町村であったが、施設サービスは都道府県に残った。

　平成18（2006）年10月から施行された障害者自立支援法により、障害児の施設サービスについても在宅サービスと同様に措置制度から契約制度に移行した。しかし、障害児に対する支援の専門性の担保の観点から、実施主体は都道府県に残った。障害者自立支援法附則第3条では、政府は、法施行後3年をめどとして、この法律の「規定の施行の状況、障害児の児童福祉施設への入所に係る実施主体の在り方等を勘案し、この法律の規定について、障害者等の範囲を含め検討を加え、その結果に基づいて必要な措置を講ずるものとする」とされ、実施主体については今後の課題とされた。在宅サービスの居宅介護、行動援護、児童デイ

サービス、短期入所、重度障害者包括支援が障害者自立支援法に位置付けられ、施設サービスは児童福祉法を継続した。

❷児童福祉法の改正

　障害者自立支援法施行3年後の見直しにおいて、障害児支援のあり方の全体についても検討がなされ、平成20（2008）年「障害児支援の見直しに関する検討会報告書」が出された。報告書では、「障害児については子どもとしての育ちを保障するとともに、障害についての専門的な支援を図っていくことが必要である。しかし、他の子どもと異なる特別な存在ではなく、他の子どもと同じ子どもであるという視点を欠いてはならない」とされた。今後の支援の基本的な視点として、「①本人の将来の自立に向けた発達支援、②子どものライフステージに応じた一貫した支援、③家族を含めたトータルな支援、④できるだけ子ども・家族にとって身近な地域における支援」の4つを柱とする改革の方向性が示された。

　このような報告書や社会保障審議会の意見を受け、平成22（2010）年に児童福祉法の一部改正が行われ、平成24（2012）年4月から施行されている。障害児施設については、これまで肢体不自由児通園施設、知的障害児通園施設、難聴幼児通園施設の通所サービスと肢体不自由児施設、知的障害児施設、重症心身障害児施設等の入所サービスに大きく分かれていたが、この改正により、大きく障害児通所支援と障害児入所支援（それぞれ医療型と福祉型がある）となり、障害児通所支援では、発達支援センター、放課後等デイサービス、保育等訪問支援などが新たな児童福祉サービスとして児童福祉法に位置付けられた。

　また、障害児相談支援については、障害児支援利用援助により支援計画の作成が義務付けられ、継続障害児支援利用援助（モニタリング）が必要に応じて実施され、障害児にもケアマネジメントが制度化された。

　令和4（2022）年6月の児童福祉法の改正では、福祉サービスを行う福祉型児童発達支援センターと、治療（リハビリテーション）を行う医療型児童発達支援センターについて、すべての障害児を対象とする児童発達支援センターに一元化するものとされた。また、児童発達支援センターは、地域の障害児支援の中核的な役割を担う機関であることが明確化され、高度かつ専門性の高い支援を提供するとともに、障害児の家族支援、地域の障害児通所支援事業所等に対する専門的な助言や援助を行う施設であることが規定された（**図2-4-1**）。

〈図2－4－1〉児童発達支援センターの役割・機能の強化

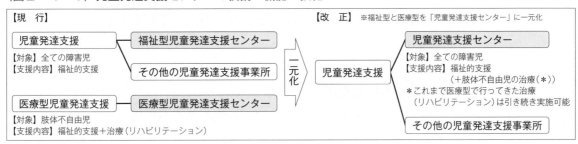

（出典）厚生労働省資料を一部改変

2 障害児支援サービスの内容

（1）障害児通所支援

　障害児通所支援とは、**児童発達支援、医療型児童発達支援、放課後等デイサービス**、居宅訪問型児童発達支援及び保育所等訪問支援をいい、障害児通所支援事業とは、障害児通所支援を行う事業をいう（法第6条の2の2）。

❶児童発達支援

　障害児につき、児童発達支援センターその他の内閣府令で定める施設[*3]に通わせ、日常生活における基本的な動作及び知識技能の習得並びに集団生活への適応のための支援その他の便宜を供与し、あわせて児童発達支援センターにおいて治療（上肢、下肢又は体幹の機能の障害〔肢体不自由〕のある児童に対して行われるものに限る）を行うことをいう（法第6条の2の2第2項）。

❷放課後等デイサービス

　就学している障害児につき、授業の終了後または休業日に児童発達支援センターその他の内閣府令で定める施設[*4]に通わせ、生活能力の向上のために必要な支援、社会との交流の促進その他の便宜を供与することをいう（法第6条の2の2第3項）。

❸居宅訪問型児童発達支援

　重度の障害の状態その他これに準ずるものとして内閣府令で定める状態[*5]にある障害児であって、児童発達支援または放課後等デイサービスを受けるために外出することが著しく困難なものにつき、当該障害児の居

*3
便宜の供与を適切に行うことができる施設（児童福祉法施行規則第1条）。

*4
生活能力の向上のために必要な訓練、社会との交流の促進その他の便宜を適切に供与することができる施設（施行規則第1条の2の2）。

*5
①人工呼吸器を装着している状態その他の日常生活を営むために医療を要する状態、②重い疾病のため感染症にかかる恐れがある状態（施行規則第1条の2の3）

宅を訪問し、日常生活における基本的な動作及び知識技能の習得並びに生活能力の向上のために必要な支援その他の便宜を供与することをいう（法第6条の2の2第4項）。

❹保育所等訪問支援

保育所や障害児または乳児院その他の児童が集団生活を営む施設に入所する障害児につき、当該施設を訪問し、当該施設における障害児以外の児童との集団生活への適応のための専門的な支援その他の便宜を供与することをいう（法第6条の2の2第5項）。

❺障害児相談支援

障害児相談支援は、障害児支援利用援助及び継続障害児支援利用援助の2つのサービスをいう（法第6条の2の2第6項）。

①障害児支援利用援助

障害児の心身の状況、その置かれている環境、当該障害児またはその保護者の障害児通所支援の利用に関する意向その他の事情を勘案し、利用する障害児通所支援の種類及び内容その他の内閣府令で定める事項[*6]を定めた計画案を作成し、または通所給付決定の変更の決定が行われた後に、関係者との連絡調整その他の便宜を供与するとともに、当該給付決定等にかかる障害児通所支援の種類及び内容、これを担当する者その他の内閣府令で定める事項[*7]を記載した計画「障害児支援利用計画」を作成することをいう。

②継続障害児支援利用援助

通所給付決定にかかる障害児の保護者が、継続して障害児通所支援を適切に利用することができるよう、当該通所給付決定にかかる障害児支援利用計画が適切であるかどうかにつき、内閣府令で定める期間ごとに、当該通所給付決定保護者の障害児通所支援の利用状況を検証し、その結果及び当該通所給付決定にかかる障害児の心身の状況、その置かれている環境、当該障害児またはその保護者の障害児通所支援の利用に関する意向その他の事情を勘案し、障害児支援利用計画の見直しを行うことをいう。

（2）障害児入所支援

障害児入所支援とは、障害児入所施設に入所し、または指定発達支援医療機関に入院する障害児に対して行われる保護、日常生活における基本的な動作及び独立自活に必要な知識技能の習得のための支援ならびに

＊6
①当該障害児の総合的な援助の方針及び生活全般の解決すべき課題、②提供される障害児通所支援の目標及びその達成時期、③障害児通所支援の種類、内容、量及び日時、ならびに④障害児通所支援を提供する上での留意事項（施行規則第1条の2の6第1項）。

＊7
①障害児及びその家族の生活に対する意向、②当該障害児の総合的な援助の方針及び生活全般の解決すべき課題、③提供される障害児通所支援の目標及びその達成時期、④障害児通所支援の種類、内容、量、日時、利用料及びこれを担当する者ならびに⑤障害児通所支援を提供する上での留意事項（施行規則第1条の2の6第2項）。

＊8
次に掲げる者の区分に応じ当該各号に定める期間を勘案して、市町村が必要と認める期間。①障害児入所施設からの退所等に伴い、一定期間、集中的に支援を行うことが必要であるもの：1か月間。②同居している家族等の障害、疾病等のため、指定障害児通所支援事業者等との連絡調整を行うことが困難であるもの：1か月間。③通所給付決定または通所給付決定の変更により障害児通所支援の種類、内容または量に著しく変動があったもの：1か月間④その他：6か月間（施行規則第1条の2の7）。

障害児入所施設に入所し、または指定発達支援医療機関に入院する障害児のうち知的障害のある児童、肢体不自由のある児童または重度の知的障害及び重度の肢体不自由が重複している児童（重症心身障害児）に対し行われる治療をいう（法第 7 条第 2 項）。

　障害児入所支援には、福祉型障害児入所支援と医療型障害児入所支援がある。

3　障害児支援施策の現状

（1）援護の実施者
　障害児の施設サービスについては都道府県が、在宅サービスについては市町村が援護の実施者となっている。

（2）相談援助
❶児童相談所
　障害児については、児童福祉行政の第一線機関である**児童相談所**において、児童やその保護者からの相談に応じ、必要な調査判定を行うとともに、それに基づき、必要な助言、指導、施設入所等の措置を行っている。[*9]

　その主な業務は、次のとおりである。

・児童に関する各般の問題について家庭等からの相談のうち、専門的な知識・技術を必要とするものに応じること
・必要な調査ならびに医学的、心理学的、教育学的、社会学的、精神保健上の判定を行うこと
・調査、判定に基づき必要な指導を行うこと
・児童の一時保護を行うこと
・市町村への指導　等

❷保健所及び保健センター
　「保健所」及び「保健センター」は、地域保健法によって設置されている。「保健所」は、地域における公衆衛生の向上及び増進を目的とした行政機関であり、保健師がさまざまな相談等に応じている。都道府県が実施主体であり、広域的・専門的なサービスを実施している。障害児については、療育指導事業や母子保健法に基づく新生児聴覚検査事業等が行われている。

　一方、住民に身近な保健サービスは、市区町村の「保健センター」に

*9
比較的軽易なケースについては、福祉事務所に設置されている家庭児童相談室においても障害児の相談・指導が行われている。

第2部
第
4
章

おいて実施されている。母子保健法に基づき、1歳6か月児健康診査、3歳児健康診査が行われている。

❸発達障害者支援センター

自閉症・アスペルガー症候群その他の広汎性発達障害・学習障害・注意欠陥多動性障害などの発達障害児に対して、相談支援・発達支援・就労支援などを行う発達障害者支援センターが全国に配置されている。

（3）自立支援医療（育成医療）

児童福祉法に基づく福祉措置として、厚生労働大臣が指定した医療機関で身体障害児に対する育成医療の給付が実施されてきた。障害者自立支援法の施行とともに育成医療は自立支援医療の中に組み込まれた。公費医療負担には、整形外科、眼科、耳鼻咽喉科関係の疾患をはじめ、内部疾患も対象とされている。

（4）身体障害者手帳・療育手帳

一貫した指導・相談と、各種の援助措置を受けやすくする目的をもって身体障害児には「身体障害者手帳」が、知的障害児には「療育手帳」が交付されている。

（5）家庭に対する援助

障害児の保護者に対しては、経済面からの安定及び日常生活の援助を図ることを目的として、次のような施策が実施されている。

❶特別児童扶養手当の支給

20歳未満の在宅の重度または中度の障害児の父母などの養育者に対しては、特別児童扶養手当等の支給に関する法律により特別児童扶養手当[10]が支給される。手当の月額は、一級（重度）5万3,706円、二級（中度）3万5,760円である（令和5年〔2023〕年度）。

*10
本双書第6巻第11章第4節参照。

❷障害児福祉手当

重度の障害のため日常生活において常時の介護を要する20歳未満の在宅の障害児に対しては、特別児童扶養手当等の支給に関する法律により障害児福祉手当[10]が支給される。手当の月額は1万5,220円となっている。

❸心身障害者扶養共済制度

　障害児・者を扶養する保護者の死亡後、残される障害児・者の生活の安定と福祉の向上を図るため、地方公共団体において任意加入の心身障害者扶養共済制度が実施されている。加入者である保護者の死亡後、残された障害児・者には、月額2万円（1口につき）が支給される。

4 在宅サービス

　障害児に関する福祉サービスについては、障害者総合支援法によって、介護給付及び訓練等給付が以下のとおり提供される。

❶居宅介護（ホームヘルプ）

　居宅介護は、居宅において入浴、排泄（はいせつ）または食事の介護その他の厚生労働省令で定める便宜を供与することをいう（法第5条第2項）。身体介護や家事援助が提供されるサービスであり、支援費制度で大きく増加した移動介護は移動支援として地域生活支援事業で行われることとなった。

*11
本書第2部第2章第2節1（1）参照。

❷行動援護

　行動援護は、知的障害または精神障害により行動上著しい困難を有する障害者等であって常時介護を要するものにつき、当該障害者等が行動する際に生じ得る危険を回避するために必要な援護、外出時における移動中の介護その他の厚生労働省令で定める便宜を供与することをいう（法第5条第4項）。

*12
本書第2部第2章第2節1（4）参照。

❸短期入所（ショートステイ）

　短期入所（ショートステイ）は、居宅においてその介護を行う者の疾病その他の理由により、障害者支援施設その他の厚生労働省令で定める施設への短期間の入所を必要とする障害者等につき、当該施設に短期間の入所をさせ、入浴、排泄または食事の介護その他の厚生労働省令で定める便宜を供与することをいう（法第5条第8項）。

*13
本書第2部第2章第2節1（7）参照。

*14
本書第2部第2章第2節1（7）参照。

❹重度障害者等包括支援

　重度障害者等包括支援は、常時介護を要する障害者等であって、その介護の必要の程度が著しく高いものとして厚生労働省令で定めるものにつき、居宅介護その他の厚生労働省令で定める障害福祉サービスを包括

*15
本書第2部第2章第2節1（8）参照。

*16
本書第2部第2章第2節1（8）参照。

的に提供することをいう（法第5条第9項）。

❺重度訪問介護

重度訪問介護は、重度の肢体不自由児者であって常時介護を要するものとして厚生労働省令で定めるものにつき、居宅における入浴、排泄または食事の介護その他の厚生労働省令で定める便宜及び外出時における移動中の介護を総合的に供与することをいう（法第5条第3項）。

＊17
本書第2部第2章第2
節1（2）参照。

❻日中一時支援事業

日中一時支援事業は、地域生活支援事業（法第77条）に位置付けられ、デイサービス事業所や小学校等の空き教室等で中高生の障害児を預かるとともに、社会に適応する日常的な訓練を行うものである。

5 医療的ケア児の支援

（1）児童福祉法と医療的ケア児等総合支援事業

医療技術の進歩等を背景として、新生児集中治療室（NICU）等に長期間入院した後、引き続き人工呼吸器や胃ろう等を使用し、たんの吸引や経管栄養などの医療的ケアが必要な児童（**医療的ケア児**）が増加している。そのため、平成28（2016）年5月に児童福祉法が改正され、地方公共団体に対し、医療的ケア児が必要な支援を円滑に受けることができるよう、保健・医療・福祉等の各関連分野の支援を行う機関との連絡調整を行うための体制整備に関する努力義務が規定された（児童福祉法第56条の6第2項）。

さらに、平成31（2019）年4月からは、「医療的ケア児等総合支援事業」が実施されている。その内容は、以下のとおりである。

❶医療的ケア児等の協議の場の設置

地域において、医療的ケア児等の支援に携わる保健・医療・福祉・教育・子育てなどの各分野の関係機関及び当事者団体等から構成される協議の場を設置する。協議の場においては、地域の現状把握・分析・連絡調整・支援内容など、地域全体の医療的ケア児等とその家族が直面する課題及びその対応策の検討を行う。

❷医療的ケア児等支援者養成研修の実施

　医療的ケア児等の支援を総合調整する者（医療的ケア児等コーディネーター）を養成する。また、障害児通所支援事業所等の職員に対して、喀痰_{かくたん}吸引等研修などの医療的ケアの知識・技能習得のための研修を実施する。

❸医療的ケア児等コーディネーターの配置

　保健・医療・福祉・子育て・教育などの必要なサービスを総合的に調整し、医療的ケア児等とその家族に対しサービスを紹介するとともに、関係機関と医療的ケア児等とその家族をつなぐ医療的ケア児等コーディネーターを各地域に配置する。

（2）医療的ケア児支援法

　「医療的ケア児及びその家族に対する支援に関する法律」（医療的ケア児支援法）が、令和 3 （2021）年 6 月に成立し、同年 9 月に施行された。同法は、医療的ケア児及びその家族に対する支援についての基本理念を定め、国、地方公共団体等の責務を明らかにするとともに、保育及び教育の拡充に係る施策その他必要な施策ならびに医療的ケア児支援センターの指定等について定めている。

第2節　母子保健法

　昭和23（1948）年に施行された児童福祉法に基づき、児童福祉行政の一環として妊産婦・乳幼児を対象とした保健対策が講じられ、拡充が図られてきた。しかし、昭和30年代においても妊産婦死亡率が先進諸国に比べて高率にとどまるなどの状況があったことから、健全な児童の出生及び育成の基盤となるべき母性の保健について対策の充実強化が求められ、昭和40（1965）年に**母子保健法**[18]が制定、昭和41（1966）年に施行された。

＊18
本双書第５巻第２部第１章参照。

1 母子保健法の概要

（1）法の目的

　この法律は、母性ならびに乳児及び幼児の健康の保持・増進を図るため、母子保健に関する原理を明らかにするとともに、母性ならびに乳児及び幼児に対する保健指導、健康診査、医療その他の措置を講じ、もって国民保健の向上に寄与することを目的とする（第１条）。

（2）こども家庭センター

　妊娠初期から子育て期において、段階ごとに必要な情報提供や支援が切れめなく行われるよう、母子保健法により平成29（2017）年４月から母子健康包括支援センター（子育て世代包括支援センター）を設置することが市区町村の努力義務とされた。

　その後、令和４（2022）年６月の児童福祉法等の改正によって、母子健康包括支援センターと市区町村子ども家庭総合支援拠点の組織が見直され、全ての妊産婦・子育て世帯・子どもを対象に、保健師等が行う各種相談等（母子保健機能）と、こども家庭支援員等が行う子ども等に関する相談等（児童福祉機能）を一体的に行う機関として、こども家庭センターを設置することが市区町村の努力義務とされた。母子保健法にあった母子健康包括支援センターはこども家庭センターと改称された。

2 障害の早期発見・早期療育

❶健康診査

次に掲げる者に対し、厚生労働省令の定めるところにより、健康診査を行わなければならない（第12条）とされている。

　①満1歳6か月を超え満2歳に達しない幼児（1歳6か月児健康診査）
　②満3歳を超え満4歳に達しない幼児（3歳児健康診査）

❷早期発見

障害を早期に発見し、早期に適正な療育を施すことは、障害の軽減、社会適応能力の向上等にとって重要である。このため、1歳6か月児及び3歳児の健康診査を行い、障害の早期発見に努めるとともに、健康診査の結果、所見が見られる児童について、専門家による事後指導が行われている。市町村が義務付けている1歳6か月児及び3歳児に対する健康診査では、1歳6か月児健康診査は運動や言語を中心に、3歳児健康診査は主として視聴覚や社会的発達（対人関係）を中心に行われている。

❸早期療育

早期療育のための児童発達支援がある。母子保健において障害が発見された児童を児童発達支援に適切につなげることが重要である。

*19
1　身体発育状況
2　栄養状態
3　脊柱及び胸郭の疾病及び異常の有無
4　皮膚の疾病の有無
5　眼の疾病及び異常の有無
6　耳、鼻及び咽頭の疾病及び異常の有無
7　歯及び口腔の疾病及び異常の有無
8　四肢運動障害の有無
9　精神発達の状況
10　言語障害の有無
11　予防接種の実施状況
12　育児上問題となる事項
13　その他の疾病及び異常の有無
（ただし、1歳6か月児健康診査においては、5・6を除く）

*20
本章第1節2参照。

第3節 学校教育法

1 特別支援教育に至る背景

　学校教育法は、連合国軍の占領統治の下、日本国憲法制定後の議会であった第92回帝国議会によって制定され、昭和22（1947）年に教育基本法などとともに施行された。学校教育法は、盲学校・聾学校・養護学校を法に位置付け、それぞれ障害児等に対して、幼稚園、小学校、中学校または高等学校に準ずる教育を施すとされた。また、学校への就学を義務化したが、重度の障害児に対しては就学猶予・就学免除の措置がとられ、ほとんどの場合就学が許可されなかった。また、小学校、中学校または高等学校には、「特殊学級」を置くことができるとされた。

　前年に就学猶予、就学免除が原則として廃止されたことにより、昭和54（1979）年、養護学校の義務化が図られた。重度・重複の障害児も養護学校に入学できるようになる一方、普通学級から障害児を排除する傾向もみられた。

　そのような動向をふまえ、文部科学省が、平成15（2003）年3月、「今後の特別支援教育の在り方について（最終報告）」において学習障害（LD）、注意欠如・多動症（ADHD）、高機能自閉症等を含めた障害のある児童・生徒一人ひとりの教育ニーズに応じて適切な教育的支援を行うために「特殊教育」から**特別支援教育**への転換を打ち出した。平成17（2005）年12月には、中央教育審議会において「特別支援教育を推進するための制度の在り方について（答申）」が取りまとめられた。この答申における提言等をふまえ、制度改正が行われた。

　主な改正点は、通級による指導の対象にLD、ADHDが新たに加えられた（平成18〔2006〕年4月施行）ことと、学校教育法等が改正され、従来の盲・聾・養護学校の制度は複数の障害種別を受け入れることができる特別支援学校の制度に転換され、また小・中学校等においても特別支援教育を推進することが法律上明確に規定されたことである（平成19〔2007〕年4月）。

　さらに、これに伴う関係法令の整備のなかで、障害のある児童の就学先を決定する際には保護者の意見も聴くことが法令上義務付けられた。

　それまでの特殊教育では、障害の種類や程度に応じ、特別な場で教育が行われてきたが、特別支援教育では、知的な遅れのない発達障害も含

め、障害により特別な支援を必要とする幼児・児童・生徒が在籍する幼稚園、小学校、中学校、高等学校、中等教育学校及び特別支援学校のすべての学校において実施されることになった。特別支援教育は、障害のある幼児・児童・生徒が自立し、社会参加していくために必要な力を培うため、その一人ひとりの教育的ニーズを把握し、その可能性を最大限に伸ばし、生活学習上の困難を改善または克服するため、適切な指導及び必要な支援を行うものである。

　特別支援教育は、障害のある幼児・児童・生徒への教育にとどまらず、障害の有無やその他の個々の違いを認識しつつ、さまざまな人々がいきいきと活躍できる「共生社会」の形成の基礎となるものである。

2 学校教育法の概要

　学校教育法は、学校教育制度の根幹を定める法律である。第1条において学校とは、幼稚園、小学校、中学校、義務教育学校、高等学校、中等教育学校、特別支援学校、大学及び高等専門学校とするとされている。

　第8章「特別支援教育」の第72条において、特別支援学校は、視覚障害者、聴覚障害者、知的障害者、肢体不自由者または病弱者（身体虚弱者を含む）に対して、幼稚園、小学校、中学校または高等学校に準ずる教育を施すとともに、障害による学習上または生活上の困難を克服し自立を図るために必要な知識技能を授けることを目的とするとされている。

　第81条第1項では、幼稚園、小学校、中学校、高等学校及び中等教育学校においては、次の各号（下記①〜⑥）のいずれかに該当する幼児、児童及び生徒その他教育上特別の支援を必要とする幼児、児童及び生徒に対し、文部科学大臣の定めるところにより、障害による学習上または生活上の困難を克服するための教育を行うものとするとされている。また、第2項では、小学校、中学校、義務教育学校、高等学校及び中等教育学校には、次の各号（下記①〜⑥）のいずれかに該当する児童及び生徒のために、特別支援学級を置くことができるとされている。

① 知的障害者
② 肢体不自由者
③ 身体虚弱者
④ 弱視者

⑤ 難聴者

⑥ その他障害のある者で、特別支援学級において教育を行うことが適当なもの

　このように、障害があることにより、通常の学級における指導だけではその能力を十分に伸ばすことが困難な子どもたちについて、一人ひとりの障害の種類・程度等に応じ、特別な配慮の下に、特別支援学校や小学校・中学校の特別支援学級、あるいは「通級による指導」において適切な教育を行うことである。

　小・中学校には、特別支援学級や通級による指導を受ける障害のある児童生徒とともに、通常の学級にもLD、ADHD、自閉症などの障害のある児童生徒が在籍していることがあり、これらの児童生徒についても、障害の状態等に即した適切な指導を行う必要がある。通常の学級では、障害のある児童生徒に対し、ていねいに個々の実態を把握し、障害の状態に応じた指導内容や指導方法の工夫を計画的、組織的に行う必要がある。

　そのためには、学級担任や教科担任が担うだけでなく、必要に応じて校内支援体制を活用し、少人数指導や習熟度別指導などによる授業を実施することも必要である。小・中学校等で特別支援教育を推進するための体制整備について、①特別支援教育に関する校内委員会の設置、②児童生徒の実態把握、③**特別支援教育コーディネーター**[21]の指名、④「個別の教育支援計画」の作成と活用、⑤「個別の指導計画」[22]の作成と活用、⑥教員の専門性の向上、⑦関係機関との連携等の取り組みが重要である。

3 就学に関する手続

　教育上特別な配慮が必要な児童・生徒については、就学する学校の指定にあたって、心身の障害の種類・程度等に関する慎重な判断が求められる。このため、市町村教育委員会には、就学指定について専門家による調査・審議を行う「就学指導委員会」を設置し、適正な就学手続きの実施を図ることと定められている（学校教育法施行令第18条の2）。

　しかし、就学指導委員会の決定と保護者の思いが一致しない場合も多い。就学に関する手続きについては、障害のある児童生徒が十分な教育を受けることができるよう、これまでもさまざまな改正が行われてきた。

[21] 特別支援教育のコーディネーター的役割を担う教員のことで、学校における特別支援教育の推進のために、主に、校内委員会・校内研修の企画・運営、関係機関・学校との連絡・調整、保護者の相談窓口を担う役割がある。幼稚園、小学校、中学校、高等学校、中等教育学校及び特別支援学校の校長が指名する。

[22] 障害のある児童・生徒の一人ひとりのニーズを正確に把握し、教育の視点から適切に対応していくという考えの下、長期的な視点で、乳幼児期から学校卒業後まで一貫して的確な教育的支援を行うための計画。また、この計画は、教育のみならず、福祉・医療・労働等の関係機関・関係部局の密接な連携・協力の下で作成される。

　平成14（2002）年には、社会のノーマライゼーションの進展、教育の地方分権の推進等の状況の変化をふまえ、①教育学・医学の観点からの「就学基準」の改正、②「認定就学制度」の創設、③教育学・医学・心理学その他の、障害のある児童・生徒等の就学に関する専門的知見を有する者の意見聴取の義務付け、等の改正が行われた。

　平成19（2007）年には、障害の多様化の状況等をふまえ、一人ひとりの教育的ニーズに適切に対応していくことを目的として、「特殊教育制度」から「特別支援教育制度」への転換が行われ、就学に関する手続についても、市町村の教育委員会による専門家からの意見聴取に加えて、日常生活上の状況等をよく把握している保護者からの意見聴取を義務付ける、等の改正が行われた。

　さらに平成25（2013）年には、平成24（2012）年に提出された中央教育審議会初等中等教育分科会報告「共生社会の形成に向けたインクルーシブ教育システム構築のための特別支援教育の推進」等をふまえ、①市町村の教育委員会が就学予定者のうち就学基準に該当する児童生徒について、総合的な観点から就学先を決定する仕組みの創設、②視覚障害者等が、区域外の小中学校へ就学する場合の規定の整備、③小中学校への就学時または転学時における保護者及び専門家からの意見聴取機会拡大、といった改正も行われている。

　このように、制度改正により、保護者意見の聴取拡大の方向（保護者意見の尊重）など、就学に関する手続きも変化してきている。

＊23
市町村の教育委員会が、就学基準に該当する児童生徒について、小中学校において適切な教育を受けることができる特別な事情がある（認定就学者）と認める場合には、小中学校に就学させることができる。

第2部
第4章

第4節　福祉と教育の連携

1　情報の共有

　平成28（2016）年5月に発達障害者支援法が改正された。その第1条において、「この法律は、発達障害者の心理機能の適正な発達及び円滑な社会生活の促進のために発達障害の症状の発現後できるだけ早期に発達支援を行うとともに、切れめなく発達障害者の支援を行うことが特に重要であること」とライフステージを通した「切れめない」支援が規定された。

　さらに、「切れめない」支援の具体的な形態として、法の第9条の2においては、「国及び地方公共団体は、個人情報の保護に十分配慮しつつ、福祉及び教育に関する業務を行う関係機関及び民間団体が医療、保健、労働等に関する業務を行う関係機関及び民間団体と連携を図りつつ行う発達障害者の支援に資する情報の共有を促進するため必要な措置を講じるものとする」とされた。このようにライフステージを通した一貫した支援をめざして、関係機関等が地域で連携しながら障害児を支援していくために、「情報の共有」が重要である。

　情報の共有の具体的ツールとして、発達障害児のためのさまざまな「サポートブック」が全国的に策定されている。「サポートブック」は、それぞれに配慮が必要な子どもが、ライフステージが変わっても困らないように、その得意なことや苦手なこと、接し方などについて、関係する支援者に知ってもらうための「情報をつなぐ」ツールとなっている。

2　福祉と教育の連携

　地域における関係機関の連携や、さらに複合的な連携としてのネットワークの構築は、医療・保健・福祉・教育・雇用など分野横断的に子どもを支えていくことの実現のために不可欠である。このような多職種の連携を可能にするのが支援チームであり、その際に作成される情報をつなげるツールとしての個別支援計画が重要な役割を果たす。福祉分野の相談支援専門員が作成する障害児支援利用計画と教育分野の特別支援教育コーディネーター等が作成する個別の教育支援計画が連動していることが重要である。

〈表2－4－2〉児童福祉法等の改正による教育と福祉の連携の一層の推進について

（平成24年4月18日付 厚生労働省社会・援護局障害保健福祉部障害福祉課、
文部科学省初等中等教育局特別支援教育課連名通知）

◆ 趣旨

　学校と障害児通所支援を提供する事業所や障害児入所施設、居宅サービスを提供する事業所（以下「障害児通所支援事業所等」という。）が緊密な連携を図るとともに、学校等で作成する個別の教育支援計画及び個別の指導計画（以下「個別の教育支援計画等」という。）と障害児相談支援事業所で作成する障害児支援利用計画及び障害児通所支援事業所等で作成する個別支援計画（以下「障害児支援利用計画等」という。）が、個人情報に留意しつつ連携していくことが望ましい。

◆ 留意事項

1　相談支援

　障害児支援利用計画等の作成を担当する相談支援事業所と個別の教育支援計画等の作成を担当する学校等が密接に連絡調整を行い、就学前の福祉サービス利用から就学への移行、学齢期に利用する福祉サービスとの連携、さらには学校卒業に当たって地域生活に向けた福祉サービス利用への移行が円滑に進むよう、保護者の了解を得つつ、特段の配慮をお願いする。

2　障害児支援の強化

（1）保育所等訪問支援の創設

　　このサービスが効果的に行われるためには、保育所等訪問支援の訪問先施設の理解と協力が不可欠であり、該当する障害児の状況の把握や支援方法等について、訪問先施設と保育所等訪問支援事業所、保護者との間で情報共有するとともに、十分調整した上で、必要な対応がなされるよう配慮をお願いする。

（2）個別支援計画の作成

　　障害児通所支援事業所等の児童発達支援管理責任者と教員等が連携し、障害児通所支援等における個別支援計画と学校における個別の教育支援計画等との連携を保護者の了解を得つつ確保し、相乗的な効果が得られるよう、必要な配慮をお願いする。

（出典）厚生労働省・文部科学省資料より一部抜粋

　教育と福祉の連携は、平成24（2012）年4月の厚生労働省社会・援護局障害保健福祉部障害福祉課、文部科学省初等中等教育局特別支援教育課連名通知「児童福祉法等の改正による教育と福祉の連携の一層の推進について」（表2－4－2）により本格的に始まった。それは、学校と障害児通所支援を提供する事業所や障害児入所施設、居宅サービスを提供する事業所などが緊密な連携を図るとともに、学校等で作成する個別の教育支援計画及び個別の指導計画と障害児相談支援事業所で作成する障害児支援利用計画及び障害児通所支援事業所等で作成する個別支援計画が、個人情報に留意しつつ連携していくものである。

　例えば、発達障害者支援法の改正においては、福祉と教育の連携強化についても規定された。同法第8条の教育に関して、「国及び地方公共団体は、発達障害児が、その年齢及び能力に応じ、かつ、その特性を踏まえた十分な教育を受けられるようにするため、可能な限り発達障害児が発達障害児でない児童と共に教育を受けられるよう配慮しつつ、適切な教育的支援を行うこと、個別の教育支援計画の作成及び個別の指導に関する計画の作成の推進」などの必要な措置を講じるものとされている。

　平成27（2015）年度の報酬改定において、障害児が通う保育所その

他関係機関との連携を図るため、あらかじめ通所給付決定保護者の同意を得て、当該障害児に係る児童発達支援計画に関する会議を開催し、保育所その他関係機関との連絡調整及び相談援助を行った場合に、1か月に1回を限度として所定単位数が加算された。また、障害児が就学予定の小学校、義務教育学校の前期課程もしくは特別支援学校の小学部または就職予定の企業との連携を図るため、あらかじめ通所給付決定保護者の同意を得て、小学校等との連絡調整及び相談援助を行った場合に、1回を限度として所定単位数が加算された。

「こども政策の新たな推進体制に関する基本方針」（令和3年12月21日閣議決定）では、「一人一人の教育的ニーズを踏まえた特別支援教育との連携の促進や、一般就労や障害者施策への円滑な接続・移行を図るなど、切れ目ない支援を充実する。医療的ケアが必要なこどもや様々な発達に課題のあるこども等について、医療、福祉、教育が連携して対応する環境整備を進める」ことが示された。また令和5（2023）年4月にこども家庭庁が発足したことも踏まえ、こども家庭庁、文部科学省及び厚生労働省合同で「障害や発達に課題のあるこどもや家族への支援に関する家庭・教育・福祉の連携についての合同連絡会議」が設置された。各省庁間の連携体制を構築し、課題の共有・検討を行うことで、家庭・教育・福祉が連携した取り組みのさらなる推進を図ることとしている。

> **BOOK 学びの参考図書**
>
> ●全国児童発達支援協議会 監修『新版 障害児通所支援ハンドブック』エンパワメント研究所、2020年。
> 　本ハンドブックは、「児童発達支援」「保育所等訪問支援」「放課後等デイサービス」3事業の理解と円滑な実施をめざす、初めての実践書であり理論書であるとともに、現場の疑問や悩みに答えてサービスの向上につなげられるテキストである。
>
> ●柘植雅義『特別支援教育−多様なニーズへの挑戦』中央公論新社、2013年。
> 　通常学級に6.5％在籍する、発達障害や自閉症の子どもたちへの教育支援の現状、親・教師・生徒自身による新たな教育方法を詳細に解説している入門書。

第**5**章
楽しむ（余暇支援）

学習のねらい

　余暇は、人間の生活を幸福で豊かにするものである。さまざまな余暇活動があるが、文化芸術活動とスポーツはその代表例といえる。

　文化芸術活動は、これを創造し、または享受する者の障害の有無にかかわらず、人々に心の豊かさや相互理解をもたらし、文化芸術活動を通じた障害者の個性と能力の発揮及び社会参加を促進する。

　一方、スポーツは、心身の健全な発達、健康及び体力の保持増進、精神的な充足感の獲得、自律心その他の精神の涵養（かんよう）等のために個人または集団で行われるもので、健康で文化的な生活を営む上で不可欠のものとなっている。また、スポーツは、人と人との交流及び地域と地域との交流を促進し、地域の一体感や活力を醸成するものであり、人間関係の希薄化等の問題を抱える地域社会の再生に寄与するものとなっている。

　本章では、文化芸術活動やスポーツ基本法等を学ぶことにより、楽しみと社会参加としての余暇支援についての理解を深めることを目的とする。

第1節　障害者文化芸術活動推進法

1　障害者文化芸術活動推進法制定の背景等

　戦後、「日本の障害者福祉の父」とよばれる**糸賀一雄**らにより、滋賀県の知的障害児施設「近江学園」で、粘土を利用した造形活動が始まり、施設の教育・訓練プログラムや余暇活動として、さまざまな形で全国的に展開された。そこで生まれた作品は、授産活動の成果として販売されることもあったが、その多くは世間の目にふれることはなかった。

　このようななか厚生労働省では、平成25（2013）年に実施した懇談会の中間取りまとめをふまえ、平成26（2014）年度から平成28（2016）[*1]年度まで、障害者の芸術活動支援モデル事業を実施した。平成29（2017）年度からは、モデル事業の成果を全国に展開する障害者芸術文化活動普及支援事業を実施している。本事業は、地域における障害者の自立と社会参加の促進を図るため、全国に障害者の芸術文化活動にかかわる支援センター等の設置を行い、支援の枠組みを整備することにより、障害者の芸術文化活動（美術・演劇・音楽等）を推進するものである。

　このような障害福祉分野と文化芸術分野双方からの、障害者による文化芸術活動への機運の高まりを受けて、平成30（2018）年6月、議員立法により「障害者による文化芸術活動の推進に関する法律」（障害者文化芸術活動推進法）が成立し、施行されている。

＊1
厚生労働省「障害者の芸術活動への支援を推進するための懇談会」。

2　障害者文化芸術活動推進法の概要

（1）法の目的

　この法律は、「文化芸術が、これを創造し、または享受する者の障害の有無にかかわらず、人々に心の豊かさや相互理解をもたらすものであることに鑑み、文化芸術基本法及び障害者基本法の基本的な理念にのっとり、障害者による文化芸術活動の推進に関し、基本理念、基本計画の策定その他の基本となる事項を定めることにより、障害者による文化芸術活動の推進に関する施策を総合的かつ計画的に推進し、もって文化芸術活動を通じた障害者の個性と能力の発揮及び社会参加の促進を図ることを目的とする」（第1条）とし、障害者の文化芸術活動による共生社会の実現をめざしている。

（2）定義

　この法律において「障害者」とは、「障害者基本法第2条第1号に規定する障害者をいう」（第2条）とされ、身体障害、知的障害、精神障害（発達障害を含む）を対象としている。

（3）基本理念

　「障害者による文化芸術活動の推進は、次に掲げる事項を旨として行われなければならない」（第3条）とされ、文化芸術の創造等は権利であり、活動を広く促進すること、芸術上価値が高い作品等の創造に対する支援を強化すること、文化芸術活動等を通じた交流等による住民が心豊かに暮らすことのできる住みよい地域社会の実現に寄与すること等の基本理念を規定している。具体的には、以下のとおりである。

①文化芸術を創造し、享受することが人々の生まれながらの権利であることに鑑み、国民が障害の有無にかかわらず、文化芸術を鑑賞し、これに参加し、またはこれを創造することができるよう、障害者による文化芸術活動を幅広く促進すること。

②専門的な教育に基づかずに人々が本来有する創造性が発揮された文化芸術の作品が高い評価を受けており、その中心となっているものが障害者による作品であること等をふまえ、障害者による芸術上価値が高い作品等の創造に対する支援を強化すること。

③地域において、障害者が創造する文化芸術の作品等の発表、障害者による文化芸術活動を通じた交流等を促進することにより、住民が心豊かに暮らすことのできる住みよい地域社会の実現に寄与すること。

（4）基本計画

　文部科学大臣及び厚生労働大臣は、障害者による文化芸術活動の推進に関する施策の総合的かつ計画的な推進を図るため、障害者による文化芸術活動の推進に関する基本的な計画を定めなければならない（第7条第1項）。基本計画（第2期）の概要は、**図2−5−1**のとおりである。

（5）文化芸術活動の推進
❶文化芸術の鑑賞の機会の拡大

　国及び地方公共団体は、障害者が文化芸術を鑑賞する機会の拡大を図るため、文化芸術の作品等に関する音声・文字・手話等による説明の提供の促進、障害者が文化芸術施設（劇場・音楽堂・美術館・映画館等の

*2
障害者基本法第2条第1項で、障害者とは「身体障害、知的障害、精神障害（発達障害を含む。）その他の心身の機能の障害がある者であって、障害及び社会的障壁により継続的に日常生活又は社会生活に相当な制限を受ける状態にあるものをいう」とされている。

第2部

第5章

〈図２−５−１〉「障害者による文化芸術活動の推進に関する基本的な計画（第２期）」
の概要

「障害者による文化芸術活動の推進に関する基本的な計画（第２期）」の概要

第1　はじめに

基本計画の位置付け
・障害者文化芸術推進法第７条に基づき、障害者基本法及び文化芸術基本法の理念や方針を踏まえ策定
　※第２期基本計画期間：令和５〜９年度
・障害者による文化芸術活動の推進に関する施策の総合的かつ計画的な推進を図る
・基本計画の実現に向けた取組は、合理的配慮の提供を義務づける改正障害者差別解消法や障害者情報アクセシビリティ・コミュニケーション施策推進法にも適う

意義と課題
・障害者による文化芸術活動の推進は、文化芸術活動への参加や創造における物理的・心理的障壁を取り除き、誰もが多様な選択肢を持ち得る社会を構築する
・文化芸術活動全般の推進や向上に貢献し、我が国に新しい価値の提案をもたらす
・共生社会の実現に寄与する

第１期計画期間の取組状況
・東京オリンピック・パラリンピック競技大会の開催や多様な主体の積極的な参画により各地域において様々な形で広がりを見せ、各分野において障害者の文化芸術活動は着実に進捗
・第１期計画期間の後半は、新型コロナウイルス感染症の感染拡大により大きな影響を受け、文化芸術を鑑賞した障害者の割合も減少

第2　基本的な方針

○障害者文化芸術推進法に規定する３つの基本理念を基本的な視点とし、具体的な施策に取り組む

視点１）障害者による文化芸術活動の幅広い促進
芸術家を目指す人から日常の楽しみとして行う人まで、いかなる障害者でも、地域の様々な場で幼少期から生涯にわたり、多様な文化芸術活動に全国津々浦々で参加できることが重要

視点２）障害者による芸術上価値が高い作品等の創造に対する支援の強化
新たな価値観や文化創造に寄与する作品・活動も多く生まれており、文化芸術が有する多様な価値を幅広く考慮し、その評価のあり方を固定せずに議論を続けていくことが必要

視点3）地域における、障害者の作品等の発表、交流の促進による、心豊かに暮らすことのできる住みよい地域社会の実現
地域の様々な領域で、多様な主体が円滑に活動できる環境や関係者の連携体制を整備し、地域に新たな活力を生み出し、障害への理解を深め、障害の有無にかかわらず誰もがお互いの価値を認め尊重し合う地域共生社会を構築することが必要

第3　第２期の基本計画期間において目指す姿

○東京オリンピック・パラリンピック競技大会のレガシーを受け継ぎ、2025年の大阪・関西万博やその後の更なる発展も見通して取組を推進

○「第２基本的な方針」を踏まえ、合理的配慮の提供とそのための情報保障や環境整備に留意しつつ、活動の裾野を広げ、地域における基盤づくりを進める観点から、第２期の計画期間において念頭に置くべき目標を設定（進捗を把握する指標も設定）

目標１）障害者による幅広い文化芸術活動の更なる促進や展開
障害者による文化芸術活動の裾野を更に広げることにより、障害者が活動しやすい環境づくりを進めることにより、活動状況の更なる向上を目指す
※進捗指標：文化芸術を鑑賞した障害者の割合　等

目標２）文化施設及び福祉施設等をはじめとした関係団体・機関等の連携等による、障害者が文化芸術に親しみ、参加する機会等の充実
障害者文化芸術推進法等の周知に取り組むとともに、人材確保やノウハウの共有等に課題を抱える文化施設等における、関係団体・機関等との連携による取組を推進
※進捗指標：障害者文化芸術推進法・基本計画の認知状況
　　　　　　文化施設・文化芸術活動を行う福祉施設における取組状況　等

目標3）地域における障害者による文化芸術活動の推進体制の構築
地方公共団体における障害者の文化芸術活動の推進に係る計画等の策定や、障害者文化芸術活動支援センターの更なる設置の促進等を図る
※進捗指標：地方公共団体における計画等の策定状況　等

第4　施策の方向性

○障害者文化芸術推進法に定められた鑑賞・創造・発表等の11の施策について、施策間の連携を取りながら、総合的・複合的に施策を推進

障害者文化芸術推進法に定める11の施策		第２期基本計画の主な施策項目
鑑賞の機会の拡大	総合的・複合的な施策の推進	○障害者による幅広い文化芸術活動の推進
創造の機会の拡大		○文化施設における障害者に配慮した利用しやすい環境整備の推進
作品等の発表の機会の確保		○障害者の文化芸術に対するアクセシビリティの向上等
芸術上価値が高い作品等の評価等		○あらゆる地域で文化芸術活動に触れる機会の創出・確保
権利保護の推進		○文化施設・社会教育施設における利用しやすい運営の促進
芸術上価値が高い作品等の販売等に係る支援		○権利保護に関する知識の普及と意識の向上
文化芸術活動を通じた交流の促進		○企業等を含むアートの需要の裾野の拡大
相談体制の整備等		○情報共有・意見交換の促進に向けた広域的・全国的なネットワークづくり
人材の育成等		○文化芸術による子供の育成
情報の収集等		○地域における相談体制の整備
関係者の連携協力		○文化施設において専門的な対応ができる人材の育成・確保
		○教育機関等との連携
		○学校卒業後における生涯を通じた障害者の学びの支援の推進
		○国民文化祭と全国障害者芸術・文化祭の一体的な実施
		○大阪・関西万博における共生社会の実現に向けた取組の発信等
		○障害者の文化芸術活動に関する多様な情報の収集・発信・活用
		○客観的根拠に基づいた政策立案・評価機能の強化　　　　　　　等

第5　おわりに

○第２期の基本計画期間においては、障害者文化芸術活動推進有識者会議の意見を聴きつつ、中長期的に施策の実行及び検証、新たな課題や視点への柔軟な対応に取り組み、社会全体で障害者の文化芸術を支える基盤づくりを進める必要がある
○障害者による文化芸術活動の推進は未来への投資であり、全ての国民が相互に尊重し合いながら共生する、誰一人孤立させない豊かな社会の実現に資する

（出典）文化庁ホームページ

文化芸術活動のための施設をいう）を円滑に利用できるようにその構造及び設備を整備すること等の障害の特性に応じた文化芸術を鑑賞しやすい環境の整備の促進その他の必要な施策を講ずるものとする（第９条）。

❷文化芸術の創造の機会の拡大

国及び地方公共団体は、障害者が文化芸術を創造する機会の拡大を図るため、障害者が社会福祉施設・学校等において必要な支援を受けつつ文化芸術を創造することができる環境の整備その他の必要な施策を講ずるものとする（第10条）。

❸文化芸術の作品等の発表の機会の確保

国及び地方公共団体は、障害者の作品等の発表の機会を確保するため、文化芸術施設その他公共的な施設におけるその発表のための催し（障害者の作品等が含まれるように行われる一般的な文化芸術の作品等の発表のための催しを含む）の開催の推進、芸術上価値が高い障害者の作品等の海外への発信その他の必要な施策を講ずるものとする（第11条）。

❹芸術上価値が高い作品等の評価等

国及び地方公共団体は、芸術上価値が高い障害者の作品等が適切な評価を受けることとなるよう、障害者の作品等についての実情の調査及び専門的な評価のための環境の整備その他の必要な施策を講ずるものとする。

国及び地方公共団体は、芸術上価値が高い障害者の作品等について適切に記録及び保存が行われることとなるよう、その保存のための場所の確保その他の必要な施策を講ずるものとする（第12条）。

❺権利保護の推進

国及び地方公共団体は、障害者の作品等に係るこれを創造した障害者の所有権、著作権その他の権利の保護を図るため、関連する制度についての普及啓発、これらの権利に係る契約の締結等に関する指針の作成及び公表、その締結に際しての障害者への支援の充実その他の必要な施策を講ずるものとする（第13条）。

❻芸術上価値が高い作品等の販売等に係る支援

国及び地方公共団体は、芸術上価値が高い障害者の作品等に係る販売、公演その他の事業活動について、これが円滑かつ適切に行われるよう、その企画、対価の授受等に関する障害者の事業者との連絡調整を支援する体制の整備、その他の必要な施策を講ずるものとする（第14条）。

3 地域活動支援センターにおける余暇支援

＊3
本書第2部第2章第2
節6（6）参照。

　地域活動支援センターは、地域で生活している身体障害者、精神障害者、知的障害者などが利用できる通所施設である。[＊3]地域で暮らす障害者の中には、積極的に地域社会とのつながりをもつことがむずかしく、孤立してしまう人もいる。地域活動支援センターではそのような障害者に対して日中の居場所づくりや生きがいづくり、日常生活での困りごとを相談できる機会の提供などを行い、地域社会との交流を促進する役割をもつ。地域活動支援センターが行う支援内容は、事業所によってさまざまな特徴があり、レクリエーション活動や芸術活動を実施しているセンターもある。

　なお、地域活動支援センターは事業の内容によってⅠ型、Ⅱ型、Ⅲ型に分類されている。

　Ⅰ型は医療・福祉の領域や地域の社会基盤との連携強化のための調整、地域住民ボランティアの育成、障害に対する理解促進を図るための普及啓発などの事業を行っている。さらに、相談支援に関する事業を実施していることも条件となる。そのため、Ⅰ型の地域活動支援センターには精神保健福祉士や社会福祉士などの専門職員が配置されている。

　Ⅱ型とⅢ型は事業の内容は基本的には同じであり、利用人数によって区分されている。1日当たりの実利用人員が15名以上であればⅡ型、10名以上であればⅢ型であり、それぞれ雇用や就労が困難な在宅障害者に対する機能訓練や社会適応訓練、入浴などのサービスの提供を行っている。Ⅰ型のように専門職員の配置は必須ではないが、生活支援員や職業相談員などが配置されている。

4 生活介護事業等における余暇支援

　障害者支援施設においては、常時介護を要する障害者に対し、主として昼間において、入浴、排泄及び食事の介護、調理、洗濯、掃除等の家事ならびに生活等に関する相談及び助言のほか、生産活動及び創作活動の機会の提供を行うこととされており、音楽活動やサークル活動、地域との交流などの多様な余暇活動が展開されている。

第2節　スポーツ基本法

1 スポーツ基本法制定の背景等

　昭和39（1964）年11月、東京パラリンピックが開催された。広く全身体障害者の大会にするため、第1部と第2部に分けて行われた。第1部は第13回国際ストーク・マンデビル車いす競技大会として、第2部は全身体障害者を対象にした日本人選手だけの国内大会（特別参加の西ドイツ選手数名を含む）として行われた。これを契機として、日本において障害者スポーツが広く認知されるようになり、普及していった。

　昭和40（1965）年には、日本身体障害者スポーツ協会（現 障がい者スポーツ協会）が設立され、同年、全国身体障害者スポーツ大会が開催され、指導者の養成も行われた。また、東京パラリンピックの開催は、[*4] 日本の福祉施策の流れを変えるものともなった。一般の人々の障害者に対する認知度を高めるとともに、障害者自身が更生援護を受けながら社会復帰をめざす活動を広げることとなった。

2 障害者スポーツを取り巻く状況

　平成23（2011）年成立のスポーツ基本法の第2条第5項では、「スポーツは、障害者が自主的かつ積極的にスポーツを行うことができるよう、障害の種類及び程度に応じ必要な配慮をしつつ推進されなければならない」とし、初めて障害者スポーツの基本理念が規定された。これを受けて、平成24（2012）年に策定されたスポーツ基本計画では「年齢や性別、障害等を問わず、広く人々が、関心、適性等に応じてスポーツに参画することができる環境を整備すること」を基本的な政策課題とした。具体的には、今後5年間に取り組むべき障害者スポーツに関する施策のうち主なものとして、学校体育での障害児への指導のあり方の調査・先導的な取り組みの推進、地域のスポーツ施設や指導者への運営上・指導上の留意点に関する手引き等の開発・実践研究の推進、健常者も障害者もともに利用できるスポーツ施設のあり方の検討、競技性の高い障害者スポーツのアスリートの発掘・育成・強化等による支援などが掲げられている。

　障害者スポーツの意義には、健康・体力の保持増進の一つとしてリハ

*4
パラリンピックの起源は1948年、医師ルードウィッヒ・グットマン（Guttmann, L.）博士の提唱によって、ロンドン郊外のストーク・マンデビル病院内で開かれたアーチェリーの競技会である。第2次世界大戦で主に脊髄を損傷した兵士たちの、リハビリの一環として行われたこの大会は回を重ね、1952年に国際大会になった。夏季大会と冬季大会があり、国際パラリンピック委員会（IPC）は、大会を通じ共生社会の実現を促進することをめざしている。東京パラリンピック2020には、22競技539種目に、162の国と地域ならびに難民選手団約4,400人が参加した。

ビリテーション（障害の予防・機能維持）の役割があるとともに、健常者と障害者が一緒にスポーツ・レクリエーション活動を行うことによるソーシャルインクルージョンの考え方に立った、共生社会の実現を可能にする役割がある。

3 スポーツ基本法の概要

（1）法の目的

　この法律は、「スポーツに関し、基本理念を定め、並びに国及び地方公共団体の責務並びにスポーツ団体の努力等を明らかにするとともに、スポーツに関する施策の基本となる事項を定めることにより、スポーツに関する施策を総合的かつ計画的に推進し、もって国民の心身の健全な発達、明るく豊かな国民生活の形成、活力ある社会の実現及び国際社会の調和ある発展に寄与することを目的とする」（第1条）とし、スポーツ施策の基本的事項を定め、施策を総合的・計画的に推進していく必要性を規定している。

（2）基本理念

　「スポーツは、これを通じて幸福で豊かな生活を営むことが人々の権利であることに鑑み、国民が生涯にわたりあらゆる機会とあらゆる場所において、自主的かつ自律的にその適性及び健康状態に応じて行うことができるようにすることを旨として、推進されなければならない」（第2条第1項）とし、さらに、「障害者が自主的かつ積極的にスポーツを行うことができるよう、障害の種類及び程度に応じ必要な配慮をしつつ推進されなければならない」（第2条第5項）として、スポーツが権利であること、障害者に特別な配慮が必要なことが規定されている。

（3）スポーツ基本計画

　文部科学大臣は、スポーツに関する施策の総合的かつ計画的な推進を図るため、スポーツの推進に関する基本的な計画（スポーツ基本計画）を定めなければならない（第9条）。

（4）指導者等の養成等

　国及び地方公共団体は、スポーツの指導者その他スポーツの推進に寄与する人材の養成及び資質の向上ならびにその活用のため、系統的な養

成システムの開発または利用への支援、研究集会または講習会の開催その他の必要な施策を講ずるよう努めなければならない（第11条）。

（5）スポーツ施設の整備等

国及び地方公共団体は、国民が身近にスポーツに親しむことができるようにするとともに、競技水準の向上を図ることができるよう、スポーツ施設の整備、利用者の需要に応じたスポーツ施設の運用の改善、スポーツ施設への指導者等の配置その他の必要な施策を講ずるよう努めなければならない（第12条第1項）。

BOOK 学びの参考図書

● 服部　正『アウトサイダー・アート－現代美術が忘れた「芸術」』光文社、2003年。
　　正規の美術教育を受けていない精神病患者や幻視のある人など、独学自修の作り手たちによる作品をさす「アウトサイダー・アート」について、モダンアートが置き忘れてきた「もう一つのアート」として、その魅力を紹介している。

● 高橋　明『障害者とスポーツ』岩波書店、2004年。
　　もとはリハビリとして始まった障害者のスポーツは、いまやパラリンピックに代表される競技スポーツから、健康維持・生きがいのための生涯スポーツまで多彩な側面をもっている。その魅力から社会的課題まで、指導者歴30年の著者が紹介する。

第6章

守る（権利擁護等）

学習のねらい

　本章は、障害者の権利を守る取り組み、すなわち権利擁護をテーマとする。権利擁護の語源は、英語のアドボカシー（advocacy）という言葉である。日本語では、「代弁」「弁護」「権利擁護」などと訳されている。

　虐待されているなど、自らの権利を擁護することに困難を抱える人に対して、当然その権利を擁護していく必要がある。権利擁護とは、障害者が日常生活または社会生活を営む上で経験するそうしたさまざまな困難を解決するよう支援していくもので、障害者総合支援法の目的規定にそうものである。そのような観点から、本章では障害者虐待防止法や障害者差別解消法を取り上げる。

　また、「高齢者、障害者等の移動等の円滑化の促進に関する法律」（バリアフリー新法）が、病院やデパートなど不特定かつ多数の人が利用する建物を対象とする旧ハートビル法と、鉄道やバスなどの公共交通機関を対象とする旧交通バリアフリー法を統合する形で、平成18（2006）年12月に施行された。これは、街や建物をバリアフリー化して、高齢者や障害者が肉体的・精神的に負担なく移動する権利をハード面で担保するものであり、これについても学習する。

第1節　障害者虐待防止法

1 障害者虐待防止法制定の背景等

＊1
障害分野における虐待
では、昭和58（1983）
年に栃木県宇都宮市の
精神科病院報徳会宇都
宮病院で、看護職員ら
の暴行によって、患者
2名が死亡した事件が
あった。知的障害者へ
の虐待事件としては、
水戸アカス事件（平成
7〔1995〕年）、滋賀
サングループ事件（平
成8〔1996〕年）、福
島白河育成園事件（平
成9〔1997〕年）、福
岡カリタスの家事件（平
成17〔2005〕年）な
どがあげられる。

＊2
本双書第13巻第2部第
2章第4節3参照。

　さまざまな権利侵害[1]に対して、国により、平成17（2005）年2月から「障害者虐待防止に関する勉強会」が開催され、この勉強会においては、虐待防止のための法律の必要性が指摘された。このような状況を背景として、障害者に対する虐待の禁止、障害者虐待の予防及び早期発見その他の障害者虐待の防止等に関する国等の責務等を規定した「障害者虐待の防止、障害者の養護者に対する支援等に関する法律」[2]（**障害者虐待防止法**）が平成23（2011）年6月に成立し、平成24（2012）年10月から施行されている。

2 障害者虐待防止法の概要

（1）法の目的

　この法律は、「障害者に対する虐待が障害者の尊厳を害するものであり、障害者の自立及び社会参加にとって障害者に対する虐待を防止することが極めて重要であること等に鑑み、障害者に対する虐待の禁止、障害者虐待の予防及び早期発見その他の障害者虐待の防止等に関する国等の責務、

〈図2−6−1〉障害者虐待の防止、障害者の養護者に対する支援等に関する法律の概要

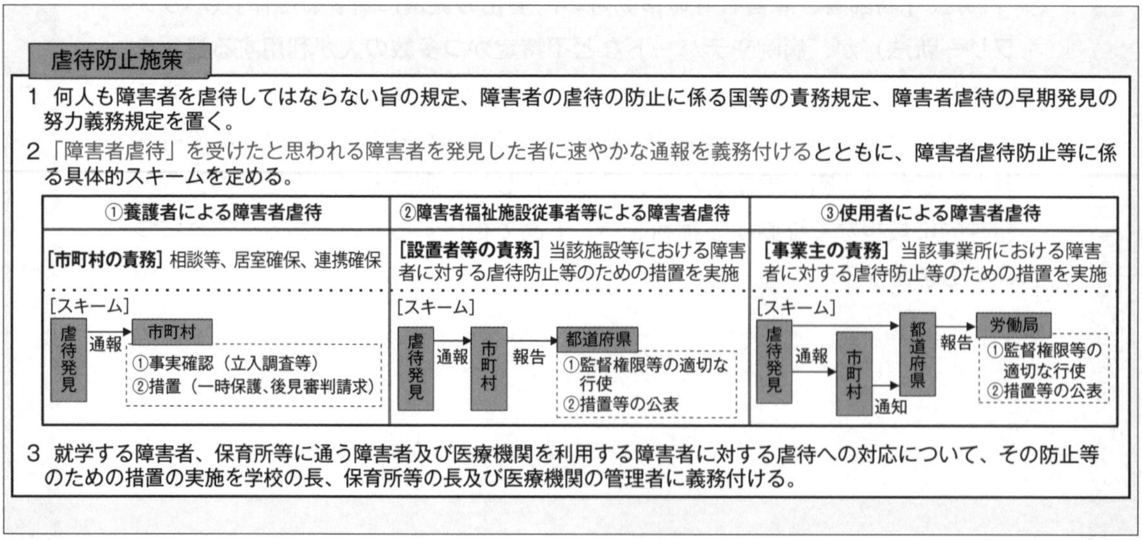

（出典）厚生労働省資料をもとに一部改変

障害者虐待を受けた障害者に対する保護及び自立の支援のための措置、養護者の負担の軽減を図ること等の養護者に対する養護者による障害者虐待の防止に資する支援のための措置等を定めることにより、障害者虐待の防止、養護者に対する支援等に関する施策を促進し、もって障害者の権利利益の擁護に資することを目的とする」（第1条）とされている。

（2）虐待の定義

「障害者」とは、障害者基本法第2条第1項に規定する障害者、すなわち身体障害、知的障害、精神障害（発達障害を含む）その他の心身の機能の障害がある者であって、障害及び社会的障壁により継続的に日常生活・社会生活に相当な制限を受ける状態にあるものをいう（第2条第1項）。

「障害者虐待」とは、養護者による障害者虐待、障害者福祉施設従事

〈表2-6-1〉類型別・障害者虐待の例

区分	内容と具体例
身体的虐待	暴力や体罰によって身体に傷やあざ、痛みを与えること。身体を縛りつけたり、過剰な投薬によって身体の動きを抑制すること。 【具体的な例】 ・平手打ちする　・殴る　・蹴る　・壁に叩きつける　・つねる　・無理やり食べ物や飲み物を口に入れる　・やけど・打撲させる　・身体拘束（柱や椅子やベッドに縛り付ける、医療的必要性に基づかない投薬によって動きを抑制する、ミトンやつなぎ服を着せる、部屋に閉じ込める、施設側の管理の都合で睡眠薬を服用させる等）
性的虐待	性的な行為やそれを強要すること（表面上は同意しているように見えても、本心からの同意かどうかを見極める必要がある。）。 【具体的な例】 ・性交　・性器への接触　・性的行為を強要する　・裸にする　・キスする　・本人の前でわいせつな言葉を発する、又は会話する　・わいせつな映像を見せる　・更衣やトイレ等の場面をのぞいたり映像や画像を撮影する
心理的虐待	脅し、侮辱等の言葉や態度、無視、嫌がらせ等によって精神的に苦痛を与えること。 【具体的な例】 ・「バカ」「あほ」等障害者を侮辱する言葉を浴びせる　・怒鳴る　・ののしる　・悪口を言う　・仲間に入れない　・子ども扱いする　・人格をおとしめるような扱いをする　・話しかけているのに意図的に無視する
放棄・放置	食事や排泄、入浴、洗濯等身辺の世話や介助をしない、必要な福祉サービスや医療や教育を受けさせない、等によって障害者の生活環境や身体・精神的状態を悪化、又は不当に保持しないこと。 【具体的な例】 ・食事や水分を十分に与えない　・食事の著しい偏りによって栄養状態が悪化している　・あまり入浴させない　・汚れた服を着させ続ける　・排泄の介助をしない　・髪や爪が伸び放題　・室内の掃除をしない　・ごみを放置したままにしてある等劣悪な住環境の中で生活させる　・病気やけがをしても受診させない　・学校に行かせない　・必要な福祉サービスを受けさせない・制限する　・同居人による身体的虐待や心理的虐待を放置する
経済的虐待	本人の同意なしに（あるいはだます等して）財産や年金、賃金を使ったり勝手に運用し、本人が希望する金銭の使用を理由なく制限すること。 【具体的な例】 ・年金や賃金を渡さない　・本人の同意なしに財産や預貯金を処分、運用する　・日常生活に必要な金銭を渡さない、使わせない　・本人の同意なしに年金等を管理して渡さない

（出典）厚生労働省「市町村・都道府県における障害者虐待防止と対応の手引き」平成30年6月、7頁

第2部

第6章

者等による障害者虐待、及び使用者による障害者虐待をいう（第2条第2項）。

障害者虐待の類型は、①身体的虐待、②性的虐待、③心理的虐待、④放棄・放置（ネグレクト）、⑤経済的虐待の5つである（第2条第6～8項）（**表2-6-1**）。

（3）虐待防止施策

第3条では何人も障害者に虐待してはならない旨の規定、第4条では障害者の虐待の防止に係る国等の責務規定、第6条では障害者虐待の早期発見の努力義務規定が明記されている。

障害者虐待等に係る通報、事実確認、措置等具体的なスキームも定められている。

市町村・都道府県の部局または施設に、障害者虐待対応の窓口等となる「**市町村障害者虐待防止センター**」「**都道府県障害者権利擁護センター**」が設置されるとともに、法人・施設等においては「虐待防止委員会」や「虐待防止マネジャー」が配置され、虐待防止のための仕組みをつくることが求められている。

3 身体拘束

障害者虐待防止法では、「正当な理由なく障害者の身体を拘束すること」は身体的虐待に該当する行為とされている。身体拘束の廃止は、虐待防止において欠くことのできない取り組みとされており、「障害者の日常生活及び社会生活を総合的に支援するための法律に基づく指定障害者支援施設等の人員、設備及び運営に関する基準」等には、緊急やむを得ない場合を除き身体拘束等を行ってはならないとされている。やむを得ず身体拘束を行う場合の要件は、以下の3つとされている。

①切迫性

　利用者本人または他の利用者等の生命、身体、権利が危険にさらされる可能性が著しく高いこと。

②非代替性

　身体拘束その他の行動制限を行う以外に代替する方法がないこと。

③一時性

　身体拘束その他の行動制限が一時的であること。

また、やむを得ず身体拘束等を行う場合にも、その様態及び時間、その際の利用者の心身の状況ならびに緊急やむを得ない理由その他必要な事項を記録しなければならないとされている。

4 障害者虐待への対応状況

　厚生労働省では、障害者虐待防止法施行以後毎年、都道府県・市区町村における障害者虐待事例への対応等に関する状況について調査を実施している。**表2－6－2**は、令和3（2021）年度の都道府県・市区町村における障害者虐待事例への対応状況等（調査結果）である。養護者による障害者虐待に関する被虐待者数は2,004人、障害者福祉施設従事者等による障害者虐待の被虐待者数は956人である。相談・通報件数は、どちらも前年と比較して増加している。使用者による障害者虐待に関する被虐待者数は502人で、前年と比較して増加している。

〈表2－6－2〉障害者虐待事例への対応状況等（調査結果）

	養護者による障害者虐待	障害者福祉施設従事者等による障害者虐待	（参考）使用者による障害者虐待（都道府県労働局の対応）
市区町村等への相談・通報件数	7,337件 （6,556件）	3,208件 （2,865件）	1,230事業所 （1,277件）
市区町村等による虐待判断件数	1,994件 （1,768件）	699件 （632件）	392件 （401件）
被虐待者数	2,004人 （1,775人）	956人 （890人）	502件 （498件）

（注1）上記は、令和3年4月1日から令和4年3月31日までに虐待と判断された事例を集計したもの。カッコ内については、前回調査（令和2年4月1日から令和3年3月31日まで）のもの。

（注2）都道府県労働局の対応については、令和4年9月7日雇用環境・均等局総務課労働紛争処理業務室のデータを引用。（「市区町村等への相談・通報件数」は「都道府県労働局へ通報・届出のあった事業所数」、「市区町村等による虐待判断件数」は「都道府県労働局による虐待が認められた事業所数」と読み替え）

（出典）厚生労働省資料

第2節　障害者差別解消法

1 障害者差別解消法制定の経緯

＊3
本双書第13巻第2部第
2章第5節参照。

　国連の「障害者権利条約」の締結に向けた国内法制度の整備の一環として、平成25（2013）年6月、「障害を理由とする差別の解消の推進に関する法律」（**障害者差別解消法**）が制定され、平成28（2016）年4月1日から施行されている。

2 障害者差別解消法の概要

　この法律の概要については、**図2-6-2**のとおり。

（1）法の目的

　この法律は、障害者基本法の基本的な理念に則（のっと）り、同法第4条の「差別の禁止」の規定を具体化するものとして位置付けられている。障害を理由とする差別の解消の推進に関する基本的な事項、行政機関等及び事業者における障害を理由とする差別を解消するための措置等を定め

〈図2-6-2〉障害を理由とする差別の解消の推進に関する法律（障害者差別解消法）の概要

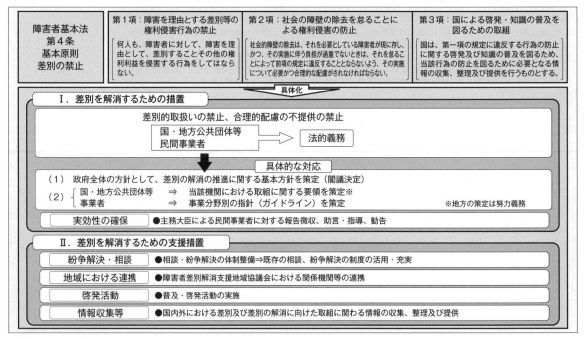

（出典）内閣府資料を一部改変

ることによって、差別の解消を推進し、それによりすべての国民が、相互に人格と個性を尊重し合いながら共生する社会の実現に資することを目的としている（第1条）。

（2）基本方針の策定

政府は、障害者の差別の解消の推進に関する基本方針[*4]として、差別解消に関する施策の基本的な方向、行政機関等及び事業者が講ずべき措置に関する基本的な事項等を定めることとされている。

基本方針案の作成にあたっては、あらかじめ、障害者その他の関係者の意見を反映させるために必要な措置を講ずるとともに、障害者政策委員会の意見を聴かなければならないとされ、さらに政府は関係行政機関の連携の確保等のための体制整備を図りつつ、行政機関等及び事業者が適切に対応するために必要なガイドライン等の基本となる考え方を示すとともに、ガイドラインの運用状況の把握や基本方針の見直し等を行う（第6条）。

（3）差別解消のための措置

❶「差別的取扱い」の禁止

行政機関等[*5]はその事務または事業を行うにあたり、障害を理由として障害者でない者と不当な差別的取扱いをすることにより、障害者の権利利益を侵害してはならない（第7条第1項）。

❷「合理的配慮」の提供

事業者[*6]はその事業を行うにあたり、障害者から現に社会的障壁の除去を必要としている旨の意思の表明があった場合、その実施に伴う負担が過重でないときは、障害者の権利利益を侵害することとならないよう、当該障害者の性別、年齢及び障害の状態に応じて、社会的障壁の除去の実施について必要かつ合理的な配慮をしなければならない（第8条第2項）。

❸具体的な対応

同法を受け、行政機関等の職員のための対応要領と、事業者のための対応指針が策定されている。対応要領の策定にあたって、行政機関の長、地方公共団体の機関等は、基本方針に即して、あらかじめ、障害者その他の関係者の意見を反映させるために必要な措置を講じなければな

[*4]
法第6条第1項の規定に基づき、「障害を理由とする差別の解消の推進に関する基本方針」が策定されている（平成27〔2015〕年2月24日閣議決定）。その後基本方針が改定され（令和5〔2023〕年3月14日閣議決定）、改正障害者差別解消法と同日（令和6〔2024〕年4月1日）に適用となる。

[*5]
国の行政機関、独立行政法人等、地方公共団体、地方独立行政法人（法第2条第3項）。

[*6]
商業その他の事業を行う者（行政機関等を除く、法第2条第7項）。

第2部

第6章

らない（地方公共団体の機関及び地方独立行政法人については努力義務）とされている。

また、対応指針については、各事業分野を管轄する主務大臣が、基本方針に即して、対応要領と同様に、あらかじめ、障害者その他の関係者の意見を反映させるために必要な措置を講じなければならないとされている（第9〜11条）。

また、行政機関等及び事業者が事業主としての立場で労働者に対して行う措置については、「障害者の雇用の促進等に関する法律（障害者雇用促進法）」によることとされている（第13条）。

さらに、行政機関等及び事業者は、必要かつ合理的な配慮を的確に行うため、自ら設置する施設の構造の改善及び設備の整備、関係職員に対する研修その他の必要な環境の整備に努めなければならないと規定されている（第5条）。

❹実効性の確保

各事業分野を管轄する主務大臣は、特に必要があると認めるときは、対応指針に定める事項について、事業者に対して報告を求めたり、助言、指導、勧告を行うことができるとされ、これに従わなかったときや虚偽の報告を行ったときは、過料が科される（第12条・第26条）。

（4）差別解消のための支援措置
❶相談及び紛争の防止・解決のための体制の整備

国及び地方公共団体は、障害者及びその家族その他の関係者からの障害を理由とする差別に関する相談に的確に応ずるとともに、紛争の防止または解決を図ることができるよう必要な体制の整備を図ることとされている（第14条）。

❷啓発活動

国及び地方公共団体は、障害を理由とする差別の解消について国民の関心と理解を深めるとともに、特に、障害を理由とする差別の解消を妨げている諸要因の解消を図るため、必要な啓発活動を行うものとされている（第15条）。

❸情報の収集、整理及び提供

国は、障害を理由とする差別の解消に関する施策の推進に資するよ

う、国内外における障害を理由とする差別にかかわる情報の収集、整理
及び提供を行うものとされている（第16条）。

❹障害者差別解消支援地域協議会の設置

　国及び地方公共団体は、関係機関等により構成される「障害者差別解
消支援地域協議会」を組織することができる。

　同協議会は、障害を理由とする差別に関する情報の交換、障害者から
の相談及び事例をふまえた協議ならびに差別解消のための取り組みを行
うとともに、協議会を構成する機関等に対し、事案に関する情報の提供
及び意見の表明その他の必要な協力を求めることができるとされている
（第17条第1項）。

第3節 バリアフリー法（高齢者、障害者等の移動等の円滑化の促進に関する法律）

1 バリアフリー法制定の背景等

　わが国は、本格的な高齢社会を迎えている。また、障害者が障害のない者と同等に生活し活動できる社会をめざすノーマライゼーションの理念の浸透により、誰もが自立した社会生活を営むことができるまちづくりを進めることが求められている。

　このような背景の中で、建築物を対象とした旧「高齢者、身体障害者等が円滑に利用できる特定建築物の建築の促進に関する法律」（ハートビル法）が平成6（1994）年9月に、公共交通機関と周辺経路を対象とした旧「高齢者、身体障害者等の公共交通機関を利用した移動の円滑化の促進に関する法律」（交通バリアフリー法）が平成12（2000）年11月に施行され、バリアフリー化の推進が行われた。その後、2法を一括し、施策を総合的に推進するため、**「高齢者、障害者等の移動等の円滑化の促進に関する法律」**（バリアフリー新法）[7]が平成18（2006）年12月20日に施行された。

　同法では、①対象者の拡充（身体障害者のみならず、知的・精神・発達障害者など、すべての障害者を対象とする）、②対象施設の拡充（これまでの建築物及び交通機関に、道路・路外駐車場・都市公園・福祉タクシーを追加する）、③基本構想制度の拡充（バリアフリー化を重点的に進める対象エリアを、旅客施設を含まない地域にまで拡充する）、④基本構想策定の際の当事者参加（基本構想策定時の協議会制度の法定化と、住民などからの基本構想の策定提案制度を創設）、⑤ソフト施策の充実（バリアフリー施策の持続的・段階的な発展をめざす「スパイラルアップ」の導入、及び国民に高齢者、障害者等に対する理解を深め、協力を求める「心のバリアフリー」の促進）が新たに盛り込まれた。

　バリアフリー新法が制定され10年以上が経過したなか、（当初の予定では）令和2（2020）年に東京オリンピック競技大会・東京パラリンピック競技大会が開催されることとなり[8]、これを契機として「共生社会」の実現をめざし、全国においてさらにバリアフリー化を推進すると

*7
平成30（2018）年の改正後は、「バリアフリー法」と略すようになった。

*8
正式名称は、第32回オリンピック競技大会（2020／東京）、東京2020パラリンピック競技大会。
本書第2部第5章側注4参照。

ともに、「一億総活躍社会」の実現に向けた取り組みを進めることが必要とされた。

　そのようななか、改正バリアフリー法[*9]が平成30（2018）年５月に可決・公布された。

　具体的には、公共交通機関についての既存施設を含むさらなるハード対策や旅客支援等のソフト対策の一体的な取り組み、地域の面的なバリアフリー化、ユニバーサル・ツーリズムの推進等が必要との認識の下、

①**バリアフリー法**に基づく措置が「共生社会の実現」「社会的障壁の除去」に資するよう行われるべき旨の基本理念の規定の創設

②公共交通事業者等によるハード対策及びソフト対策の一体的な取り組みを推進するための計画制度の創設

③バリアフリーのまちづくりに向けた地域における取り組みを強化するため市町村が移動等円滑化促進方針を定めるなどの新たな仕組みの創設

④さらなる利用しやすさの確保を図るため、一般貸切旅客自動車運送事業者等の本法の適用を受ける事業者への追加や、駅等に加えて道路や建築物等を含む幅広いバリアフリー情報の提供の推進、高齢者・障害のある人等が参画した施策内容の評価等を行う会議の開催

などが盛り込まれた。

2 バリアフリー法の概要

(1) 法の目的

　この法律は、高齢者・障害者等の自立した日常生活及び社会生活を確保することの重要性に鑑み、公共交通機関の旅客施設及び車両等、道路、路外駐車場、公園施設ならびに建築物の構造及び設備を改善するための措置、一定の地区における旅客施設、建築物等及びこれらの間の経路を構成する道路、駅前広場、通路その他の施設の一体的な整備を推進するための措置、移動等円滑化に関する国民の理解の増進及び協力の確保を図るための措置その他の措置を講ずることにより、高齢者・障害者等の移動上及び施設の利用上の利便性及び安全性の向上の促進を図り、もって公共の福祉の増進に資することを目的とする（第１条）。

　高齢者・障害者（身体障害者・知的障害者・精神障害者・発達障害者を含む、すべての障害者）、妊婦、けが人などの、移動や施設利用の利便性や安全性の向上を促進するために、公共交通機関・建築物・公共施

*9
その後、さらに令和2（2020）年に改正され、公共交通機関事業者等に対し、スロープ板の適切な操作や施設の明るさについて一定基準の遵守を義務付けた。また、旅客施設がある市町村等が示すバリアフリー化の方針には「心のバリアフリー」に関する事項の追加などが示された。さらに、法上の「特別特定建築物」に公立小中学校等が追加され、建築する際などにバリアフリー基準への適合が義務付けられたほか、既存の建築物も同基準に適合するよう努力義務が課せられた。

第2部

第6章

設のバリアフリー化を推進するとともに、駅を中心とした地区や、高齢者・障害者などが利用する施設が集まった地区において、重点的かつ一体的なバリアフリー化を推進するとともに、バリアフリー化のためのソフト施策も充実する。

（2）基本方針の策定

＊10
原則として、国土交通大臣、国家公安委員会、総務大臣及び文部科学大臣（一部、国土交通大臣）。

　主務大臣はバリアフリー施策を総合的かつ計画的に推進するため、移動円滑化のための意義及び目標に関する事項、移動円滑化のための施設設置管理者が講ずるべき措置に関する基本的な事項等の「基本方針」を作成する。

（3）バリアフリー化のために施設設置管理者等が講ずべき措置

　公共交通機関（駅・バスターミナルなどの旅客施設、鉄道車両・バスなどの車両）、ならびに特定の建築物・道路・路外駐車場及び都市公園を新しく建設・導入する場合、それぞれの事業者・建築主などの施設設置管理者に対して、施設ごとに定めた「バリアフリー化基準（移動等円滑化基準）」への適合を義務付けている。

　また、既存のこれらの施設等について、基準に適合するように努力義務が課されている。

（4）重点整備地区におけるバリアフリー化にかかる事業の重点的かつ一体的な実施

❶市町村による基本構想の作成

　市町村は、国が定める基本方針に基づき、旅客施設を中心とした地区や、高齢者・障害者などが利用する施設が集まった地区（重点整備地区）において、公共交通機関・建築物・道路・路外駐車場・都市公園・信号機などのバリアフリー化を重点的かつ一体的に推進するため、当該地区におけるバリアフリー化のための方針・事業等を内容とする「基本構想」を作成することができる。

❷基本構想に基づく事業の実施

　関係する事業者・建築主などの施設設置管理者及び都道府県公安委員会は、それぞれ具体的な事業計画を作成し、事業を実施する。バリアフリー化を重点的に進める対象エリアを旅客施設を含まない地域にまで拡充する。

（5）住民などの計画段階からの参加の促進を図るための措置

　基本構想を作成する際に高齢者・障害者などの当事者参加を図るために、協議会制度を法律に位置付け、また、高齢者・障害者などから、市町村に対して、基本構想の作成・見直しを提案できる仕組みが設けられている。

（6）「スパイラルアップ」と「心のバリアフリー」の促進

❶「スパイラルアップ」の導入

　具体的なバリアフリー施策などの内容について、高齢者・障害者など当事者の参加の下で検証し、その結果に基づいて新たな施策や措置を講じることによって、段階的・継続的な発展を図っていく「スパイラルアップ」を国及び地方自治体の責務とした。

❷「心のバリアフリー」の促進

　バリアフリー化の促進に関する国民の理解・協力を求める「心のバリアフリー」を国（地方自治体）や国民の責務とした。

（7）移動等円滑化経路協定

　基本構想で定められた重点整備地区において、駅〜道路〜建築物などの連続的なバリアフリー環境を安定的に維持するために、その土地所有者などが、全員の合意により、経路の整備や管理に関する事項を移動等円滑化経路協定として締結することができるようにした。なお、協定は市町村長の認可を受けなければならず、これにより、継続的に協定内容が効力を発揮することができる。

第2部
第6章

第4節 障害者情報アクセシビリティ・コミュニケーション施策推進法

1 障害者情報アクセシビリティ・コミュニケーション施策推進法の背景

　障害者基本法の基本的施策の一つとして、「情報の利用におけるバリアフリー化」が定められている。具体的には同法第22条において、情報を取得・利用し、意思表示・意思疎通を図ることができるようにするため、障害者が利用しやすい情報通信機器等の普及や施設整備、障害のある人の意思疎通を代弁する人材の育成等が図られるよう必要な施策を講じなければならないことを、国及び地方公共団体に対し義務付けた。

　平成25（2013）年に成立した障害者差別解消法においても、行政機関や事業者に対し、社会的障壁を取り除くため、施設の構造の改善や設備整備、関係職員に対する研修等、いわゆる「環境の整備」「事前的改善措置」に努めなければならないことを定めている。

　以上のように、障害者基本法、障害者差別解消法においても情報アクセシビリティは重要な課題であるとされている。このように、各種の施策が講じられているが、より一層の施策の推進が求められていることから、令和4（2022）年5月、「障害者による情報の取得及び利用並びに意思疎通に係る施策の推進に関する法律」（障害者情報アクセシビリティ・コミュニケーション施策推進法）が成立した。

2 障害者情報アクセシビリティ・コミュニケーション施策推進法の概要

　この法律は、すべての障害者があらゆる分野の活動に参加するためには、障害者による情報の十分な取得利用・円滑な意思疎通が極めて重要であることから、それらに係る施策を総合的に推進し、共生社会の実現に資することを目的としている。

　基本理念として、①障害の種類・程度に応じた手段を選択できるようにする、②日常生活・社会生活を営んでいる地域にかかわらず等しく情報取得等ができるようにする、③障害者でない者と同一内容の情報を同一時点において取得できるようにする、④高度情報通信ネットワークの

利用・情報通信技術の活用を通じて行う（デジタル社会）の４つが定められている。

　また、これらの理念を実現するための施策として、障害者による情報取得等に資する機器等（11条）、防災・防犯及び緊急の通報（12条）、障害者が自立した日常生活・社会生活を営むために必要な分野に係る施策（13条）、障害者からの相談・障害者に提供する情報（14条）、国民の関心・理解の増進（15条）、調査研究の推進（16条）等が明記されている。

　このように情報・コミュニケーションは、障害者の尊厳や人権が保障され、社会参加をするために欠かせない権利である。この法律の理念を推進していくために、新たに設けられた第10条「法制上・財政上の措置等」[11]を根拠に、各種政策が展開される必要がある。

＊11
政府は、障害者による情報の取得及び利用並びに意思疎通に係る施策を実施するため必要な法制上又は財政上の措置その他の措置を講じなければならない。

第2部

第6章

第5節 地域における権利擁護支援体制の構築

障害者基本法第１条には、障害福祉の理念として「全ての国民が、障害の有無にかかわらず、等しく基本的人権を享有するかけがえのない個人として尊重されるものである」と規定されている。

知的障害や精神障害、あるいは認知症等により判断能力が十分でない場合、本人の希望に基づく適切な福祉サービスを活用できなかったり、日常生活において身の回りのことや金銭管理が難しいなどの課題がある。このような人々に対する不利な契約締結や金銭的搾取などの権利侵害はあってはならない。

このような障害者等の意思を尊重し、後見人として他者が本人に代わって契約を結んだり、本人の契約を取り消したり、さらには財産管理等を行うことを支援する仕組みとして、平成11（1999）年の民法改正により**成年後見制度**が導入された（平成12〔2000〕年４月施行）。[12]

また、成年後見制度に先立ち、障害者等が地域において自立した生活を送ることができるよう、社会福祉法上に「福祉サービス利用援助事業」が位置付けられるとともに、**日常生活自立支援事業**が制度化された（平成11〔1999〕年10月施行）。

＊12
本双書第13巻第２部第１章・第２章参照。

1 成年後見制度

（1）概要

認知症や障害などにより判断能力が十分でなく、必要な契約を結べなかったり、自身に不利な契約を結んでしまったりする場合に備えて、家庭裁判所があらかじめ選任した成年後見人、保佐人、補助人（以下、後見人等）が、本人に代わって福祉サービスの利用契約などを行ったり、不動産や預貯金などの財産管理をする仕組みである。

（2）任意後見と法定後見

成年後見制度には、判断能力が不十分になる前にあらかじめ後見人を選任しておく「任意後見」と、判断能力が不十分になった際に申立てをするという「法定後見」という２つの制度がある。法定後見制度においては、本人の判断能力の程度に応じて、「後見」「保佐」「補助」の３つの

〈表2−6−3〉　法定後見制度における「後見」「保佐」「補助」の主な違い

	後見	保佐	補助
対象となる方	判断能力が欠けているのが通常の状態の方	判断能力が著しく不十分な方	判断能力が不十分な方
申立てをすることができる方	本人、配偶者、四親等内の親族、検察官、市町村長など（注1）		
成年後見人等の同意が必要な行為	（注2）	民法13条1項所定の行為（注3）（注4）（注5）	申立ての範囲内で家庭裁判所が審判で定める「特定の法律行為」（民法13条1項所定の行為の一部）（注1）（注3）（注5）
取消しが可能な行為	日常生活に関する行為以外の行為（注2）	同上（注3）（注4）（注5）	同上（注3）（注5）
成年後見人等に与えられる代理権の範囲	財産に関するすべての法律行為	申立ての範囲内で家庭裁判所が審判で定める「特定の法律行為」（注3）	同左（注3）

(注1) 本人以外の方の申立てにより、保佐人に代理権を与える審判をする場合、本人の同意が必要になる。補助開始の審判や補助人に同意権・代理権を与える審判をする場合も同じである。
(注2) 成年被後見人が契約等の法律行為（日常生活に関する行為を除く）をした場合には、仮に成年後見人の同意があったとしても、後で取り消すことができる。
(注3) 民法13条1項では、借金、訴訟行為、相続の承認・放棄、新築・改築・増築などの行為が挙げられている。
(注4) 家庭裁判所の審判により、民法13条1項所定の行為以外についても、同意権・取消権の範囲とすることができる。
(注5) 日用品の購入など日常生活に関する行為は除く。
(出典) 法務省資料

類型がある（**表2−6−3**）。

　判断能力についての医師の診断書等（場合により鑑定や本人との面接の結果等）に基づき、家庭裁判所が決定をする。

（3）成年後見人等の選任及び役割

　家庭裁判所によって選任される後見人等は、弁護士・司法書士・行政書士・社会福祉士などの専門職や障害者等本人の親族のほか、社会福祉法人（法人後見）などであり、複数人が選ばれることもある。

　後見人等は本人の意思を尊重し、心身の状態や生活状況に配慮しながら、その権限に応じて代理権、同意権・取消権などを用いて支援を行う。代理権は、本人に代わって契約や申請を行ったり、そのために必要な財産を管理する。取消権は、本人にとって不利な契約が結ばれた場合に取り消すことにより本人の利益を保護する。

　具体的には、不動産や預貯金・権利証などの財産を管理し、本人に合った生活の仕方を考え、本人の希望や体の状態等も考慮して、必要な福祉サービスや医療が受けられるよう、介護契約の締結や医療費の支払いなどを行ったりするとともに、年金を受け取るための手続き等も行う。さらに、後見人等は本人の健康状態や生活状況、財産状況を家庭裁判所に報告する。

第2部
第6章

（4）制度の利用

　成年後見制度の手続きとして、本人・配偶者・四親等内の親族が家庭裁判所に申立てを行い、必要に応じて本人の判断能力の鑑定を受ける。家庭裁判所は後見・保佐・補助のいずれかの開始の審判とともにそれに応じた後見人等を選任する。

＊13
本双書第13巻第2部第4章第4節参照。

　また、成年後見制度の利用にあたっては、市区町村に設置されている地域包括支援センターや社会福祉協議会、弁護士会、権利擁護に関する地域連携ネットワークの「中核機関」[*13]などに、具体的な手続きや成年後見人の確保などについて、あらかじめ相談することができる。

2　日常生活自立支援事業

（1）概要

　障害や高齢等により、日常の生活に不安のある人が地域で安心して生活を送ることができるよう、都道府県・指定都市社会福祉協議会（社協）が実施主体となり、本人等との契約に基づき、福祉サービスの利用援助や日常的な金銭管理、重要書類等の預かり・保管などを行う事業である。なお、都道府県・指定都市社協は、利用者の利便性の観点から市区町村社協や地域のNPOなどに事業の一部を委託することができ、これらを基幹的社会福祉協議会（基幹的社協）という。

　この事業の利用対象者は、①判断能力が不十分な者（認知症高齢者、知的障害者、精神障害者等であって、日常生活を営むのに必要なサービスを利用するための情報の入手、理解、判断、意思表示を本人のみでは適切に行うことが困難な者）、かつ②日常生活自立支援事業の契約の内容について判断し得る能力を有していると認められる者とされている。[*14]

＊14
厚生労働省社会・援護局長通知「生活困窮者自立相談支援事業等の実施について」（平成29年5月17日／社援0517第1号）。

（2）専門員と生活支援員の役割

　支援を行うにあたって、基幹的社協に専門員と生活支援員が配置されている。専門員は、利用者本人の困りごとや悩みごとの相談を受け、希望を聞いた上で、支援計画・契約書を作成する。サービス開始後も、支援計画の変更希望や心配ごとがあれば相談を受ける。

　生活支援員は、契約後、支援計画に基づき定期的あるいは本人からの依頼を受けて援助を行う。具体的な援助の内容は、次のとおりである。

❶福祉サービス利用援助

　福祉サービスの利用に関する情報提供・相談、契約手続きの援助、苦情解決制度の利用手続きの援助、郵便物の確認、住宅改造や居住家屋の賃借に関する情報提供・相談、商品購入に関するクーリングオフ制度等の利用手続き、住民票の届出等の行政手続き。

❷日常的金銭管理サービス

　福祉サービスや医療費の利用料金、税金や保険料、公共料金、家賃の支払い手続き、年金や福祉手当の受領に必要な手続き。

❸書類等預かりサービス

　年金証書、預貯金通帳、権利証、実印などの書類預かり。

（3）事業の利用

　利用希望者は、市町村社協等に対して申請（相談）を行う。申請を受けて、基幹的社協の専門員が利用希望者の生活状況や希望する援助内容を確認するとともに、「契約締結判定ガイドライン」に基づき、本事業の契約の内容について判断し得る能力の評価を行う。契約締結能力に疑義が生じた場合には、都道府県・指定都市社協に設置されている契約締結審査会に照会する。日常生活自立支援事業の利用対象に該当すると判断した場合には、援助内容や実施頻度等の具体的な支援を決める「支援計画」を策定し、契約を締結する。なお、支援計画は、利用者の必要とする援助内容や判断能力の変化等利用者の状況をふまえ、定期的に見直される。

3 成年後見制度利用促進法

（1）制定の経緯

　成年後見制度は、障害等により財産の管理又は日常生活等に支障がある人を支える重要な手段であるにもかかわらず、十分に利用されていない実態がある。そのことをふまえ、平成28（2016）年5月に成年後見制度の利用の促進に関する法律（成年後見制度利用促進法）が施行された。

　同法では、その基本理念を定め、国の責務等を明らかにし、また国が成年後見制度利用促進会議及び成年後見制度利用促進専門家会議を設置

第2部　第6章

すること等により、成年後見制度の利用の促進に関する施策を推進するとされている。

（2）成年後見制度利用促進基本計画

　成年後見制度利用促進法において、「政府は、成年後見制度の利用の促進に関する施策の総合的かつ計画的な推進を図るため、成年後見制度の利用の促進に関する基本的な計画を定めなければならない」と規定されている（第12条）。これに基づき、制度の利用促進にあたっての基本的な考え方や目標、講ずべき施策を示すものとして、平成29（2017）年3月24日に成年後見制度利用促進基本計画（対象期間は平成29〔2017〕年度～令和3〔2021〕年度）が、令和4（2022）年3月25日に第二期成年後見制度利用促進基本計画（対象期間は令和4〔2022〕年度～令和8〔2026〕年度）がそれぞれ閣議決定された。

　第二期計画では、成年後見制度の利用促進にあたっての基本的な考え方として、①地域共生社会の実現に向けた権利擁護支援の推進、②尊厳のある本人らしい生活を継続できるようにするための成年後見制度の運用改善等、③司法による権利擁護支援などを身近なものにするしくみづくり、が示されている。

BOOK 学びの参考図書

●日本弁護士連合会高齢者・障害者の権利に関する委員会 編『障害者虐待防止法活用ハンドブック』民事法研究会、2012年。
　障害者虐待防止法について、政令・省令・厚生労働省マニュアルをふまえて、障害者虐待の防止の最前線で活躍する弁護士が実践的に解説している。

●中央法規出版編集部 編『障害者差別解消法 事業者のための対応指針（ガイドライン）』中央法規出版、2016年。
　すべての事業者に対して求められる、障害者への「不当な差別的取扱いの禁止」と「合理的配慮」の具体例が記された各府省庁の「対応指針（ガイドライン）」をすべて解説した書である。

●国土交通省総合政策局政策課・交通消費者行政課 監修、バリアフリー新法研究会 編『Q＆A バリアフリー新法－高齢者、障害者等の移動等の円滑化の促進に関する法律の解説』ぎょうせい、2007年。
　ユニバーサル社会の実現へ向けた「バリアフリー法」の関連法令（旅客施設、車両、道路、建物等）を一冊にまとめ、高齢者や障害者、妊婦等に対する配慮を定める重要法令の全体像を解説している。

第1章

社会福祉士と精神保健福祉士の役割

学習のねらい

　社会福祉士や精神保健福祉士は、いわゆる「ソーシャルワーカー」とよばれる社会福祉専門職の国家資格である。身体的・精神的・経済的なハンディキャップのある人から相談を受け、日常生活がスムーズに営めるように支援を行ったり、困っていることを解決できるように支えたりすることが主な仕事となる。また、他分野の専門職などと連携して包括的に支援を進めたり、社会資源などを開発したりする役割も求められている。地域を基盤として、さまざまな場所で、その専門性をいかして活動している。

　今後、地域共生社会の実現を推進し、新たな福祉ニーズに対応するため、ソーシャルワークの専門職としての役割を担っていける実践能力を有する社会福祉士や精神保健福祉士を養成していく必要がある。また、社会福祉士や精神保健福祉士の役割として、障害当事者のみならず家族支援があり、そのためには家族会等との連携が欠かせない。

　本章では、社会福祉士と精神保健福祉士の役割、相談支援専門員との関係、及び家族会との連携等を含めた家族支援についての理解を深めることを目的とする。

第1節 社会福祉士の役割

1 社会福祉士とは

　昭和62（1987）年5月に成立した「社会福祉士及び介護福祉士法」で位置付けられた、社会福祉業務に携わる人の国家資格である。

　社会福祉士及び介護福祉士法では、社会福祉士とは社会福祉士として[*1]登録し、社会福祉士の名称を用いて専門的知識及び技術をもって、身体上もしくは精神上の障害があることまたは環境上の理由により日常生活を営むのに支障がある者の福祉に関する相談に応じ、助言、指導、福祉サービスを提供する者または医師その他の保健医療サービスを提供する者その他の関係者との連携及び調整その他の援助を行うことを業とする者（第2条第1項）とされている。

*1
本双書第9巻第3章第2節2・3参照。

　昭和62（1987）年の「社会福祉士及び介護福祉士法」制定により国家資格として誕生した。

　社会福祉士の資格は、国家試験に合格し、登録機関に登録を行うことによって得られる。しかし、国家試験受験の要件として、実務経験とそれに基づく実務者教育を必須としているわけではないため、資格取得は社会福祉についての知識があることの証明はできても、必ずしもすべての社会福祉士の実践力を証明しているわけではない。そのため、一般に社会福祉士資格の取得は専門職としての"スタートライン"といわれてきた。

　一方、社会環境の変化に伴い、地域住民への社会的援助ニーズが増加・多様化し、その問題解決は複雑・困難化してきている。このような状況において、その解決を支援する社会福祉士への期待はますます高まってきた。これらに対応するために認定社会福祉士制度に基づく認定社会福祉士特別研修が平成25（2013）年度より始まっている。社会福祉士の実践力に応じて「認定社会福祉士」「認定上級社会福祉士」の2段階の認定の仕組みが導入されている。

2 社会福祉士の活動の場

　社会福祉士の勤務先は、福祉施設のほか、医療機関や行政機関、教育機関など多岐にわたり、担う役割も異なる。社会福祉士の勤務先の具体

例と、そこで担う役割を、障害者を支援する観点から紹介する。

（1）障害福祉分野

　生活介護事業所、就労継続支援事業、障害者支援施設等において、社会福祉士は生活支援や就労支援を行っている。また、相談支援専門員として、障害のある人が自立した日常生活、社会生活を営むことができるよう、障害福祉サービスなどの利用計画の作成や地域生活への移行・定着に向けた支援、住宅入居等の支援や成年後見制度の利用など、障害のある人の全般的な相談支援を行う。

（2）児童福祉分野

　児童養護施設、乳児院、母子生活支援施設、障害児通所・入所施設などで活動する。児童養護施設では、家庭支援専門相談員や児童指導員として、社会的養護を必要とする子どもたちの自立のための支援、子どもの家庭復帰、家族再統合に向けた支援等を行っている。障害児施設においても、児童指導員として障害児の生活全般の支援を行っている。[*2]

*2
本双書第5巻第2部第7章第4節参照。

（3）医療分野

　医療ソーシャルワーカー（MSW）の主な役割は、医療機関において[*3]患者や家族が抱える悩みや問題を見出し、問題の解決を図るために医療機関や関係機関との連絡調整等を行うことである。一般病院、診療所、介護療養型医療施設などで活動している。具体的には、療養中の患者や家族の心理的・社会的問題の解決やその調整への援助、患者の退院援助と退院後の生活支援、患者の退院後の社会復帰援助、患者及びその家族の受診・受療に関する援助、患者と家族が抱える医療費や生活費などの経済的問題の解決・調整援助、地域ケア会議などへの参加による地域活動等の役割がある。

*3
本双書第9巻第3章第4節5（1）、及び第14巻第2部第7章第2節参照。

（4）行政分野

　福祉事務所、ハローワーク、保健所などで活動する。活動例としては、福祉事務所で「相談員」として、生活保護受給者・高齢者・児童・母子家庭・身体障害者・知的障害者や精神障害者などに対して、福祉サービス等の相談に応じることなどがあげられる。

（5）教育分野

＊4
本双書第5巻第2部第
3章第3節、及び第9
巻第3章第4節5（2）
参照。

普通校のほか、特別支援学校・特別支援学級・フリースクールなどで活動する。活動例として、小中学校で「スクールソーシャルワーカー」＊4として、子どもを取り巻く家庭環境や生活している地域の特性などを把握し、学校の教職員や保健所などの関係者とともに課題解決を図ることなどがあげられる。

（6）司法分野

司法分野における社会福祉士の役割は、刑務所の中での社会復帰支援（施設内処遇）と出所後の社会復帰支援（社会内処遇）に大きく分けることができる。施設内処遇では刑務所や少年院において、社会福祉士等が受刑者の社会復帰支援を行っている。社会内処遇としては、更生保護施設において社会福祉士等が配置され、出所した障害者等の社会福祉施設等の入所調整や在宅支援を行っている。また、刑務所出所者等の地域生活定着支援として、刑務所入所中から、出所後直ちに福祉サービス等につなげるための準備を支援するために、各都道府県に地域生活定着支援センターが設置されて、社会福祉士等が配置されている。

そのほかにも、生活困窮状態にある人、判断能力に不安がある人、配偶者からの暴力を受けている人への支援など、さまざまな分野で活躍している。

第2節　精神保健福祉士の役割

1　精神保健福祉士とは

精神保健福祉士[*5]は、精神科ソーシャルワーカー（Psychiatric Social Worker：PSW）という名称で、1950年代より精神科医療機関を中心に医療チームの一員として導入された、歴史のある専門職である。社会福祉学を学問的基盤として、精神障害者の抱える生活問題や社会問題の解決のための援助や、社会参加に向けての支援活動を通して、その人らしいライフスタイルの獲得を目標としている。

また、精神保健福祉士は、平成9（1997）年に誕生した精神保健福祉領域のソーシャルワーカーの国家資格である。

21世紀は心の時代といわれ、多様な価値観が錯綜する時代にあって、心のありようは私たちが最も関心を寄せる課題の一つとなっており、メンタルヘルスへの取り組みが必要とされている。特に、わが国では、たまたま心の病を負ったことで、さまざまな障害を抱えた人々（精神障害者）に対する社会復帰や社会参加支援の取り組みは、先進諸国の中で制度的に著しく立ち遅れた状況が長年続いてきた。

近年になり、関係法の改正などにより、ようやく精神障害者も等しく一市民として地域社会で暮らすための基盤整備が図られることとなった。

精神保健福祉士は、精神保健福祉士法に基づく名称独占の資格である。精神保健福祉士として登録し精神保健福祉士の名称を用いて、専門的知識及び技術をもって、精神科病院その他の医療施設において精神障害の医療を受け、または精神障害者の社会復帰の促進を図ることを目的とする施設を利用している者の地域相談支援その他の社会復帰に関する相談に応じ、助言、指導、日常生活への適応のために必要な訓練その他の援助を行うことを業とする者と、同法（第2条）で規定されている。

高ストレス社会といわれる現代にあって、広く国民の精神保健保持に資するために、医療、保健、そして福祉にまたがる領域で活躍する精神保健福祉士の役割はますます重要になってきている。

[*5]
本双書第9巻第3章第2節4・5参照。

2 精神保健福祉士の活動の場

精神保健福祉士の勤務先の具体例と、そこで担う役割を紹介する。

（1）医療分野

医療機関で精神保健福祉士が担う業務は、単科の精神科病院・総合病院の精神科・精神科診療所・医療機関併設のデイケアなど、配属先によって異なる。しかし、精神障害者の生活を支援する立場であり、医療と地域生活の橋渡しをすること、常に権利擁護の視点をもつこと、医療機関にあっても治療を担うのではないことは共通している。

主治医・看護師・作業療法士・臨床心理士など、機関内の他職種とのチーム医療が展開されるなか、精神保健福祉士には他職種との連携を保つことが義務付けられている（法第41条）。

なお、精神保健福祉士は医療職ではないので、医師の指示によって業務を行うものではない。ただし、「主治医がいれば、その指導を受けること」も精神保健福祉士の義務として定められている（第41条第2項）。主治医の意見を聞き、指導を受けるが、精神保健福祉士として独自の専門的な視点に基づく判断と、それによる支援を行う職種となる。また、病院の外の他機関との連携による援助活動を展開する視点が必要である。

（2）福祉分野

障害者総合支援法上の障害福祉サービス等事業所では、その設置目的によって精神保健福祉士の業務も幅がある。

日常生活訓練をする事業所では、家事などの具体的な基本動作を一緒に行い、助言する。就労前訓練や作業を行う目的の施設では、作業を通して社会参加することを支援する。また就労前のトレーニングや、実際の就職活動に関する助言、職場への定着のための支援等を行う。

相談支援事業所や地域活動支援センターなどの地域生活の支援を主目的とする事業所では、利用者に、電話や対面、訪問による相談や日常生活にかかわる各種サービスを提供する。また各種情報の発信や居場所提供も行う。関係機関相互の連携の中心となり、ネットワークを活用して精神障害者のよりよい生活を支援する立場でもあり、ボランティアの養成や身体・知的障害者や高齢者、児童など地域住民を幅広く対象にすることもある。

「障害者の日常生活及び社会生活を総合的に支援するための法律」（障害者総合支援法）により、現在は精神障害者の支援もほかの障害や難病と同じサービス提供体系に位置付けられている。精神障害者も地域で生活する一人の人であり、その生活がより豊かなものとなるように精神保健福祉士の立場で支援するという視点は共通している。

（3）行政分野

行政機関では、法律に基づいた各種支援事業や手続きの実施を担うほか、今後の地域における精神保健福祉の充実発展のために、現状分析や将来を見通した計画立案などにも関与する。また精神障害者の生活支援のために、関係機関のネットワークをつくるコーディネートや就労支援事業・地域移行支援活動・地域住民への普及啓発活動などの企画・実施とそのための調整なども担当する。

（4）司法分野

「心神喪失者等医療観察法[*6]」による新しいシステムに基づく役割等がある。社会復帰調整官や精神保健参与員などの多くは、その期待される機能から精神保健福祉士が活躍している。本法に基づく指定医療機関では、専従の精神保健福祉士がチーム医療の一員として社会復帰プログラムなどの業務を担う。また、矯正施設においても精神保健福祉士の配置が徐々に進んでいる。

*6
心神喪失等の状態で重大な他害行為を行った者の医療及び観察に関する法律。
本書第2部第2章第5節3参照。

（5）その他の分野

介護保険施設や一部の地域包括支援センターなどでは、施設基準に定めはないが、精神保健福祉士を配置して利用者やその家族の相談支援、生活支援を行っている。

また、常時勤務の例は少ないが、教育現場のメンタルヘルスに関する相談援助を行うスクールソーシャルワーカーや、職場でのストレスやうつ病対策、職場復帰のための支援などを行う企業内や外部支援機関の精神保健福祉士が活躍を始めているほか、ハローワークでも精神障害者雇用トータルサポーターとして、精神保健福祉士が就労を希望する精神障害者の相談や企業の意識啓発などを行っている。

第3節 社会福祉士・精神保健福祉士と相談支援専門員

　相談支援専門員は、障害のある人が自立した日常生活、社会生活を営むことができるよう、障害のある人の全般的な相談支援を行っている。主な職場は、指定相談支援事業所、基幹相談支援センター、市町村等である。相談支援専門員になるには、一定の実務経験と都道府県の研修の受講が必要となる。相談支援専門員で、社会福祉士や精神保健福祉士の資格をもっている者も多く、これらの資格が、相談支援専門員として業務を行う基盤となっている。

　障害者総合支援法における相談支援は、基本相談支援と計画相談支援（サービス利用計画支援・継続サービス利用計画支援）をする「特定相談支援事業」、基本相談支援と地域移行支援（入所施設や精神科病院から地域で暮らすために移るために対応する相談支援）及び地域定着支援（単身等で暮らしている障害のある人に対して24時間365日対応する相談支援）をする「地域相談支援」があり、児童福祉法では、障害児相談支援（障害児支援利用援助・継続障害児支援利用援助）をする「障害児相談支援事業」がある。

　このほか、相談支援専門員は、障害者やその家族、障害者等の福祉、医療、教育または雇用に関連する職務に従事する者その他の関係者により構成される（自立支援）協議会にかかわり、関係機関等が相互の連携を図ることにより、地域における障害者等への支援体制に関する課題について、情報を共有し、地域の実情に応じた体制の整備を行う役割がある。

第4節 当事者組織、ピア活動、家族会

　障害当事者の組織や団体は、障害者自身が仲間と悩みや心配ごと、人生の希望を分かち合い、支え合って社会の偏見や差別をなくすため活動している。当事者組織には、全国組織、都道府県ごとの当事者会、病院に付属した当事者会、地域を基盤とした当事者会、同じ理念の下に結集した当事者会、その他さまざまな組織がある。

　当事者会の中でも当事者活動（ピア活動）として、同じ障害を体験した仲間が、同じ体験をしている仲間の相談にのったり、生活を助けたりすることで困難を乗り越えることがある。このような役割をピアサポート（ピアグループ、ピアカウンセリング）といい、仲間同士であるからこそできる支援となっている。

　家族への支援は、障害のある子どもの親への支援とともに兄弟姉妹への支援も含まれる。[*7]

*7
令和3（2021）年度の障害福祉サービス等報酬改定により、自立生活援助、計画相談支援、障害児相談支援、地域移行支援、地域定着支援において、研修修了者の配置等の一定の要件を満たした場合にピアサポート体制加算の対象となる。就労継続支援B型についても、ピアサポート実施加算として評価される。

1 家族支援の法的規定等

　障害者基本法第23条は、第1項において、「国及び地方公共団体は、障害者の意思決定の支援に配慮しつつ、障害者及びその家族その他の関係者に対する相談業務、成年後見制度その他の障害者の権利利益の保護等のための施策又は制度が、適切に行われ又は広く利用されるようにしなければならない」とし、第2項において「国及び地方公共団体は、障害者及びその家族その他の関係者からの各種の相談に総合的に応ずることができるようにするため、関係機関相互の有機的連携の下に必要な相談体制の整備を図るとともに、障害者の家族に対し、障害者の家族が互いに支え合うための活動の支援その他の支援を適切に行うものとする」としている。

　発達障害者支援法第13条においては、「都道府県及び市町村は、発達障害者の家族その他の関係者が適切な対応をすることができるようにすること等のため、児童相談所等関係機関と連携を図りつつ、発達障害者の家族その他の関係者に対し、相談、情報の提供及び助言、発達障害者の家族が互いに支え合うための活動の支援その他の支援を適切に行うよう努めなければならない」と、発達障害者家族への支援を規定している。

　障害者総合支援法が提供するサービスの中で、短期入所（ショートステイ）は、第5条第8項において、「短期入所とは、居宅においてその介護を行う者の疾病その他の理由により」、障害者自身の事由でなく家族の事由によるもので、その意味で家族支援の代表的なサービスとなっている。また、日中一時支援事業は、市町村地域生活支援事業に位置付けられ、障害者等の日中における活動を確保し、障害者等の家族の就労支援及び障害者等を日常的に介護している家族の一時的な休息が目的とされている。

　レスパイトあるいはレスパイトサービスは、もともと欧米で生まれた考え方である。レスパイトとは、息抜きという意味があり、障害児・者をもつ親・家族を一時的に、一定の期間、その障害児者の介護から解放することによって、日ごろの心身の疲れを回復し、ほっと一息つけるようにするものである。この意味で、短期入所や日中一時支援事業はレスパイト（サービス）とよばれることがある。

2　障害児に対する支援と家族支援

　厚生労働省の「障害児支援の見直しに関する検討会報告書」（平成20〔2008〕年）においては、①家族を含めたトータルな支援や、②できるだけ子ども・家族にとって身近な地域における支援といった家族支援の視点を示し、具体的な方策として心理的なケアやカウンセリング、養育の支援、家庭訪問による家族への相談、保護者同士の交流の促進などをあげた。

　さらに、平成26（2014）年7月の「障害児支援の在り方に関する検討会」の報告書「今後の障害児支援の在り方について（報告書）－『発達支援』が必要な子どもの支援はどうあるべきか」においても、基本理念として、①地域社会への参加・包容（インクルージョン）の推進と合理的配慮、②障害児の地域社会への参加・包容を子育て支援において推進するための後方支援としての専門的役割の発揮、③障害児本人の最善の利益の保障に加えて、④家族支援の重視をあげている。

3　発達障害児者の家族支援

　発達障害者支援法に基づいて、発達障害児者の家族支援が全国で展開されている。1960年代、アメリカで知的障害や自閉症などの子どもを

もつ家族を対象に、さまざまな方法が開発されてきた。当初は、「親は
子どもの最良の治療者である」という考え方をもとに、支援機関で行わ
れている子どもへの療育を家庭でも行うことで、療育の効果を向上させ
たり、維持させたりすることが目的とされていた。

（1）ペアレントメンター

ペアレントメンターとは、親として自らも発達障害のある子どもの子
育てを経験し、かつ相談支援に関する一定のトレーニングを受けた者を
さす。メンターは、同じような発達障害のある子どもをもつ親に対し
て、共感的なサポートを行い、地域資源についての情報を提供すること
ができる。高い共感性に基づくメンターによる支援は、専門家による支
援とは違った効果があることが指摘され、厚生労働省においても有効な
家族支援システムとして推奨されている。現在、ペアレントメンター活
動は、全国の自治体に広がるとともに、発達障害だけでなく他障害にも
広がりを見せている。

（2）ペアレントトレーニング

ペアレントトレーニングとは、保護者が子どもとのよりよいかかわり
方を学びながら、日常の子育ての困りごとを解消し、子どもの発達促進
や行動改善をすることを目的とした保護者向けのプログラムである。実
施においては、応用行動分析や心理学等に関する専門性が求められる。

（3）ペアレントプログラム

ペアレントプログラムは、育児に不安がある保護者、仲間関係を築く
ことに困っている保護者などを、地域の支援者（保育士・保健師・福祉
事業所の職員等）が効果的に支援できるよう設定されたプログラムであ
る。発達障害やその傾向のある子どもをもつ保護者だけでなく、さまざ
まな悩みをもつ多くの保護者に有効とされ、実施者は、地域の保健師や
保育士、福祉事業所の職員等が想定されている。

4 家族会

障害者を身内に抱える家族が集まり、互いに支え合う会が家族会であ
る。全国には、多くの家族会があり、全国組織となっている団体もあ
る。家族会は、障害のある本人と家族が安心して暮らせる社会をめざ

し、多くの仲間や関係者と支え合い、学び合い、手をつないで目標を実現することに向けてさまざまな活動を行っている。特に、行政と連携して、制度・施策にいかせる提言を行っている。

　子どもの加齢化とともに、親の高齢化も課題となっている。親なき後の子どもの地域における生活への配慮は、障害種別を超えて共通の課題となっている。

　家族会は、全国レベルのものもある。例として、精神障害分野の公益社団法人全国精神保健福祉会連合会、発達障害分野のLD親の会、身体障害分野の一般社団法人全国肢体不自由児者父母の会連合会、知的障害分野の一般社団法人全国手をつなぐ育成会連合会、全国重症心身障害児（者）を守る会などがある。

📖BOOK　学びの参考図書

●井手英策・柏木一恵・加藤忠相・中島康晴『ソーシャルワーカー―「身近」を革命する人たち』筑摩書房、2019年。
　　貧困など悲惨な状況に立ち向かい、安心して暮らせる社会へ向けて、身近な社会を変革するソーシャルワーカーの仕事の内容を紹介する入門書。

●中田洋二郎『発達障害と家族支援―家族にとっての障害とはなにか』学習研究社、2009年。
　　発達障害児の家族が子どもの障害とどう向き合っていくか、障害を個性ととらえ、その理解を深めることにより、子どもを支援していくヒントについて解説している。

第2章

関連する専門職の役割

学習のねらい

　障害者の人生のそれぞれの段階、すなわちライフステージに応じてかかわる職種も異なる。それぞれのライフステージに応じて、保健・医療・福祉・教育・労働・司法・住宅等の分野における専門職がそれぞれの役割を担っている。

　また、障害者の地域における支援に関しては、複雑かつ多様なニーズに対して、単一のサービス提供や単独の機関や専門職等のみでは解決がしづらい状況となっており、あらゆる場面で多職種、多機関との連携が不可欠となってきている。このように、医療・福祉・教育・労働等の各支援機関が役割を分担し、個々の障害者のニーズに対応した支援を総合的に行うための連携のあり方、及びネットワークの構築が重要となってきている。

　本章では、関連する専門職の役割、相談支援専門員とサービス管理責任者の役割、及び多職種連携の一つの形である（自立支援）協議会についての理解を深めることを目的とする。

第1節　専門職の役割

1 ライフステージと専門職

　障害者の人生のそれぞれの段階、すなわち以下のようなライフステージに応じてかかわる職種も異なり、保健・医療・福祉・教育・労働・司法・住宅等の分野における専門職がそれぞれの役割を担っている。

　乳幼児期においては、誕生の際やその後の乳幼児健康診査に医師や看護師、助産師が、その後、児童の発達支援に児童指導員や保育士、及び保育所の保育士や幼稚園の幼稚園教諭等が業務でかかわる。

　学齢期には、小学校・中学校・高等学校、特別支援学校（小等部・中等部・高等部）、特別支援学級、通級教室などにおいて教諭が業務でかかわる。特に、養護教諭やスクールソーシャルワーカーが役割を担っている。各学校では特別支援教育コーディネーターが配置され、関係機関等との連絡調整にあたる。

　青年期、就労にあたっては障害者職業センターにおける障害者職業カウンセラーや就労支援事業所における職業指導員が業務を行う。

　成人期には、広く事業所においてサービスが提供されている。例えば、入所や通所などの支援員及び居宅介護事業所のホームヘルパー等の居宅等でのサービス提供がある。

　高齢期においては、介護保険の利用が原則となっており、介護支援専門員（ケアマネジャー）や施設及び在宅のサービスでさまざまな職種が業務を担う。

　それぞれのライフステージを通して、相談支援専門員が障害者自身や家族等の相談に応じ、サービス等利用計画（障害児の場合、障害児支援利用計画）を作成して一貫した支援を行っている。また、各ライフステージを通して、行政機関、児童であれば児童相談所の専門職、成人であれば福祉事務所の専門職等がかかわる。

2 障害種別と専門職

　障害者基本法においては、障害者を身体障害、知的障害、精神障害（発達障害を含む）がある者としている。

　それぞれの障害において、例えば、医学的リハビリテーションにおい

ても、学会認定の専門医が取り扱うもの、主として運動器系障害（脳卒中等の片まひ、リウマチを主とする関節障害、神経・筋疾患、切断、脳性まひ〔小児〕、脊髄損傷等による対まひ）と、精神障害にかかわる専門職では、前者が整形外科医・理学療法士（PT）・作業療法士（OT）・言語聴覚士（ST）・義肢装具士・看護師で、後者は精神科医・精神看護師・作業療法士[*1]と異なる。作業療法士は共通であるが、対象分野において療法の内容が異なる（表3-2-1）。

第3部　第2章

*1
精神的健康について援助を必要としている人に対し、個人の尊厳と権利擁護を基本理念として、専門的知識と技術を用い、自律性の回復を通してその人らしい生活ができるよう支援する、精神科看護を行う看護師。

〈表3-2-1〉　障害者福祉に関連する主な専門職とその根拠規定

資格名（根拠法）	根拠法による規定（分類）
医師 （医師法）	医療及び保健指導をつかさどることによって公衆衛生の向上及び増進に寄与し、もって国民の健康な生活を確保するものとする。**（業務独占）**
保健師 （保健師助産師看護師法）	厚生労働大臣の免許を受けて、保健師の名称を用いて、保健指導に従事することを業とする者をいう。**（名称独占）**
助産師 （保健師助産師看護師法）	厚生労働大臣の免許を受けて、助産又は妊婦、じょく婦もしくは新生児の保健指導を行うことを業とする女子をいう。**（業務独占）**
看護師 （保健師助産師看護師法）	厚生労働大臣の免許を受けて、傷病者もしくはじょく婦に対する療養上の世話または診療の補助を行うことを業とする者をいう。**（業務独占）**
理学療法士 （理学療法士及び作業療法士法）	厚生労働大臣の免許を受けて、理学療法士の名称を用いて、医師の指示の下に、理学療法を行うことを業とする者をいう。**（名称独占）**
作業療法士 （理学療法士及び作業療法士法）	厚生労働大臣の免許を受けて、作業療法士の名称を用いて、医師の指示の下に、作業療法を行うことを業とする者をいう。**（名称独占）**
言語聴覚士 （言語聴覚士法）	厚生労働大臣の免許を受けて、言語聴覚士の名称を用いて、音声機能、言語機能または聴覚に障害のある者についてその機能の維持向上を図るため、言語訓練その他の訓練、これに必要な検査及び助言、指導その他の援助を行うことを業とする者をいう。**（名称独占）**
社会福祉士 （社会福祉士及び介護福祉士法）	社会福祉士の名称を用いて、専門的知識及び技術をもって、身体上もしくは精神上の障害があることまたは環境上の理由により日常生活を営むのに支障がある者の福祉に関する相談に応じ、助言、指導、福祉サービスを提供する者または医師その他の保健医療サービスを提供する者その他の関係者との連絡及び調整その他の援助を行うこと（相談援助）を業とする者をいう。**（名称独占）**
介護福祉士 （社会福祉士及び介護福祉士法）	介護福祉士の名称を用いて、専門的知識及び技術をもって、身体上または精神上の障害があることにより日常生活を営むのに支障がある者につき心身の状況に応じた介護（喀痰吸引その他のその者が日常生活を営むのに必要な行為であって、医師の指示の下に行われるものを含む）を行い、ならびにその者及びその介護者に対して介護に関する指導を行うことを業とする者をいう。**（名称独占）**
精神保健福祉士 （精神保健福祉士法）	精神保健福祉士の名称を用いて、精神障害者の保健及び福祉に関する専門的知識及び技術をもって、精神科病院その他の医療施設において精神障害の医療を受け、または精神障害者の社会復帰の促進を図ることを目的とする施設を利用している者の地域相談支援の利用に関する相談その他の社会復帰に関する相談に応じ、助言、指導、日常生活への適応のために必要な訓練その他の援助を行うこと（相談援助）を業とする者をいう。**（名称独占）**
公認心理師 （公認心理師法）	公認心理師の名称を用いて、保健医療、福祉、教育その他の分野において、心理学に関する専門的知識及び技術をもって、次に掲げる行為を行うことを業とする者をいう。 1　心理に関する支援を要する者の心理状態を観察し、その結果を分析すること。 2　心理に関する支援を要する者に対し、その心理に関する相談に応じ、助言、指導その他の援助を行うこと。 3　心理に関する支援を要する者の関係者に対し、その相談に応じ、助言、指導その他の援助を行うこと。 4　心の健康に関する知識の普及を図るための教育及び情報の提供を行うこと。**（名称独占）**

（筆者作成）

3 相談支援専門員とサービス管理責任者

相談支援事業を実施する場合、相談支援専門員を置く必要がある。その役割は、障害者等の相談に応じ、助言や連絡調整等の必要な支援を行うほか、サービス等利用計画の作成を行うことである。また、障害福祉サービスのうち生活介護・療養介護・自立訓練・就労移行支援・就労継続支援・施設入所支援・共同生活援助を実施する場合は、サービス管理責任者を、児童発達支援や放課後等デイサービスを実施する場合は児童発達支援管理責任者を置く必要がある。また、居宅介護を行う場合は、居宅介護計画を作成する居宅介護管理責任者を配置しなければならない。これらは、国家資格ではないが、障害者の保健・医療・福祉・就労・教育の分野における相談支援・介護等の業務の実務経験と合わせて、国が定める都道府県等の研修を受講しなければならないとされている。

相談支援専門員やサービス管理責任者の役割などについては、**表3－2－2**を参照してほしい。

相談支援専門員が、利用者に必要なそれぞれのサービスを提供する事業者等によびかけてサービス担当者会議を開催し、それぞれの事業者の代表であるサービス管理責任者が作成した個別支援計画をもち寄って、それを集大成したサービス等利用計画をもとに、関係者が同じ方向を向いて支援する。この意味で、サービス等利用計画は、本人の生活や人生全体を視野に入れた総合的な支援計画（トータルプラン）である。

一方、それぞれの事業所のサービス管理責任者が作成する**個別支援計[*2]

* 2
「個別支援計画」という用語には、障害児・者に係る広い意味での支援計画とサービス管理責任者が作成する狭い意味での支援計画という2つの意味があることに注意が必要。

〈表3－2－2〉「相談支援専門員」と「サービス管理責任者」の比較

	相談支援専門員	サービス管理責任者 （児童は、児童発達支援管理責任者）
対象者像	相談支援事業所の従業員	施設・事業所のサービス提供部門の管理職または指導的立場の職員
要件	実務経験（3～10年）と相談支援事業者研修（初任者又は現任）を修了した者	実務経験（3～10年） ・サービス管理責任者研修、児童発達支援管理責任者研修修了 ・相談支援従事者研修（講義部分）受講
役割	利用者の意向をふまえ、自立した日常生活や社会生活の実現のための支援、中立・公平な立場からの効率的で適切な障害福祉サービス利用のための支援等	個別支援計画の作成やサービス提供プロセスの管理、他のサービス提供、職員への技術指導と助言等
支援ツール	サービス等利用計画（障害児は、障害児支援福祉サービス利用のための支援等）	個別支援計画（各事業によって異なる。例えば「生活介護計画」等）
会議	サービス担当者会議	個別支援計画作成に係る会議（「支援会議」という）

（筆者作成）

画（実際は、「生活介護計画」などとよばれる）は、各事業者が、法律等が規定する各事業の目的にそった適切なサービスを提供していくための道具（ツール）となる。

4 サービス等利用計画と個別支援計画

相談支援専門員がつくるサービス等利用計画も、サービス管理責任者が作成する個別支援計画も、本人の状況や願い、すなわちニーズを把握し、具体的な計画を作成し、実際にサービス等を提供し、適時モニタリングしながら支え続けるというプロセスがあることは類似している。これらの計画は、これからの本人の生活や人生をポジティブなものにしていくものであり、両計画とも本人の「将来計画」であることが重要である。

5 ボランティア等

障害者が地域で生活することを支えるためには、障害者総合支援法のサービスのような公的な支援（フォーマルサービス）と、見守りやボランティアなど地域の住民による支援（インフォーマルサービス）が必要である。前者は、障害者総合支援法や介護保険法など法律等に基づくサービスで、国や地方公共団体が直接または間接に費用を負担するなどにより提供されるサービスである。サービスの質・量ともに安定しており、サービスの利用方法もルール化されているところに特徴がある。後者は、家族や近隣、地域住民、NPO（民間非営利組織）、ボランティアなどが行う援助活動である。顔見知りの人たちによる援助であることや、細やかなニーズに対応できるなどの特徴がある。

第2節　多職種連携

1 連携の必要性

　障害者の地域における支援に関して、複雑かつ多様なニーズを抱えた問題に対して、単一のサービス提供や単独の機関、専門職等のみでは解決がしづらい状況となっており、あらゆる場面で多職種・多機関との連携が不可欠となってきている。

　また、医療・福祉・教育・労働等の各支援機関が役割分担して、個々の障害者のニーズに対応した支援を総合的に行うために、地域にネットワークを構築していくことが求められている。

　障害者総合支援法の第42条では、「指定障害福祉サービス事業者及び指定障害者支援施設等の設置者（略）は、障害者等が自立した日常生活又は社会生活を営むことができるよう、障害者等の意思決定の支援に配慮するとともに、市町村、公共職業安定所その他の職業リハビリテーションの措置を実施する機関、教育機関その他の関係機関との緊密な連携を図りつつ、障害福祉サービスを当該障害者等の意向、適性、障害の特性その他の事情に応じ、常に障害者等の立場に立って効果的に行うように努めなければならない」とされている。一般的には、指定障害福祉サービス事業者及び指定障害者支援施設等が、外部の行政機関や専門機関と緊密に連携を図りながら支援していく形をとる。

　「指定障害福祉サービスの事業等の人員、設備及び運営に関する基準」[*3]の第58条第4項においては、「サービス管理責任者は、アセスメント及び支援内容の検討結果に基づき、利用者及びその家族の生活に対する意向、総合的な支援の方針、生活全般の質を向上させるための課題、指定療養介護の目標及びその達成時期、指定療養介護を提供する上での留意事項等を記載した療養介護計画の原案を作成しなければならない。この場合において、当該指定療養介護事業所が提供する指定療養介護以外の保健医療サービス又はその他の福祉サービス等との連携を含めて療養介護計画の原案に位置付けるよう努めなければならない」とされ、現場における支援においても、他のサービス事業者と連携して個別支援計画を作成するとされている。

*3
障害者の日常生活及び社会生活を総合的に支援するための法律に基づく指定障害福祉サービスの事業等の人員、設備及び運営に関する基準。

② 多職種連携とは

保健医療福祉の分野では「チーム医療」や「チームアプローチ」「多職種連携」や「協働」など、施設や事業所内及び外部の異なる職種が一緒に活動することに対してさまざまな言葉が使われてきた。そして実際に、利用者の援助活動には、チームをつくり異なる専門職が連携して取り組むアプローチは不可欠になってきた。しかしながら、同時にそのむずかしさも指摘されている。

多職種連携実践（Interprofessional Work：IPW）は、専門職同士が互いに協働し合うことと、当事者に着目した連携のあり方を示している。異なる専門職が、各自の専門的な視点から得られた情報やアセスメント、目標を共有し、当事者とも目標を共有して協働した援助活動を行うものである。IPWを行うためには、専門職同士が互いに理解し合い、互いを尊重し合うコミュニケーションが重要となる。

実践の場の専門職たちは、一緒に働いている多職種のことを知らないことが多い。また、専門職として専門的な知識や判断力が高まれば高まるほど、ほかの職種との意見の違いが生じ、コンフリクト（対立や葛藤）が生じることもある。これは、それぞれの考えや価値観が異なるからである。それを解決するためには、多職種を理解することと、尊重する態度で相手の言うことを聴き、自職の専門的意見を理解してもらうようなコミュニケーションの見直しが必要である。そして、ほかの職種との意見の対立やコンフリクトを解決するには、それぞれが利用者の立場に立っているかを確認し合うことが重要である。

③ 障害者と家族等の支援における関係機関の役割

相談援助活動を行うにあたって、市町村をはじめとする各関係機関との緊密な連携・協力体制を確保していくことが重要である。ライフステージを通した支援を行っていくためにも、各関係機関の役割や機能について的確に把握することが重要である。

（1）行政機関の役割

❶市町村の役割

障害者総合支援法における市町村の主な役割は、以下のとおりである。

*4
本双書第14巻第2部第6章第3節参照。

*5
本双書第3巻第4章第2節2参照。

　　　　　　・自立支援給付費（介護給付費・訓練等給付費）、地域相談支援給付費、
　　　　　　　自立支援医療費（精神通院医療費を除く）及び補装具の支給決定等
　　　　　　・上記給付費の支給決定、そのための障害支援区分の認定
　　　　　　・市町村障害者計画及び市町村障害福祉計画の策定
　　　　　　・市町村地域生活支援事業の実施
　　　　　　・指定特定相談事業者の指定等
　　　その他、障害福祉サービス・障害者支援施設等への入所等の措置、身
　　体障害者相談員・知的障害者相談員への委託による相談対応・援助、成
　　年後見開始の審判請求、障害者虐待防止の施行と虐待防止センターの運
　　営等の役割がある。

❷都道府県の役割
　　都道府県は、広域的な自治体として、市町村において制度が円滑に実
　施されるよう、必要な支援を行うとともに、事業者・施設の指定を行
　う。市町村のサービス提供体制整備への支援、専門的見地からの情報提
　供などをはじめとして、必要な支援を行う。障害者総合支援法における
　都道府県の主な役割は、以下のとおりである。
　　　　　　・精神通院医療の支給決定等
　　　　　　・市町村への支援
　　　　　　・都道府県障害者計画及び都道府県障害福祉計画の策定
　　　　　　・都道府県地域生活支援事業の実施
　　　　　　・障害福祉サービス事業者等の指定
　　　　　　・審査請求の審査、及び障害者介護給付費等不服審査会の設置
　　　その他、障害者虐待防止法に定める都道府県障害者権利擁護センター
　　が設置されている。

（2）相談支援・福祉サービス提供機関の役割

❶児童相談所

＊6
本書第2部第4章第1節3（2）①参照。

　　児童相談所は、児童福祉法に基づき各都道府県・指定都市に設置義務
　が課せられている支援機関である。18歳未満の児童に関するあらゆる
　問題について、児童や保護者などからの相談に応じ、児童の最善の利益
　を図るために、児童や保護者に最も適した援助や指導を行う行政機関で
　ある。そのために必要な調査ならびに医学的、心理的、教育学的、社会
　学的、精神保健上の判定を行う。また、緊急の場合や行動観察のために
　児童を一時保護し、児童養護施設・乳児院・児童自立支援施設・障害児

施設等への入所等の措置なども行う。児童福祉司、精神科医、児童心理司等の職員が配置されている。

　児童相談所で受け付ける相談の種類は、①養護相談、②保健相談、③障害相談、④非行相談、⑤育成相談、⑥その他に分類される。障害相談は生育歴、周産期の状況、家族歴、身体の状況、精神発達の状況や情緒の状態等の調査・診断・判定を行い、必要な援助につなげる。専門的な医学的診療や治療が必要な場合には、医療機関等につなげるとともに、その後においても相互の連携を行う。

　さらに、知的障害者更生相談所や身体障害者更生相談所、発達障害者支援センターと連携し、知的障害者・身体障害者の判定（療育手帳、15歳以上18歳未満の子どもの施設入所のための判定等）や、発達障害者に係る専門的な相談・助言・発達支援・就労支援を行う。

❷身体障害者更生相談所
^{*7}
　身体障害者更生相談所は、身体障害者福祉法に基づき各都道府県・指定都市に設置されている支援機関である。身体障害者に関する相談及び指導のうち、特に専門的な知識及び技術を必要とするものを行い、医学的、心理学的及び職能的判定を行い、ならびに必要に応じて補装具の処方及び適合判定を行う（対象は原則として18歳以上）。

*7
本書第2部第2章第3節2（4）②参照。

❸知的障害者更生相談所
^{*8}
　知的障害者更生相談所は、知的障害者福祉法に基づき各都道府県・指定都市に設置されている支援機関である。知的障害者に関する問題について家庭その他からの相談に応じ、医学的、心理学的及び職能的判定を行い、ならびにそれに基づいて必要な指導を行う（対象は原則として18歳以上）。

*8
本書第2部第2章第4節2（4）③参照。

❹精神保健福祉センター
^{*9}
　精神保健福祉センターは、精神保健福祉法に基づき各都道府県・指定都市に設置されている支援機関である。心の病気に関する困りごとの相談に対するアドバイス、医療機関や支援機関についての情報提供、精神科デイケアなどのプログラムを行う。

*9
本書第2部第2章第5節2（3）①参照。

❺発達障害者支援センター
^{*10}
　発達障害者支援センターは、発達障害者支援法に基づき各都道府県・

*10
本書第2部第2章第6節2（8）参照。

指定都市に設置されている支援機関である。発達障害者の早期発見、早期の発達支援等に資するよう、発達障害者及びその家族に対し、専門的に、その相談に応じ、または助言を行い、発達障害者に対し、専門的な発達支援及び就労の支援を行う。

❻地域生活定着支援センター

＊11
本双書第13巻第3部第5章第2節2参照。

[*11] 地域生活定着支援センターは、矯正施設収容中から、矯正施設や保護観察所、既存の福祉関係者と連携して、釈放後すみやかに福祉サービスを受ける必要がある障害者（精神障害や知的障害など）や高齢の受刑者等に対し、必要な場合は出所後の帰住先の確保も含めた生活環境の調整を行う。出所後は、福祉施設等へ入所した後も継続的に支援するフォローアップ、地域に暮らす矯正施設退所者に対する福祉サービスの利用等に関する相談支援等を行う。

❼福祉事務所

＊12
本双書第7巻第2章第3節2参照。

[*12] 福祉事務所は、その管轄する地域の住民の福祉を図る行政機関であり、福祉六法（生活保護法、母子及び父子並びに寡婦福祉法、老人福祉法、身体障害者福祉法、知的障害者福祉法、児童福祉法）に基づく事務を行う。福祉事務所は都道府県及び市が設置義務を負い、町村は任意設置となっている（福祉事務所には、現業員〔要援護者の家庭訪問、面接、資産等の調査、措置の必要の有無とその種類の判断、生活指導等を行う職員〕、身体障害者福祉司、知的障害者福祉司等の職員が配置されている）。

❽保健所・保健センター

＊13
本双書第14巻第2部第3章第1節参照。

[*13] 保健所は、地域保健法により、都道府県、指定都市、中核市その他の政令で定める市または特別区によって設置される。保健所の業務は、対人保健サービスのうち広域的に行うサービス、専門的技術を要するサービス及び多種の保健医療職種によるチームワークを要するサービスならびに対物保健サービス等を実施する第一線の総合的な保健衛生の行政機関である。また、地域における精神保健及び精神障害者福祉業務を担う中心的な行政機関として、精神保健福祉センター、福祉事務所、児童相談所、市町村、医療機関、障害福祉サービス事業所、当事者団体、家族会、教育機関等と緊密に連携し、精神障害者及び精神保健に関する課題を抱える人の相談支援、早期治療の促進、地域生活及び自立と社会経済

活動への参加の促進を図るとともに、地域住民の精神的健康の保持増進や精神障害に対する誤解や社会的偏見をなくす活動を行う。さらに、市町村が精神障害者等に対する相談支援等の支援施策を円滑に実施し、地域で生活する精神障害者等が支援を受けることができる体制を構築していくために、専門性を活かして積極的に市町村を支援する。保健所には、医師、薬剤師、獣医師、保健師、診療放射線技師、臨床検査技師、衛生検査技師、管理栄養士、精神保健福祉相談員等の職員が配置されている。

*14
　市町村保健センターは、地域保健法により、地域住民に身近な対人保健サービスを総合的に行う拠点として、市町村に設置することができるとされている。その主な業務は、健康相談、保健指導、健康診査、その他地域保健に関し必要な事業であり、乳幼児に対する保健指導や訪問指導、乳幼児健康診査（１歳６か月児健診、３歳児健診）を行う。市町村保健センターには、保健師、看護師、管理栄養士、歯科衛生士、理学療法士、作業療法士等が配置されている。

❾保育所
　保育所は、保護者が働いているなどの何らかの理由によって保育を必要とする乳幼児を預かり、保育することを目的とする児童福祉法に規定された通所の施設である。障害のある子どもの保育（障害児保育）も行われている。

（3）教育分野
　特別支援学校、特別支援学級等は、障害のある子どもを受け入れる施設であり、それぞれのニーズに基づいた教育的支援が行われている。障害児等に対する相談援助活動においては、これらと十分連携を図り、障害児の今後の生活全体を視野に入れた援助方針を提供し、一貫した援助が行われるよう配慮する必要がある。また子どもの適切な就学指導等を行うために設置される就学指導委員会と十分な連携を図るために教育委員会との連携も重要である。

（4）就労分野
*15
　公共職業安定所（ハローワーク）は、厚生労働省設置法に基づき設置される「国民に安定した雇用機会を確保すること」を目的として国（厚生労働省）が設置する行政機関である。主な役割は、職業紹介、職業指

*14
本双書第14巻第1部第7章第2節参照。

*15
本書第2部第3章第2節6参照。

＊16
本書第2部第3章第2
節6参照。

導等である。
　＊16
　地域障害者職業センターは、障害者雇用促進法に基づいて各都道府県に設置され、独立行政法人高齢・障害・求職者雇用支援機構が運営している。センターは、障害者一人ひとりのニーズに応じてさまざまな職業リハビリテーションを実施、事業主に対しても雇用管理上の課題分析や、専門的な助言支援を実施、地域の関連機関への助言・連携・人材育成などを行う機関である。

＊17
＊16に同じ。

　＊17
　障害者就業・生活支援センターは、障害者の職業生活における自立を図るため、雇用、保健、福祉、教育等の関係機関との連携の下、障害者の身近な地域において就業面及び生活面における一体的な支援を行い、障害者の雇用の促進及び安定を図ることを目的として、全国に設置されている。運営は公益法人（社団または財団）や社会福祉法人、NPO法人等である。

（5）司法分野

　「日本司法支援センター」（法テラス）は、全国各地の裁判所本庁所在地や弁護士過疎地域などに拠点事務所を設けて、相談受付窓口を設置するとともに、電話やインターネットを通じて、トラブルに巻き込まれた人へ無料で役立つ情報を提供している。

❶人権擁護委員会

　法務局、市町村の区域に置かれている人権擁護委員会は、人権110番といった分野別の相談ツールを活用した人権に関する相談活動や啓発活動を行っている。また、人権侵犯事件の調査及び処理を通じて、侵犯事実の有無を確かめ、その結果に基づき、ケースに応じた適切な被害者救済のための措置を講じるとともに、関係者にはたらきかけて、人権尊重に対する理解を深めさせ、人権の擁護を図っている。

❷女性相談支援センター

　女性相談支援センターは、保護を要する女子に関する種々の問題について、相談、調査、判定、指導を行い、必要に応じ一時保護を行う行政機関である。また、女性相談支援センターは、次節の配偶者暴力相談支援センターにも指定されており、近年は、配偶者からの暴力の被害者に対する支援においても重要な役割を果たしている。

❸配偶者暴力相談支援センター

　配偶者暴力相談支援センターは、配偶者からの暴力の防止及び被害者の保護を図るため、配偶者からの暴力の防止及び被害者の保護に関する法律に基づき、配偶者からの暴力の被害者に対し、相談への対応、他の相談機関の紹介、医学的又は心理学的な指導その他の指導、被害者及びその同伴家族の一時保護（女性相談支援センターのみ実施可能）支援を行う行政機関である。

4 関係機関等の協議会

　（自立支援）協議会は、障害者総合支援法の第89条の3第1項において、「地方公共団体は、単独で又は共同して、障害者等への支援の体制の整備を図るため、関係機関、関係団体並びに障害者等及びその家族並びに障害者等の福祉、医療、教育又は雇用に関連する職務に従事する者その他の関係者（略）により構成される協議会を置くように努めなければならない」とされ、さらに第2項において「前項の協議会は、関係機関等が相互の連携を図ることにより、地域における障害者等への支援体制に関する課題について情報を共有し、関係機関等の連携の緊密化を図るとともに、地域の実情に応じた体制の整備について協議を行うものとする」とされている。

　（自立支援）協議会は、市町村が、相談支援事業をはじめとするシステムづくりに関し、中核的役割を果たす協議の場として設置するもの

〈図3−2−1〉（自立支援）協議会

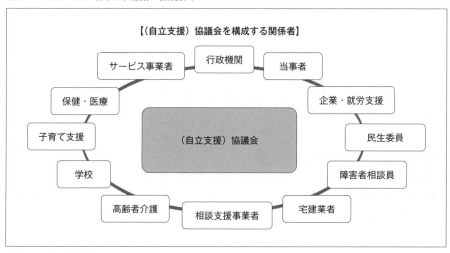

（出典）厚生労働省資料

で、その構成メンバーは、相談支援事業者、福祉サービス事業者、保健・医療、学校、企業、高齢者介護等の関係機関、障害当事者団体、権利擁護関係者、地域ケアに関する学識経験者等であり、主な機能は、地域の関係機関によるネットワーク構築等に向けた協議の場である。(自立支援) 協議会こそ、多職種連携を可能にするものである。

BOOK 学びの参考図書

●野中　猛『多職種連携の技術（アート）－地域生活支援のための理論と実践』中央法規出版、2014年。
　障害者の地域生活の支援のための、多職種連携を可能とするチームマネジメントの理論と実践について、さまざまなケースを用いて詳しく解説している。

第3章

支援の実際

学習のねらい

　障害者が地域で生活を送るためには、地域社会が障害のある人との共生を志向し、障害者自身が主体性をもって生活を送れるよう、施策の充実を含むさまざまな環境を整えていくことが重要である。

　障害者が地域で暮らす上でのニーズは、日常の生活介護、就労等の経済的活動への支援、社会参加への支援、権利を擁護するための支援、障害者や家族等への相談支援など広範な領域にわたるものである。これらの支援を行う上では、利用者や家族の状況に合わせて多職種が連携して地域生活を軸に体制を構築していくことが必要である。

　本章では、実践事例に基づき、支援前の状況、支援の経過、連携等支援のポイントを通して、地域相談支援、就労支援、居住支援における取り組みの実際への理解を深めることを目的とする。

第 1 節　地域相談支援の実際

　地域相談支援は、障害者支援施設、あるいは精神科病院からの地域移行を促進するための相談支援事業として、重要な役割を担っていることを具体的な事例を通して理解する。

1 支援前の状況と支援の始まり

事例 1 ー ①

　Aさんは、38歳の女性で身体障害（脳性まひによる運動機能障害）があり、身体障害者手帳の等級は1級（重度）である。母子家庭で育ち、きょうだいもいないことから、母親が唯一の家族であった。

　しかし、母親はAさんが11歳のときに精神状態が悪くなり、精神科病院に入院、退院を繰り返す生活になった。そのため、市の福祉事務所と児童相談所の判断により、Aさんは障害児入所施設で18歳まで過ごすことになった。その後、障害者支援施設に移り、37歳まで過ごした。

　障害者支援施設の生活を含めてずっと入所施設の生活を送っていた。36歳のときに母親が死亡し、Aさんは、母親の病気のこともあって、地域での生活をためらっていたが、そのことがなくなり、地域で生活することを強く望むようになった。

2 支援の経過

事例 1 ー ②

　Aさんは、母親が亡くなった際に、障害者支援施設の担当職員に、自分の思いを話した。病気の母親に気を遣って地域での生活を 躊 躇 していたこと、Aさんの本心は入所施設ではなく、地域での生活を望んでいることなどであった。担当職員は、Aさんの強い思いを受け止めて、上司や他の職員を含めて話し合って、地域相談支援を行っている指定特定相談支援事業所に相談することにした。

　指定特定相談支援事業所の相談支援専門員Bが障害者支援施設を訪問し、Aさんと面会をした。最初は施設の担当職員の立ち合いの下で面談をしたが、B専門員が何回か訪問することによって、Aさんのみと面談することができ、

Ａさんの本心を聞き出すことができた。

　Ａさんとの面談では、地域生活への思いが強いことは理解できたが、地域の中でどのような生活をしていくのかの具体的な姿はＡさんの中ではイメージされていなかった。そのため、Ｂ専門員は、地域移行に向けて「サービス等利用計画」の作成をＡさんと話し合いながら進めていくこととした。最初は漠然とした目標づくりから徐々に具体的な目標へ変えていくような作業を繰り返し行っていった。

　Ｂ専門員は、サービス等利用計画がある程度具体的な内容で作成できてから、障害者支援施設の担当職員のほか、地域生活に移行した際にかかわると思われる地域の自立生活センターや社会福祉協議会（社協）の職員、移行先の市の職員を交えて、どのような過程で障害者支援施設から地域に円滑に移行し、さらに、地域で安定的な生活を継続するのかについての検討の場（サービス担当者会議等）を、Ａさんを含めて開催した。

　その検討を通して、Ｂ専門員は「地域移行支援計画」を作成した。地域移行支援計画では、Ａさんの強い要望を受け止めながら、地域の中での自立生活のために何が必要なのか、関係者間の合意を得ながら計画に落とし込んでいった。

　具体的な展開として、Ａさんは障害者支援施設で生活しながら、地域の自立生活センターでのピアカウンセリングのプログラム、自立生活プログラムへの参加を最初に行うこととした。次に、相談支援専門員、自立生活センターの職員、社協の職員が共同で、Ａさんの住宅の確保と、必要な住宅の改造を検討した。また、Ａさんには口頭によるコミュニケーションに課題があるので、コミュニケーション手段としてコミュニケーション機器の導入を図ることとした。

　そして、Ａさんの介助は、支給決定される居宅生活介護（ホームヘルプサービス）だけでは限界があるので、社協に登録されているボランティアや学生などのボランティアを募ることにした。

　Ａさんは、6か月間にわたる地域の自立生活センターでのプログラムを終えた。その間に住宅の確保と改造を行っており、最初の1か月は試験外泊を実施した。その後、必要なボランティアを確保することができ、ホームヘルプサービスとあわせて在宅支援体制が整い、障害者支援施設から退所し、地域生活に移行した。

　Ｂ専門員は、Ａさんが地域生活に移行後、安定した生活を送れているのかどうかの点検を行う必要性を感じていた。そこで、同じ法人で行っている自立生活援助事業の対象者となるように、Ａさんの同意を得て市に申請し、自立生活援助事業を用いてその後の生活をフォローアップしている。

３ 支援のポイント

　地域相談支援にとって必要なことを、この事例にそって説明する。まず、Ａさんの障害者支援施設から地域移行への強い希望を受け止める施設職員の対応の重要性である。一般的に施設職員に対して、長期間入所施設を利用している利用者の場合に地域生活に関する本心を表出することのむずかしさがあり、施設職員がＡさんの思いをいかに受け止め、その思いの実現をいかに支援していくのかが重要である。

　次に、相談支援専門員がＡさんと信頼関係を形成しながらＡさんの本心を把握し、サービス等利用計画を作成し、さらに、関係者を巻き込みながら、地域移行支援計画を作成しているが、このように必要なプロセスを段階的に進めていることは、Ａさんだけでなく関係者の理解も深まっていくという点で重要である。

　その後の地域移行支援計画の実施においても、Ａさんの障害者支援施設での生活を維持しながら、地域の自立生活センター等のプログラムを有効に活用していることも、Ａさんの生活を急激に変えることなく徐々に地域生活への適応を進めていくという点で重要である。

　最後に、地域生活に移行した後、関係機関・職員と連携し、それぞれの役割を確認し、チームづくりを行いながら、あわせて、自立生活援助事業（標準利用期間１年）を用いて、Ａさんの生活をフォローアップしていることも、地域移行と地域定着支援の連動という点で非常に大事な取り組みである。

第2節　就労支援の実際

　精神障害のある人の就労支援について、支援対象者の思いや障害特性に寄り添いながら、地域の就労支援機関や事業所との連携により、就労を実現したポイントについて学ぶ。

1 支援前の状況と支援の始まり

事例2−①

　Cさん（32歳、男性）は、大学在学中の20歳のときに統合失調症を発症した。数か月の精神科病院への入退院を繰り返し、復学を試みたが、発症当初で陽性症状が強く、結果的に中退せざるを得なかった。情報学部で学んでいたCさんはIT関連分野で仕事をすることを夢見ていたので、挫折感は小さくなかった。

　その後、時間の経過とともに、精神症状の回復は進み、服薬コントロールできている状態である。主治医からは簡単な作業からであれば就労の可能性はあると言われている。しかしながら、気になることがあるとそこに意識が集中し過ぎて疲労しやすく、家事であっても継続的に注力することができないなどの働きづらさが懸念された。

　精神障害者保健福祉手帳（3級）は1年前に取得した。ここ数年、就労したい気持ちは徐々に高まってきたが、アルバイト経験もなく、企業等の職場で働く自分の姿をイメージできず、最初の一歩を踏み出せないでいた。しかし、同居する両親も高齢化しており、何とか働いて経済的に自立したいと思う気持ちは強まっている。

　そこで、精神科病院のデイケアで情報を得たCさんは、居住地が含まれる障害保健福祉圏域の障害者就業・生活支援センター（以下、センター）に相談することとした。

2 支援の経過

事例2−②

　センターでは、就業支援担当職員と生活支援担当職員がCさんとの相談を担うことになった。初めは、そこに行けば自分に合った職場を紹介してもら

えると期待していたCさんだが、センターの機能について説明を聞くうちに、必要な相談をしながら就労に向けた関係機関との連携を進めるところであると理解した。

継続的にセンター職員と相談を重ねるうちに、Cさん自身の就労に対する希望や、それを実現するための課題が明確になっていった。さらに、これまで就労経験がないことから、Cさんの職業適性と職業準備性についての客観的な把握が、今後の就労支援において重要な鍵を握ると考えられた。そこで、県内の地域障害者職業センターで職業カウンセリングを受けることになった。Cさんは当初、職業カウンセリングを受けることに敷居の高さを感じていたが、障害者職業カウンセラーのきめ細かな対応によって安心して相談することができた。この体験によってCさん自身の就労に向けた課題が明らかになった。

その結果、将来的には企業就労を想定できるものの、現状では多様な作業体験を積みながら職業準備性を高めていくことが適当であり、そのために、障害者総合支援法に基づく就労移行支援事業の利用が望ましいということになった。

Cさんも少しでも早く就職したいとの思いを抑え、精神障害者の利用が多い就労移行支援事業所を利用することになった。そこでは、作業耐性を獲得していくこと、パソコン入力などの作業課題を中心に、技能面よりも作業の手順に従った対応ができるようになること、精神状態について自らコントロールし、特に疲労感が出やすい状況では関係者に早めに伝えることができるようにすることなどが個別支援計画に示された。

Cさんは、就労移行支援事業所に通うことで、少しずつ就労に向けた基礎的な耐性と、自身の体調や思いをコントロールすることに自信を付けていった。そして、ハローワークの紹介により、障害を開示して、必要な配慮の提供を約束してくれたY社（倉庫管理会社）で職場実習を行った後、2年間の標準利用期間の終了を待たずに就職につながった。管理業務を行う仕事でパソコンの活用も多く、本人の希望にもつながる職務内容であった。

Y社にとって精神障害者の雇用は初めてで、健康面についての懸念もあったが、センターはCさんが通院する医療機関の精神保健福祉士とも連携して、Cさんが早めに変調を伝えられるよう支援することを伝え、その不安を取り除くことができた。

3 支援のポイント

就労支援にあたって、Cさんには精神障害があるだけで作業上は特に問題がないと本人も周囲の支援者も考えがちであったが、あらためて職

業適性について客観的に評価したこと、それを本人が受け止めるようセンターの職員がサポートしたことがよいスタートとなった。また、地域障害者職業センターでの客観的なアセスメントは、それまで情報技術にこだわりがちであったCさんに現実的な展望をもたらした。さらに、就労移行支援事業で、作業を通じた自己効力感の獲得、すなわち成功体験を積み重ねたことも準備性の向上につながった。

　Cさん自身は、精神障害があることを事業所に伝える（開示）か、伝えない（非開示）か揺れ動いたが、支援者の勧めで、事業所の人事担当者に限定して開示したことも、結果的に事業所全体の理解を得ることにつながり、定着の可能性を高めた。

　障害者雇用促進法に基づく「合理的配慮」の指針には、本人の了解を得た上で、同僚などに障害の状況や配慮事項について伝えておくことが例示されており、定着に向けた安定的な環境を構築する上で重要な意味をもつ。また、休憩や通院のための業務の配慮にもつながっている。さらに、Cさんは支援を受ける立場ではあるが、同時に自身の就労の実現に向けて多様な支援者と一緒になって、立ち向かっていくチームの一員でもある。今後、センターが企画する働く障害者の交流会等への参加を通じて、「ピアサポート」が広がっていくことも、Cさんの職業生活の質を豊かにする手立てになろう。

第3節　居住支援の実際

1　支援前の状況と支援の始まり

事例3-①

　Dさんは43歳、統合失調症で精神科病院に10年間入院していた。半年前からピアサポーターがDさんの相談に定期的に応じていた。退院後についてDさんが、病院の医療ソーシャルワーカー（MSW）にひとり暮らしの希望を訴えたことから、MSWを通して相談支援事業所（相談支援専門員）に地域移行支援の相談がもち込まれた。

　初期の会議においては、家族、主治医、MSW等は「地域移行は困難である」と考えていたが、本人の強い希望があったため、希望にそった支援が始まる。病院内ではMSWを中心に退院に向けたカンファレンスを実施し、主治医や家族の同意を得るとともに、地域では相談支援専門員が本人、市のケースワーカー、MSWなどとサービス担当者会議を開催し、医療と福祉等が連携をとりながら役割分担を明確化させていった。

　Dさんに地域における生活をイメージしてもらうために、MSWが中心になって、病院が所有するアパートでの体験宿泊を実施した。また、退院に向けての病院内でのカンファレンスでは、体験宿泊のモニタリングが行われるとともに、看護師や市のケースワーカーも参加し、退院に向けた生活用品の準備や各種申請の同行支援が行われた。

　そのようななかで、最初は病院が運営する共同生活援助（グループホーム）を希望していたDさんが、ピアサポーターの助言も受けて、アパートでのひとり暮らしを強く希望するようになった。

　そこで、相談支援専門員は、地域の住宅確保要配慮者居住支援法人[*1]や住宅確保要配慮者居住支援協議会等[*2]と連携して地域移行に取り組むこととした。

*1
本双書第1巻第2部第6章第3節2（5）参照。

*2
本書第2部第1章第4節1、及び本双書第1巻第2部第6章第3節2（5）参照。

2　支援の経過

事例3-②

　相談支援専門員は、Dさんとともに、NPO法人が運営する入居支援センターに相談し、利用の申請を行った。その後もDさんとともに、センターのホームページから「入居相談シート」を入手して必要事項を記入し提出した。

　入居支援センターでは、Dさんの希望するニーズに適合する物件があるか

を、居住支援協議会のネットワークを利用して探した。そして、当該物件の家主への説明等を行い、円滑な入居が図れるよう調整した。契約手続きに際して、入居支援センターは不動産取引業者と連携し、契約内容等を利用者であるＤさんにわかりやすく説明し、契約手続きに立ち合うなどの入居の円滑化のための支援を行った。また、家主が家賃滞納の不安を感じていたことから、居住支援協議会が行っている家賃債務保証サービスを活用できるよう調整を行うとともに、入居後における、利用者Ｄさん及び家主への相談支援、緊急時における対応、関係者等によるサポート体制の調整などの支援を行った。

　一方、相談支援専門員は、Ｄさんがより自立した日常生活を安定的に営めるよう、定期的な巡回訪問を行うサービス（自立生活援助）をサービス等利用計画に盛り込んだ。その結果、退院後は自立生活援助事業所の地域生活支援員が、定期的にＤさんのもとを訪れ相談にのっている。Ｄさんは、現在の地域での生活に満足していると語っている。

3 支援のポイント・留意点

　住居は、安定した生活を営む上で必須の基盤であり、すべての国民に、その必要に応じた適切な住居が提供されなければならない。しかし、精神障害者においては、さまざまな理由から地域での住居を確保することができずに、長期の入院を余儀なくされている状況がある。平成29（2017）年の法改正で新たな「住宅確保要配慮者に対する賃貸住宅の供給の促進に関する法律」（住宅セーフティネット法）が施行され、精神障害者をはじめとした住宅確保要配慮者に対するさまざまな居住支援が始まった。

　この事例のポイントは、具体的には、住宅セーフティネット法が規定する、不動産関係団体（宅地建物取引業者、賃貸住宅管理業者、家主等）、居住支援団体（居住支援法人、社会福祉法人、NPO法人等）、地方自治体（住宅部局・福祉部局）等から成る「居住支援協議会」という支援ネットワークを構築することや、相談支援事業として、住宅セーフティネット法が規定する居住支援法人である入居支援センターと連携して、役割を分担しながら利用者を支援していくことにある。精神障害者の場合には、このネットワークに医療機関、サービス提供事業者、財産を管理する機関等がかかわることもある。

　このようなネットワークを通して、当事者に必要な支援が協議され、適切な住宅の確保をはじめとした地域生活に必要なサービスが整う。

障害者の安心した住まいの確保のためには、居住支援協議会がもつ情報・ネットワークと、（自立支援）協議会を核とした相談支援事業が一体となって、入居支援体制を構築することが効果的である。このような連携により、障害のある人々の地域生活への移行がいっそう進むことが期待されている。

BOOK 学びの参考図書

●住宅セーフティネット法制研究会 編『平成29年改正住宅セーフティネット法の解説 Q＆A』ぎょうせい、2017年。
　住宅確保要配慮者が安心して暮らせる住宅を確保するための新しい住宅セーフティネット法について、基本的な事項をQ＆A形式で解説している。

さくいん

『社会福祉学習双書』総括編集委員

委員長　松原　康雄（明治学院大学名誉教授）

飛松　好子（元 国立障害者リハビリテーションセンター総長）

宮本　太郎（中央大学教授）

渡部　律子（日本女子大学名誉教授）

原田　正樹（日本福祉大学学長）

担当編集委員

小澤　温（筑波大学教授）
〔おざわ　あつし〕

大塚　晃（日本発達障害ネットワーク副理事長／上智大学特任教授）
〔おおつか　あきら〕

朝日　雅也（埼玉県立大学名誉教授）
〔あさひ　まさや〕

執筆者（執筆順）

小澤　温（筑波大学教授）
〔おざわ　あつし〕
第1部 第1章 第1節～第3節
　　　第2章 第1節～第4節
　　　第3章
第3部 第3章 第1節

大塚　晃（日本発達障害ネットワーク副理事長
〔おおつか　あきら〕
　　　　／上智大学特任教授）
第1部 第1章 第4節・第5節
　　　第2章 第5節
第2部 第1章
　　　第2章
　　　第4章～第6章
第3部 第1章
　　　第2章
　　　第3章 第3節

朝日　雅也（埼玉県立大学名誉教授）
〔あさひ　まさや〕
第2部 第3章
第3部 第3章 第2節

※執筆者の所属・肩書は、令和5年11月30日現在のものです。

社会福祉学習双書2024

第4巻

障害者福祉

発　行	2021年2月26日　初版第1刷
	2022年2月25日　改訂第1版第1刷
	2023年2月27日　改訂第2版第1刷
	2024年2月27日　改訂第3版第1刷

編　集	『社会福祉学習双書』編集委員会
発行者	笹尾　勝
発行所	社会福祉法人　全国社会福祉協議会
	〒100-8980　東京都千代田区霞が関3-3-2　新霞が関ビル
	電話　03-3581-9511　　　振替　00160-5-38440
定　価	2,750円（本体2,500円＋税10%）
印刷所	日経印刷株式会社　　　　　　　　　　　　　禁複製

ISBN978-4-7935-1445-6 C0336 ¥2500E